被消失的中國史一

合縱連橫到楚漢相爭

白逸琦◎著

故事，正要開始；歷史，仍在延續

「學歷史有什麼用？」

經常被人抱著不同的眼光，以不同的方式提出這樣的問題。

我通常默不作聲，或許一笑置之。

歷史還沒學好，哪能回答這樣的問題？

可是，不回答卻又不甘心！

後來，我決定說故事。

五千年的故事，好沉重！

或許我們可以這麼認爲：爲了證明那終究無法證明的眞理，人們開始研究人們曾經作過的事，於是產生了歷史。

打打殺殺的歷史，嘗試錯誤的歷史，學習教訓的歷史，學習不到教訓的歷史，只要是人們曾經作過的事，就可以替它冠上這個沉重的名詞：「歷史」。

「人」是一種奇妙的動物，總喜歡自認爲萬物之靈，喜歡主宰，喜歡操控，喜歡打打殺殺，這些行爲說穿了，與其他動物實在沒什麼不同。有機會逛逛動物園的話，也許有幸能夠在長臂猿島與關猴子的柵欄裡，看見類似的情形。

不久之前終於成功破解的DNA密碼告訴我們，作爲一種生物，人類與果蠅之間的差異，其實是微乎其微的。

生物學家大概不會高興吧！他們努力了幾輩子，結果只證明出，人類和所謂的「低等動物」，幾乎沒有什麼差別。

宗教家大概不會高興吧！人類是上帝的選民，是上帝照著祂自己的外型創造的，怎麼能與動物們相提並論？

財閥們大概會不高興吧！我擁有數也數不完的金錢，享受著無與倫比的物質生活，你竟然告訴我，我和一隻果蠅差不多？

政客大概會不高興吧！當他動員了無數支持的群眾，在他面前高喊著：「凍蒜、凍蒜！」的時候，他竟然必須思考，究竟他與動物園裡的猴子有什麼不同。

那麼人類究竟有什麼好驕傲的呢？

人類懂得把自己的行爲記錄下來，分析自己到底幹過什麼蠢事，以後盡量不要再犯，這大概就是人類値得驕傲的地方吧！

果蠅永遠會鑽進爛水果裡，猴子永遠是力氣最大的稱王，人類卻有機會，證明自己懂得記取教訓，懂得從前人的錯誤中學習，懂得繼承過去的文化，開拓一個比較光明的未來，而非僅靠著本能生存。

正因爲這個機會，讓人們被比喻爲「笨豬」、「死狗」，甚至「豬狗不如」的時候，會有不高興的感覺。

所以，「學歷史有什麼用？」

我的回答是：「沒什麼用，只想給自己一個驕傲的機會。」

可是，現在的我，根本驕傲不起來呀！

於是，我決定說故事。

故事，正要開始；歷史，仍在延續。

CONTENTS

目錄

被消失的中國史2：合縱連橫到楚漢相爭

第四章 楚漢相爭

第一章：魏國與秦國的富強

各國之間，以富強為要務，以兼併他國為目標，中國大地上，扣除抱殘守缺的周王國以外，出現了七個王國：韓、趙、魏、齊、燕、秦、楚，以統一各國為職志，相互之間慘烈的爭戰，多不勝數。

這就是戰國時代。

魏國任用李悝、吳起、西門豹，使魏國成為戰國時代第一個興盛的國家。

秦國則任用商鞅變法，成效卓著，使得秦國由野蠻落後，轉變成文明興盛，進而成為最大強權。

田氏竄齊

晉國遭到卿大夫所瓜分，齊國則被權臣所篡奪。

春秋初年，齊桓公稱霸之時，弱小的陳國發生內亂，陳公子完逃到齊國避難，齊桓公索性將他安置下來，授與他官爵。由於古時候陳與田的讀音相近，因此陳公子便改以田姓稱呼自己，這便是田氏立足於齊國之始。

田室與齊國公室的關係密切，人才輩出，極受齊國君主的寵信任用，田氏因而逐步把持了齊國政權。

後來，齊國國君和田氏在奴隸問題上起了爭執。田氏爲了拉攏民心，在他們的領地裡實施新的稅制：民眾向田氏借糧，到了歸還之日，田氏往往讓他們還得比當初借得還要少。而齊國公室則依舊採取嚴苛的舊制，不論災荒豐收，一律收取定額租稅，讓百姓難以溫飽。兩相對照下，民眾紛紛湧向田氏領地，田氏則將這些民眾編爲「隱民」，不再受到齊國公室的控制，公室的地位逐漸被架空，田氏的實力漸漸超越了公室。

此外，田氏還逐步消滅其他可能具有威脅性的貴族，或收買，或攏絡，或採取軍事政變的方式，建立田氏在齊國無可取代的地位，齊國的政治、軍事、經濟各部門，都安插了田氏家族的人。

公元前四八一年，田成子擔任齊國左丞相一職，右丞相則爲齊國國君齊簡公的親信監止，這一年，有人向齊簡公獻計：「目前田氏在齊國權勢薰天，目無國君，視宗法倫常爲無物，這等權臣，實在應該予以翦除！」

「小聲點！」齊簡公雖貴爲國君，卻擔心身旁被田氏家族安排了眼線，待屏退身邊衛士奴僕等人以後，才道：「我又何嘗不想如此？可是，那田氏族人的勢力，比我們公室還要大，我哪能隨便將他翦除？」

「主公可以國內不需左右二丞相爲由，將左丞相之職，先行裁撤，以示主公對付田氏的決心，雖說國內卿大夫多半已為田氏收買，但是他們也飽受田氏的壓迫，主公此舉，一定會讓他們站在大義名份的立場上，轉而支持主公，如此，主公便能恢復公家聲望，重建太公、桓公以來的齊國聲威！」

「嗯！」齊簡公點頭道：「言之有理！」

當天，他便把監止叫來商議，安排廢除左丞相的事，並要監止回去積極準備，暗中操練兵馬，準備奪取田成子性命。

然而消息終究走漏了。究竟是誰將他們的密謀洩露，沒有人知道，有人說，那當初獻計之人，根本就是田家派去的眼線，但是沒人能夠確定此事。

第二天，田成子便帶了隨從，前往齊簡公居所，向他質問。

「主公！」田成子咄咄逼人地問道：「聽說您準備廢除左丞相一職，此事不知是眞是假？如果是眞，究竟為何？是因為臣辦事不力，是因為田家對不起齊國，還是因為主公想要違背祖先家法和制度呢？」

齊簡公被接二連三的問題問得一句話也答不出來，半天才道：「寡人……寡人何時要廢除左丞相？左丞相勞苦功高，向來為齊國柱石，寡人怎會做這種傻事？你……你這消息哪聽來的？」

「主公不必多問！」田成子道：「臣只想確認主公的心意，廢左丞相一事，是眞是假？」

「絕無此事，絕無此事！」

田成子直視齊簡公，齊簡公則像個做了壞事被抓到的孩童一般惶惶不安，一看那神色，田成子便知情報不假，卻不動聲色道：「如此便好，望主公不要隨意聽信小人讒言，殘害忠良。」

「不會的，不會的！」

田成子回府後，依然不表態，只招來了族人親信，與他們秘密會商：「當初，祖父田桓子以大斗出，小斗還的辦法，收買人心，成效甚佳，我也要行此辦法，爭取百姓支持，得民心者，方能立於不敗！」

「不錯！」其中一名族人田行道：「我們田氏現在在齊國，各處都有人脈，可是，分散得久了，難免疏於聯絡，我看還得緊密聯繫，上下一心，到時萬一有事，才好互相照應，也就不必害怕懷有異心的卿大夫們能拿我們如何！」

「說得好！」田成子道：「還請各位多加配合，維持我田氏地位！」說完卻又皺起了眉頭，臉上難掩憂慮之色，說道：「話雖如此，我還是擔心公室與卿大夫聯合起來，對我們畢竟不利啊！那鮑氏、晏氏，實力都不容小覷，還有監止……唉！」

「爲今之計，只有先發制人！」田行道：「當然，還得事先充分準備才行。」

「甚是，甚是！」

田氏一族，在之後幾個月內完全沒有任何大動作，只實行一些能夠收買人心的政策。然後一日，田成子忽然發動兵馬，攻擊正準備前往朝見公室的右丞相監止，意圖將他擊殺，可是被監止逃脫。
齊簡公最得力的親信就是監止，遭到田氏所攻，無異於表態田氏和公室正式翻臉，忍不住大動肝火，高聲叫道：「快！調集國內兵馬，寡人要親自與田氏對決！」
左右謀臣連忙勸阻：「主公，此事萬萬不可。主公以國君之尊，親自發兵攻打臣下，這不但壞了規矩，也有失身分！」
「那你們說寡人該怎麼辦才好？」
「右相監止不是這些月來都在積極準備嗎？讓他去和田氏對抗，主公再暗中加以支持，並且聯絡公室忠臣鮑氏、晏氏等人，全力配合，定能與田氏對抗！」
「……好吧！」齊簡公道：「就這麼辦。」
田成子一擊不中，覺得非常氣餒，「這下可要糟糕！」他憂懼地說道：「我眞是糊塗啊！先發制人，卻未能掌握機會，讓監止逃走，如今又和公室翻臉，天下人會如何笑我？我田常要如何立足於天地之間？乾脆逃走算了。」
田行道：「現在已經走到這個地步，如果逃走，您才會被天下人恥笑哪！值此緊要關頭，唯有一股作氣，千萬不能優柔寡斷。」
「好吧，就聽你的。」
田成子將領地內所有兵馬調齊，攻向監止領地，監止的兵馬雖也頗爲強盛，然終究難與田氏爲敵，況且田氏進軍神速，其他幾家卿大夫還來不及整合，田成子即擊敗了監止軍隊，監止落荒而逃，被人抓住殺死。

齊簡公聞訊，驚恐萬狀，連夜逃走，逃到舒州（今山東滕縣南）之時，被田成子的軍隊抓住，不久之後，也被殺死。

田成子既已犯下弒君之罪，索性決定立一個聽話的君主當傀儡，齊簡公的弟弟姜驚被他相中，遂立爲齊平公。「簡公當初不是想要廢左丞相嗎？好！我就廢左丞相，以後，齊國只有一相，那就是我田常！能夠擔任此職的，只有田氏族人！」

田成子掌握了齊國的所有權力，實際上已經與國君無異，他接二連三地宣布新措施，擴大自己的權力與田氏的地位，首先，他屠滅了鮑氏、晏氏與監止的族人，將齊國所有的舊貴族勢力完全剷除，當初鮑叔牙、晏嬰等人的後代，全遭族滅。接著他把齊國琅琊到臨淄附近的地區全部劃歸爲自己的領地，田氏所擁有的地盤，遠遠超過了國君所有。

他的諸多措施完全違背封建禮法，爲了避免其他國家干預，田成子與當時尚未建國的三晉韓、趙、魏三家結盟，相互取得支持和信任，又把先前齊國佔領的魯國、衛國部分土地歸還，以示友好，也避免將來他的子孫與齊國公室爭奪地位時，這些國家出面干涉。另外，新興的南方吳越霸主，田成子也派了使者和他們互通友好。

田氏在齊國的地位，就此獲得大部分諸侯的認同。

只不過，由於始終沒有先例，田成子仍以齊國之相終其一生。

田成子死後，又傳了幾代，到了他的曾孫田和當政，田氏的實力始終不墜。三家分晉得到周王室的承認，給予田和很大的鼓勵。

「瓜分公室，能夠得到承認，那麼我爲什麼還要委屈自己只當個一國之相呢？」田和如此說道。

於是他派了使者前往新成立的魏國說項。那時，魏國首任國君魏文侯正積極地勵精圖治，準備將他的國家建立成一個強國，自然不會放棄和強大富裕的齊國交好的機會，一口答應了田和的要求：「當今天下，有才能者居之，齊國姜氏後人，大多無能之輩，可以取而代之者，非田和莫屬。」

在魏國支持下，田和便肆無忌憚了，公元前三九一年，周安王十一年，田和正式篡位。

那時齊國的國君是齊康公，田和擁了重兵，將公室團團包圍，對齊康公道：「一個國家，實在不需要兩個國君，齊國富漁鹽之利，相信您不待在臨淄，一樣也能有很不錯的生活。」

齊康公哪能與田和爭執？長嘆了一口氣，眼角泛起淚光，哽咽地說：「事已至此，寡人……不，臣已無話可說，願君侯將來，好生治理齊國，莫負了當初太公建立齊國的苦心。」

「會的，會的！」田和道：「不但如此，我連你們姜家的宗廟，一樣讓你帶走，好讓你可以維持對祖先的祭祀。」

於是齊康公被田和放逐到東方海邊一個不知名的小城，靠著小城的租稅，勉強維持著對姜姓先祖的祭祀，多年以後，他將在寂寞中死去，沒有繼承人，沒有哀悼者，那唯一的香火，終將斷絕，田和的子孫則成爲齊國的眞正國君。

「太公創建齊國的苦心？」田和悠然神往，淡淡地對左右說道：「齊國改了宗姓，自然算個新國家，記著，我死了以後，宗廟之上，也得叫我太公！」

他那時只是隨口說說，可是隨侍在側的兒子田剡和孫子田午，卻將這句話牢牢記住，不敢違背，果然在田和去世以後，將他諡爲太公。

田氏竄齊這一事件，本可立即得到周室承認，可是，原本答應全力支持的魏文侯卻在不久前去世，繼位的魏武侯雖仍願意支持田和，但礙於守制之禮，魏武侯直到兩年以後，公元前三八九年，才親自向周安王請示，冊封田和爲諸侯。

篡奪者可以正位，瓜分者可以受封，三家分晉，田氏竄齊，西周以來的封建制度，至此可以說全面崩潰，僅存天子名號的周王室，落居爲一個無足輕重的小國，各國之間，以富強爲要務，以兼併他國爲目標，禮讓、信義這些封建時代的美德，早已被拋諸腦後，就連尊王攘夷之說，也沒人再提起了，「當今天下，有才能者居之」，只要實力相當，諸「侯」也能稱「王」，過了不久，中國大地上，扣除抱殘守缺的周王國以外，出現了七個王國：韓、趙、魏、齊、燕、秦、楚，以統一各國爲職志，相互之間慘烈的爭戰，多不勝數。

這就是戰國時代。

當年，至聖先師孔子訂定《春秋》，目的是爲了撥亂反正，使局面重回西周時代的和平穩定，然而，「春秋」一詞，也成爲過去，也成爲一個象徵，象徵著一個永遠不可能再回來的時代，與理想。

魏國的興盛

戰國時代，第一個興盛的國家，便是新興的魏國。

魏國國都安邑（今山西省夏縣），位於黃河支流涑水東岸，當初夏朝大禹也建都在此，自古以來，即爲兵家必爭之地，因此魏國的革新圖強，是一種不得不然的態勢。

魏文侯繼位的時候，三家分晉已成定局，很明顯地，他將是魏國的開國始祖，自然兢兢業業，不敢怠慢。開國時局的艱困，使得魏文侯必須帶領魏國在逆境中求生存，他禮賢下士，向孔子的學生子夏學習經籍六藝，又以子貢的學生田子方與子夏的學生段干木爲師，還親自著述六篇文章，論說儒家治國之道。

當然，這是他的一種手段，目的是爲了博得好評，據說當時秦國曾想攻魏，卻被人勸阻說：「魏國國君對賢人十分禮遇，國人盛讚他的仁德，故而上下團結，和睦融洽，這時候攻魏，只會自取其辱。」魏文侯因此譽滿諸侯，四方賢士皆來魏國投奔，使得魏國安邑附近的河西地區，成爲當時學術最興盛的地方。

致力推廣儒家學術讓魏文侯聲譽大增，然而使魏國成爲強國的，仍舊是法家。

嚴格說來，法家與儒家墨家不同，並不能算是一個有系統的學派，他們是一群眼光獨到的人物，審時度勢，觀察出亂世之中的強盛之道，著書論說，成一家之言，並且期待著國君的任用。只因爲他們追求富強的方式，往往不擇手段，對道德持輕視態度，因此不爲理想派的儒家所認同。國君們有時爲了檯面上的聲望，往往以儒家爲表面，以法家爲根本，後代中國政治，大致如此，魏文侯則是戰國時代一個典型的例子。

李悝、吳起、西門豹等法家人物，受到魏文侯的信賴和任用，毫無保留地展現自己的長才。

當年魏文侯即位之初，便開始思索富強方略，當時雖有魏成子、翟璜等人輔佐他治理國政，但他總覺得有些缺憾，佔領了中山國以後，有一次，他聽說相國翟璜派去的人將中山地方治理得不錯，便派人駕了車，載著他到當地巡視。一路上，果然看見民風純樸，男耕女織，井井有條。農閒之餘，百姓便三五成群，相約練習騎射之術，一問之下，才知道此地因爲靠近秦國，經常受到秦兵侵擾，因此守將特別交代百姓時時不忘戰備。

「果然是個不錯的方法！」魏文侯暗自點頭讚許。

突然，「颼」地一聲，一支射偏了的羽箭歪歪斜斜地飛了過來，落在魏文侯車駕之前，拉車的馬兒受到驚嚇，連帶著座車拖行了幾十步，好不容易才被車夫給安撫下來。

魏文侯所受驚嚇較馬兒更甚，他今日乃是微服出巡，身邊沒帶多少隨從，連個配著盔甲的衛士都沒有，萬一有人行刺，可不得了。這時只見一個膚色黝黑的大漢手裡提著長弓，氣喘吁吁地跑來，對著魏文侯連連彎腰：「不好意思，不好意思啦！這位官人，小的平常疏於練箭，卻又喜歡逞強，一挑便挑了張大弓，拉不動弓弦，不小心射得偏了，真對不住！」

隨行侍從拔出配劍，指著那大漢，怒道：「你這鄉巴佬怎麼這麼不小心？萬一有事，你賠得起嗎？」

大漢不高興了：「我已經道過歉了，你還要如何？」

侍從和大漢的舉動，引來一陣騷亂，圍觀的百姓越來越多，將車駕團團圍住，指指點點，數落著跋扈的侍從。魏文侯擔心一發不可收拾，便高聲喝問道：「你們的守將呢？叫他來見我！」

大漢冷笑道：「哼哼，好大的架子，將軍是什麼樣的人物，你說見就見啊？」

侍從怒道：「你這小子膽敢出言不遜？你知道他是誰嗎？他是……」

「住口！」魏文侯制止侍從。在這種場合暴露身分，只會讓情況更加危急。

「發生什麼事啦？」

一句低沉渾雄的問話，威嚴十足，圍觀百姓立刻停止了鼓譟，讓路給那人通過，那人身材修長，蓄了幾縷鬍鬚，身穿樸素布衣，向著車駕拱手說道：「在下便是中山守將李悝，不知此地何故騷亂？」

魏文侯一見李悝，但覺氣宇軒昂，風華內斂，頗生好感，然而車駕受驚，又遭百姓所圍之事，讓他怒氣難息，乃冷然說道：「我叫魏斯！」

李悝雖未曾見過魏文侯，但總聽過他的名字，知道是國君當面，卻又不願在百姓前表露身分，於是拱手道：「原來是魏斯先生光臨，不勝榮幸，便請先生至寒舍小歇，不知意下如何？」

「如此也可。」

到了將軍府中，李悝才行參見之禮：「小臣李悝不知君上駕臨，有失遠迎，尚祈恕罪！」

「你教出來的百姓？啊？」魏文侯終於爆發了怒氣：「寡人來此，是聽說此地治理得宜，才來巡視，誰知道竟然這樣招待寡人！」

「那就請君上讓小臣代爲處置，以平息君上燎原之怒。」

「你最好給我好好處理。」

李悝命左右將剛才那名大漢找來，問了他的名字住處，大漢一五一十地回答了，並道：「小人只因箭術不佳，這才不慎失手，況且小人剛才已經向這人道歉了，誰知道他和他的隨從還不肯罷休，哼！有車坐就了不起嗎？」

「不得無禮！」李悝道：「你知道此人是誰？」

「不知道。」

「他便是當今魏國國君。」

大漢嚇了一跳，低下了頭：「知道了。」

「你可知罪？」

「知罪。」大漢道：「驚動國君車駕，死罪。」

「非也！」李悝道：「你今日之罪，在於平時疏於練箭，因此才會失手。幸而並未傷人，所以，本官罰你從今日起，每日耕作完，必須練習射箭五百次，一個月後，我會派人去看你練得如何。」

「是。」

「回去吧！」

魏文侯在一旁越看越覺得不像話，等大漢離去後，指著李悝罵道：「我叫你好好處置，你就給我這麼處置？」

「敢問君上，小臣這般處置，有何不妥？」

「他自己都知道他犯的是驚動國君車駕的死罪，怎麼你還把他放了？」

「可是他驚動車駕之時，並不知道您就是國君啊！」李悝道：「一國之法，乃為國家所制定，並非為了一人所制定，絕不可妄用。」

魏文侯冷笑：「你倒挺有理的啊？」

「正是。」李悝從桌案之下取出一疊竹簡：「小臣利用公餘之時，參酌各國律法，著了《法經》六篇，君上如果覺得小臣處置不當，不妨撥冗覽之，到時候，如果還是覺得小臣有錯，小臣必當自請處分。」

「這可是你說的。」魏文侯讓隨從將竹簡收下，起身說道：「你寫的東西，寡人會看！如果說服不了寡人，你就等著提頭來見吧！」

回宮以後，魏文侯氣呼呼地把那竹簡丟在地上，把翟璜找來，怒道：「你推薦的好人才？百姓對寡人不敬不說，還扔了這麼大本書叫寡人看，眞是膽大包天。」

翟璜道：「那中山守李悝，文韜武略，君上竟然得到他的著述，眞是魏國大幸啊！」

「是嗎？」魏文侯用眼睛瞄了瞄地上竹簡，翟璜立刻示意侍從拾起竹簡，捧在魏文侯面前。

「我知道了，這篇東西，寡人今晚便讀，如果有一句不合寡人的意思，連你也脫不了干係！」

魏文侯回到後宮，翻開第一篇〈盜法〉，一閱之下，驚嘆連連，再也停不下來，點著燈一直讀到天明，將整卷書詳讀了三遍，還不時喃喃道：「有道理，有道理，怎麼之前寡人就沒想通？」讀完第三遍，他已經將整本書詳記心中，掩卷長嘆道：「寡人這下終於知道該如何治國啦！」突然，他像是想到了什麼，跳了起來，驚呼：「天哪！這樣的人才，寡人竟然只讓他做個中山守？眞是罪過！」想要派人去請，轉念一想，決定親自去迎，當下備車，直奔中山。

到了將軍府，車子還沒停穩，魏文侯就跳下車，直入府中，見了李悝，躬身作揖：「先生高才，寡人之前冒昧了！還望先生恕罪，並請先生助寡人治國。」

「君上不必如此。」李悝道：「如蒙不棄，微臣願效犬馬。」

就這樣，李悝被魏文侯奉爲國師，進行一連串的改革工作，廢除了世襲貴族制度，發展農業，並且以法治國，讓魏國國政，步入了軌道，經濟迅速發展，國力逐漸強大。

政治以外，尚有軍事，在李悝的推薦下，魏文侯任用知名的軍事家吳起，擔任魏國的將軍。

吳起與孫武齊名，都是兵法專家，他出生在衛國，年輕時遊手好閒，放蕩不羈，將原本富裕的家產揮霍得精光，被鄉里之人取笑，吳起一怒之下，將嘲笑他的人殺了，不得已，只好流亡國外。他對含淚送行的母親發誓：「今生若不爲卿相，絕不回國。」

爲了實現自己的諾言，他拜孔子的弟子曾子爲師，可是曾子不喜歡吳起的個性，認爲他刻薄寡恩，不擇手段，後來，吳起之母過世，吳起並沒有回去奔喪，因爲他還沒有成爲卿相，曾子十分生氣，因此將吳起逐出門牆。

於是吳起前往魯國學習兵法，曾經在魯國國君底下任職，頗有建樹，可是，魯國國君聽信小人讒言，雖然吳起在魯國戰功彪炳，卻以他年輕時的種種爲由，不願重用他，吳起只好掛冠求去。

後來，吳起聽說魏文侯招納賢士，他曾經與李悝有過數面之緣，便前往魏國試試運氣。吳起在魏文侯面前陳述己見，魏文侯聽著，沒有做出決定，後來他問李悝：「你覺得吳起這個人怎麼樣？」

「吳起嗎？」李悝道：「此人愛慕虛榮，好色成性，品德實在不怎麼樣，但是，如果讓他管理軍事，帶兵打仗，天下沒有一個人能夠比得上他。」

「那寡人用他不用？」

「用！而且要重用！」李悝道：「用人惟才，個人品德還在其次，君上不正是爲了要讓魏國興盛嗎？現在出現這麼一個人，怎可不用？」

於是魏文侯將魏國的兵權交給吳起。

吳起治軍之道與眾不同，他先對士兵進行嚴格挑選，只要能通過他的考驗，可以免除全家的繇役，並且還有重賞，考核的方式則爲：全身穿著盔甲，腰上配劍，帶著十二石弓與五枝箭，肩扛長矛，攜帶三天份乾糧，半天行走百里，方能合格。考核項目雖然嚴苛，可是重賞之下必有勇夫，魏國身強體壯的百姓，全都躍躍欲試，因而魏國軍隊，成爲一支鋼鐵勁旅。

吳起又依照士兵不同特性，編成不同性質的部隊，將體力過人，擅於格鬥的士兵編爲一組；把身手矯健，擅於攀爬城牆的編爲一組；將跑得特別快，適合欺敵誘敵的士兵編爲一組，依照他們不同的特性予以訓練，到了戰爭之時，便可依據敵軍弱點與地形地貌，靈活運用這些各有不同特性的部隊，充分發揮每一名士兵的專長。

吳起擔任將領，與步卒們同甘共苦，睡覺時沒有床鋪，行走時沒有車馬，穿同樣的衣服，吃同樣的食物，多年以來，始終如此。士兵生病了，他必定噓寒問暖，好生照料。某一次，一名士兵的腳上生了膿瘡，吳起向軍醫詢問病情，軍醫答道：「這病如果沒有人用嘴替他把潰爛化膿的地方吸乾淨，是絕對好不了的。」

「這麼麻煩？」看了看左右士兵，那些袍澤，沒有人願意做這骯髒事，吳起道：「這樣算什麼好兄弟？你們不敢做，我來！」於是蹲下身，替那生病的士兵將腳上的爛瘡吸了出來。

那士兵感動得不知道該說什麼才好，一旁的士兵們看了，紛紛覺得自己能在這樣的大將底下做事，實在是件光榮的事。

後來這件事傳進那士兵母親的耳中，母親聽了，痛哭失聲。旁人覺得奇怪，問她爲何哭泣，這件事，應該覺得榮幸才對啊！士兵的母親說：「想當年，這孩子的爹也得了同樣的病，吳起也曾經這樣對待他，結果孩子的爹就替吳起賣命，戰死在沙場上，誰知道這個孩子以後會怎麼樣啊！」

吳起就是這樣得到士兵們的愛戴，他受魏文侯之命，攻打秦國，連戰皆捷，將原本秦國的河西之地，全部納入魏國版圖。

此外，魏國地方官吏，也能夠盡忠職守，貫徹改革的政策，其中以西門豹治理鄴地，功績最爲卓著。

鄴地位居趙魏之交，乃戰略要衝，西門豹受命治理之時，當地還是一片荒蕪，城鎮蕭條，人煙稀少。西門豹察明了原因，才知道當地蕭條的主因，乃是因爲地方土豪魚肉鄉里，橫徵暴斂的緣故。

「搜括錢財也就算了。」當地父老向西門豹抱怨道：「百姓們最感痛苦的，莫過於河伯娶親，這才是最大的問題啊！」

「什麼是河伯娶親？」

「咱們鄴縣有條漳河，每年夏秋兩季，總會氾濫，地方上的望族便與那些巫祝勾結，說漳河的水災是什麼河伯顯靈，非要我們繳納大筆錢財，還要貢獻出幾名美女，送給河伯當老婆，這樣，水患才會停止。」老者哭道：「我已經有兩個媳婦、三個女兒嫁給河伯做老婆啦！可那河伯還不是照樣年年氾濫？大人一定要替我做主啊！」

每年都得進貢美女？鄴縣就這麼點大，這樣一來，地方上的年輕女子不是全都成了河伯的祭品？難怪人口稀少。西門豹說道：「老先生別再哭了，我一定會替你討回公道的。下次河伯娶親之時，麻煩您通知我一聲，我要去參加典禮。」

到了河伯娶親之日，地方上的土豪聽說新到任的官員西門豹也要參加典禮，以爲他也是個貪官，只不過想來撈點油水，於是替他準備了豐富的禮品，恭候大駕。附近的男女老幼都前來觀看，被挑選的人家則嚎啕大哭，眼看著就要和女兒生離死別。

西門豹帶著衛士到場了，百姓們立刻安靜下來，地方官員笑嘻嘻地對他說：「大人，小的已經替您準備了好東西，您先點收點收吧！」

「不忙！」西門豹搖頭：「先看看河伯怎麼娶親再說。」

這時，一群年輕女巫擁促著一個老女巫來到河邊，河伯娶親的儀式就要展開，現場除了那即將送給河伯的女孩不停哭泣之外，聽不到任何聲音，女巫正要開始禱祝，西門豹一聲大喝，劃破寂靜：「且慢！把新媳婦帶上來，讓我看看生得什麼模樣。」

地方官嘿嘿笑著：「選給河伯的妻子，自然是一等一的美女啦！如果大人喜歡，可以……嘿嘿，再過幾天送給河伯也不遲。」

西門豹皺了皺眉：「我看這個新娘長得也不怎麼樣。」

地方官立時改口：「是啊！今年的貨色是差了點。」

「什麼差了點？我看根本不行！」西門豹對那老女巫道：「喂！你過來，看看，不是說河伯很挑的嗎？送個這樣的女孩過去，我看河伯只會更生氣。」

「大人的意思是……？」

西門豹沉吟片刻：「嗯，有勞您老人家了，麻煩您到河底下走一趟，向河伯通報一聲，等我們選到眞正的美女，再給他送過去。」

「到河底下？」

「沒錯。您不是能與河伯對話嗎？親自走一趟，比較有誠意嘛！」語罷，不等老巫婆開口，就命令衛士架著她，推進河裡去了。

四下一片寂靜，連那等著做祭品的女孩也忘了哭泣，西門豹正經八百地注視著漳河的滾滾洪流，過了許久，才道：「眞是的，去了那麼久也不回來，年紀大了，做起事來就是慢吞吞的，還是派她的徒弟去催一催吧！」

語音未了，又有兩名女巫被丟進河裡。

再過一會兒，不見動靜，西門豹轉頭對地方官說道：「那些女流之輩，恐怕無法說服河伯了，您在地方上不是很有聲望嗎？您下去看看吧！順便告訴河伯，如果他的架子再這麼大，我西門豹就要在他身上開挖了！」說著把地方官也丟進河裡。

這下子讓那些平時魚肉鄉民的土豪嚇破了膽子，紛紛跪在地上，不住磕頭，向西門豹求饒：「大人饒命啊！小的再也不敢了。」

「饒什麼命啊？」西門豹笑道：「你們不是替河伯做事的人嗎？去見見自己的主人，有什麼不好？」

「哪裡有什麼河伯？我們不過是爲了撈點錢財而已！」

此語一出，驚動了四下圍觀之人，有人罵道：「就爲了你撈點錢財，讓我女兒平白推進河裡？」也有人哭道：「天哪！沒有河伯？我原先還道我的姊姊妹妹們在河伯那裡，可以不用忍受這世間的苦楚，過過好日子哪！想不到竟然白白犧牲了。」他們對那幾個成了喪家之犬的土豪怒目而視，有人握緊了拳頭，有人回家拿了鋤頭犁耙，但他們礙於西門豹在此，還不敢太過。

西門豹看著那些磕頭如搗蒜的土豪，悠悠說道：「沒有河伯？這可是你說的！唉，眞是的，我原還想看看河伯長什麼樣子哪！」說罷，轉身離去，表示他根本不過問村民想要將他們如何。那幾個土豪，承受了眾多存民的怒氣，左一拳，右一耙，被活活打死，扔進河裡。

從此，再也沒人敢提河伯娶親之事。

破除地方迷信的西門豹，展開他對鄴地的政治與經濟改革，首要之務，就是治理漳河水患，他發動百姓開鑿溝渠，引河水灌溉田地，這漳河當初呑沒了他們多少兒女？如今在它身上開挖，村民懷著報復之心，特別賣力，過了不久，便開挖出十二條渠道，不但疏通了漳河水患，還大大肥沃了鄴地的土壤，使原本荒蕪貧瘠的鄴地一下子成了魏國最肥沃的地區，民眾紛紛移居來此進行開墾。

另外他還對百姓進行軍事訓練。他採取的方式，與當初李悝鎮守中山時的方式相似，讓百姓兵農合一，耕作與訓練同時並進。據說西門豹治理了鄴地許多年，公家的糧倉庫房裡，什麼金銀粟菽都沒有攢下來，兵庫之中也沒有多餘器械。有人向魏文侯進讒言道：「那西門豹治理鄴地，一點東西都沒替君侯攢下！」

魏文侯道：「我聽說他治理得不錯呀，有這等事？」於是親自到鄴地視察，情況果然如此。

魏文侯憤怒無比，想要治西門豹的罪，西門豹說道：「臣聽說王者富民，霸者富武，亡國者富庫，故臣今日爲君上行王者之業。那些兵器、粟米什麼的，到了戰爭之時，自會顯現出來，君上如果不信，臣便鳴鼓召集兵馬，請君上明察，便知臣所言不虛。」

於是，西門豹走上城樓，擊鼓召集民兵，果然立刻便有成群民眾，身披鎧甲，腰掛弓箭，挑著糧食，駕著牛車，蜂擁而至。魏文侯轉怒為喜，對西門豹讚嘆有加，並且嘆道：「差一點冤枉好人，寡人有賢臣如你，何愁魏國不強？」

魏文侯時代，魏國便在這班賢臣共同努力下，走向富國強兵之道，東抗燕趙，西擊秦國，成為戰國時代初期的強國。

可是，當魏文侯死去，魏武侯繼位，起初還能遵行父親治國之道，後來漸漸親近小人，疏遠賢臣，惹得大將吳起飽受猜忌而去，流亡到南方的楚國，受到楚王重用，進行連串改革，讓楚國再度成為強大的國家，卻又遭到反對者的怨恨，被害而死。

而魏國則因小人當道，再加上其他國家也開始了振興圖強，相形之下，國力便衰弱了下去。魏武侯死後，國家還陷於奪取國君地位的內亂，後來公子魏罃奪取了地位，重振魏國聲威，還稱了王，是為魏惠王，並把國都從安邑遷到東方的大梁。表面上，他是為了進兵中原，向東發展，實際上，則是不堪受到改革成功的秦國，不斷侵擾的緣故。

商鞅變法

春秋時期，秦穆公雖然也稱為霸主之一，不過他稱霸的是西戎，不是中原諸侯，在中原諸侯眼中，秦國國力雖強，仍不過就只是個蠻夷之邦，會盟的時候，也往往不邀請秦國參加。

這大概是中原諸侯自我安慰的辦法吧！養馬人的後代，哪能和他們這些建立周朝的功臣之後相提並論？秦國似乎也不大反對這樣的看法，自秦穆公以後，秦國君主對於中原事務，一向不大過問，偶爾有所衝突，也盡量大事化小，息事寧人，不願讓事態發展到必須大戰一場的地步，只專心著發展自己的領土，累積實力。也許，他們的心中一直有個期許，期許著自己的子孫，有朝一日，能讓那些自以爲了不起的中原諸侯再也不敢小看。

然而，就這麼過了三百年，秦國還是給人一種較爲落後的感覺，不論經濟、政治與文化，都比不上中原諸國，那時諸子百家著書立說，形成一鼓沛然莫之能禦的文化現象，然而，諸子當中，卻連一個秦國人也沒有，可見秦國的惡劣環境，根本培養不出一個有學識、有見解的能人。

改革，勢在必行，問題只在由誰執行而已。

公元前三八四年，在一場腥風血雨的政變當中奪得地位的秦獻公，嘗試進行改革，他廢除了貴族殺人殉葬的陋習，訂立戶籍制度，並且消弱舊貴族的特權，他的改革並不能說完全失敗，卻也沒有十足的成效，因爲當時秦國舊貴族把持的利益實在太大，廣大的國土約有五分之三爲他們所把持，沒有百姓願意去開墾。同時，秦國外患連連，魏國不斷攻擊，讓他們連黃河的防線都守不住，只能往西退縮，如此一來，秦獻公想要推動改革，就更加困難，「先打贏幾仗再說吧！」舊貴族們如此說道。

因此獻公只能在抑鬱之中死去。

獻公之子秦孝公即位之前，便知道父親一生的志願，就是讓秦國得以變法振興，與中原各國一爭長短，對此，他也深表認同，「諸侯瞧不起秦國，實在是一件丟臉至極的事啊！」

「秦國沒有人才，我們可以從外國找來人才啊！」秦孝公如此認爲。

因而，即位的第一年，二十一歲的秦孝公便立即公佈了一道招賢令：「從前穆公勵精圖治，與晉國以黃河爲界，稱霸西戎，地闢千里，天子親自封爲盟主，諸侯都來祝賀，可是後來，出現了一群不肖國君，致使國家動亂，無暇他顧，河西領土，也被晉國分出來的魏國所佔領，待我父獻公即位，將國都遷移到櫟陽，準備收復失土，可惜壯志未酬。每思至此，便覺悲痛萬分。現在，寡人公開招納賢才，不論本國人民，外國賓客，只要辦法讓秦國強大，寡人就願意封給他食邑，任命他當高官，永享榮華富貴！」

於是，衛國出身的商鞅，來到了秦國。

商鞅姓姬，爲公孫氏族人，與衛國的國君是遠房親戚，所以人們都叫他衛鞅，商鞅這個名字，還是後來秦孝公封給他商地之後才有的。

衛鞅年少之時，十分崇拜李悝、吳起等人的法家學術，因此潛心鑽研律法，頗有心得，尤其對李悝的《法經》，倒背如流。後來懷抱著無比雄心，前往李悝、吳起發跡的魏國闖天下，結識了相國公叔痤，公叔痤對衛鞅十分欣賞，認他爲中庶子，衛鞅也想藉著公叔痤的權勢地位替他築起出仕的根基，因此在公叔痤門下特別賣力，表現自己，出類拔萃，讓公叔痤對他越來越信任。

後來不幸公叔痤生病，病況極爲嚴重，國君魏惠王前往探視，好生安慰道：「相國的病，一定能治好的，你就安心養病吧！」

公叔痤沒有回答，緊閉雙眼，他的臉色焦黃，形容枯槁，實在不像好得起來的樣子，魏惠王大概也覺得自己這般安慰，實在不大高明，於是又問：「相國，萬一……萬一有什麼不幸，誰來繼承您的職位，輔佐寡人，比較妥當？」

公叔痤聽見這話，才張開眼，奮力說道：「老臣向大王推薦一人，此人有經天緯地之才，如果大王願意重用，必能使魏國大爲強盛，將來呑併諸國，一統天下，也並非不可能。」

「什麼樣的人才，令相國如此推崇？」

「他叫做衛鞅，是老臣的中庶子，平日，老臣讓他做一些管理文件的工作。」

「是嗎？」魏惠王不置可否：「還有沒有別人？」

「大王！」公叔痤使盡全身力氣，坐了起來，勸道：「衛鞅就是老臣推薦的唯一人才啦！如今魏國所需者，乃改革之人才，衛鞅這人，有著革新的抱負，不僅勤於律法之學，還時常到各地視察民情，依老臣看，魏國之中，除衛鞅之外，別無他人！」

魏惠王笑了笑：「這人多大年紀？」

「三十左右。」

魏惠王大吃一驚，沒有說話。讓他把國家大政，交給一個聽也沒聽過、地位低微又如此年輕之人，實在不是他所能夠接受之事。

公叔痤見魏惠王半天沒應聲，知道他不願意任用衛鞅，心一橫道：「大王如不願用衛鞅，那就請把他殺了吧！此人不受重用，必將投奔他國，到時候，一定是魏國的大患啊！」

「嗯！相國的話，寡人明白啦！您就好好養病吧，不要再爲瑣事煩心。」語罷起身離去，臨去之前，面色凝重，對左右悄悄說道：「相國病情嚴重，一下子要寡人用衛鞅爲相，一下子要寡人殺他，唉！相國已經語無倫次啦！」

公叔痤躺在病床上，越想越後悔，實在不應該爲了自己的私心，就此葬送一個大好人才的一生，於是他派人把衛鞅找來，對他說道：「你離開魏國吧！今天晚上就走。」

衛鞅問道：「爲何如此？」

「大王今日來看我，我本想藉機向大王推薦你，可是，大王不願意答應。」公叔痤嘆道：「我身爲相國，自然需以魏國利益爲重，大王不願用你，我出於私心，就建議大王殺了你，那是爲了避免你將來到了別國，成爲魏國之患，可是，於私情，我又不忍心如此對你，所以，你還是逃吧！」

衛鞅神情自若：「相國，如果眞是如此，您就不必擔心了。大王不肯聽你的話用我，又怎會聽你的話殺我？在他眼中，我根本無足輕重，不會對魏國造成威脅的。」

事情果如衛鞅所料，魏惠王根本沒有把衛鞅放在心上，公叔痤死後，衛鞅沒有被重用，也沒有被捕，不過，衛鞅已經對魏國放棄了希望，於是決定前往頒布了招賢令的秦國，試試運氣。

雖然招賢令已頒，但是以衛鞅這等毫無名氣、地位又低的人，想見到秦孝公，終究不是一件容易之事，一國之君，可不是排著隊就見得到的，幸好在他任職於公叔痤之時，便經常注意往來官員的面貌身分，因此在某個賓客群集的場合之中，衛鞅一眼就認出了負責接待的官員，於是出聲招呼道：「咦？這不是景監大人嗎？好久不見啦！」

那景監不過是秦國宮中一名宦官，雖然是秦孝公親信，卻是地位卑下，從來沒人願意尊稱他一聲「大人」，聽見衛鞅親切的問候和奉承，覺得自己在諸國賓客之間，還頗有名氣，身子輕飄飄地，臉上堆滿笑容，「喔！你不是那個……那個誰嗎？」

「在下衛鞅。」

「對，對！衛鞅。」景監道：「你從前不是在那個……哪一國的誰底下做事的？」

「衛鞅原本任職於魏國公叔痤，聽見秦國頒布招賢令，在下不才，卻有富國強兵之道，想來秦國求見君侯，一陳己見，卻不料在這裡遇見景監大人，真是三生有幸啊！」

「嗯！」景監點頭：「我國君上的確需要你這樣的人才，其他的人怎麼樣我不曉得，但你衛……衛什麼……？」

「衛鞅。」

「對！衛鞅之才，我景監可是知之甚詳，待我有機會晉見君上，我一定會向君上提起你的。」

「到時可要請景監大人多多美言幾句了。」

「一定，一定！」

其他的賓客不怎麼瞧得起衛鞅這等趨炎附勢的作爲，衛鞅卻覺得：「是你們自己不懂得運用時機，秦君眼前的大紅人都不認得，還想成得什麼氣候？」便不與他們計較。

景監當晚便對秦孝公提起了衛鞅。

「賓客之中，有個從魏國來的，叫做衛鞅，這人是個大才，公叔痤曾經推薦給魏王，魏王沒有重用，現在，他來到秦國，君上可別讓這等人才，從眼前溜走。」

秦孝公笑了笑道：「眞的嗎？他給了你什麼好處啊？」

景監誠惶誠恐：「君上可別誤會，小的可是一心爲國！衛鞅一介布衣，能給小的什麼好處？小的從前出使魏國之時，就曾經見過衛鞅啦！他的才能，小的敢給君上打包票。」

「眞的啊？好吧！明日就讓他和寡人單獨談談吧。」

衛鞅就這樣成功地見到了秦孝公。

秦孝公因爲昨晚景監的美言，對衛鞅十分禮遇，溫言道：「聽說先生懷抱不世之才，來到秦國，有什麼能夠教導寡人的嗎？」

衛鞅道：「有的。」

「說來聽聽吧！」

「想當年堯舜治天下，乃以仁義行之，行禪讓之治，故爾長久，大禹以治水之功，建立夏朝，何故？以德待天下百姓也！成湯革命，逐暴君夏桀，後世之人，不以其爲篡奪，咸認爲弔民伐罪，千古盛事也，我大周立國已數百年之久，人皆盛讚武王伐紂，實乃武王之德性高潔，且承文王仁德。故爾，治國之道，自古皆然，乃仁義道德也！」

衛鞅嘰哩呱啦說了一堆，說的全是那些三皇五帝、堯舜禹湯的舊事，這些話秦孝公早就耳熟能詳，甚至不用衛鞅來與他說，秦孝公也能講給衛鞅聽，自然覺得索然無味，聽到後來，呵欠連連，誰知衛鞅一說便說了好幾個時辰，最後還道：「明日再與君上詳談成王之道。」秦孝公不得已，只好隔幾天又接見衛鞅，結果衛鞅還是淨說些仁義禮智的東西，聽到後來，秦孝公打起瞌睡，衛鞅還不識相地叫醒他：「在下所言，全爲至理名言，望君上耐心聽完，方能成就大業。」

秦孝公不願意得到怠慢賓客的惡名，只好敷衍道：「是啊是啊！至理名言！」等衛鞅說完，秦孝公回到宮中，對景監抱怨：「你引薦的傢伙，根本是個庸俗不堪之人，講的那些話，誰不知道？可是總得幾百年時間，才能見效，難道要寡人等他個幾百年？秦國沒那麼多時間啦！」

景監便去向衛鞅責問：「怎麼你不說些讓君上高興的話呢？這樣，你想在秦國當官，就不會這麼難啦！」

衛鞅道：「如果只說些讓君上高興的話，我就能當官，我看，秦國也不可能強大了。」

景監就是從這句話，看出衛鞅的確是個奇才，於是不顧一切，向秦孝公推薦，終於讓商鞅能有第三次晉見秦孝公的機會。

「有話快說。」秦孝公很不耐煩地道：「寡人要接見不少人，你別佔去太多時間。」

「是。」衛鞅道：「想當初，齊桓公何以能從一個愚魯之輩，而成一代霸業？晉文公又何以能從一介落難公孫，奪取權位，最後建立晉國霸業？就是依靠賢臣，依靠改革的決心。如今天下大勢，以變革爲貴，在下前兩次晉見所言，是那個時候的事，根本不適合用在現在。當今亂世，唯有刑法嚴明，兵農合一，廢除封建時代的舊規，改採新制，方爲富國強兵之道。」

這話讓秦孝公大感興味，不自覺地湊到衛鞅跟前傾聽，衛鞅此番講述的，全爲短期之內，立見功效的霸者之道，這剛好對了秦孝公的胃口，不但不再打瞌睡，反而一再向衛鞅提出問題，衛鞅一一解答，秦孝公大有茅塞頓開之感。這次晉見，衛鞅所花的時間，比前兩次加起來還長，待衛鞅道：「天色已晚，有什麼話，下次晉見再談吧！」

秦孝公卻說：「何必等到下次晉見？你明日就來！寡人還有一肚子疑問，等著向先生請教哪！」

幾天之內，衛鞅向秦孝公講述了變法圖強的要旨與實行步驟，秦孝公除了點頭，還是點頭，當下已決定重用衛鞅，實行變法。衛鞅道：「君上，爲臣以一介外來賓客，想在秦國實施變法，必定遭受莫大阻力，不如請君上利用朝會之時，自行提出變法主張，微臣再加以附議，以君上名義行之，可較爲順利。」

「如此甚好。」

秦孝公便於公元前三五九年，在櫟陽宮中召集群臣，討論變法改革的意義，衛鞅立刻站了出來，大聲疾呼變法方能強國，力勸秦孝公不要再猶豫，指出「疑行無名，疑事無功」，並且說：「聖人治國，絕不拘泥古法，只要能讓國家獲利，讓百姓享福，不論多麼困難，必定義無反顧，雖千萬人吾往矣！」

大臣甘龍是秦國舊貴族勢力的代表，他立刻表示反對：「聖人不易民而教，智者不變法而治，遵循傳統法令規章，官員不但勝任愉快，百姓也不至於騷動，這點還望我主明鑒！」

衛鞅早料到會有人反對，因而應答如流：「此乃世俗之見！普通的官員，也許可以在官位上，遵照規定，刻板行事，但是不能和他們討論一國政綱。先知先覺者，方能創立政綱，讓後知後覺者執行，至於那些不知不覺的庸碌之輩，和他們討論起政綱，只怕他們都會不寒而慄，因爲他們只敢維持現狀，不求長進！」

「衛鞅，你說得好！你的意見，就是寡人的意見。」秦孝公毅然決定實施變法，授與衛鞅左庶長之職，全權負責變法事宜。

衛鞅針對秦國的弊病與實際需要，建立了一套全面性的法制，涵蓋範圍遍及秦國上下所有階層。首先他廢除了舊有的貴族制度，重新訂定官階，共分爲二十個等級，沒有建立功績的人，不論他的祖上多麼積德，也沒辦法得到官爵。

接著他將全國百姓的戶籍調查清楚，重行編訂，以五家爲伍，十家爲什，互相監督，不准藏匿身分不明之人，一家犯法，別家若不告發，則十家同時株連問罪，旅客住店，也必須有憑證，否則店家一樣受罰。

在軍隊之中，他提倡「首功制」，凡在戰爭中取得敵人首級一顆，便可賞賜一級爵位，鼓勵從軍殺敵，嚴禁人民私下鬥狠。

爲了貫徹法令，必先取信於民，衛鞅便命人在都城南市，豎起了一根三丈長的木杖，並對好奇圍觀的群眾們宣布：「誰能將這根木頭從此地搬到北門，賞十金！」十金約等於二百四十兩黃金，是一筆驚人的數目，大家都覺得哪有這種好事，懷疑有詐，所以沒人敢去碰這根木頭。

衛鞅見狀，立即將價碼加了五倍：「賞五十金，可有人願意？」

有個奴隸心想，反正我已經沒什麼可以失去了，乾脆就試試看，於是扛起木杖，把它搬到北門。

衛鞅立刻命人獎賞了五十金給這名奴隸，並對眾人說道：「我衛鞅言出必行，現在奉國君之令，推行新法，也是如此，諸位莫要懷疑，以免觸犯法令！」

新法實行不到一年，就惹得民怨沸騰，各地皆有人來到櫟陽，向國君控訴新法的弊害，秦孝公都覺得有點看不下去了，勸衛鞅道：「是不是暫緩新法，比較妥當？」

「不可。」衛鞅堅持：「新法的推行，只消兩三年，便可見到成效，現在民怨之所以四起，不過是因爲他們不習慣罷了，主公千萬不要因爲這一點小頓挫，就此動搖意志。況且，這只是新法之始，以後還會陸續推動，主公如果不支持，只怕秦國永遠別想強盛了。」

「好！寡人依你的意思。」

衛鞅乃宣布道：「爾後有人妄行議論新法者，處極刑！」

可是那些反對新法的人，全部都是大有來頭的人物，他們哪裡相信衛鞅這個外國來的賓客，膽敢在他們身上用刑？爲了壯聲勢，他們還請出了太子駟，由他代表反對的勢力，陳述新法的弊病。

這麼一來，太子駟成了第一個違背「不得妄行議論新法」之人，全國人民屏息以待，等著看衛鞅會有什麼反應。這是變法成敗與否的關鍵，更是秦國興衰與否的關鍵，對此，衛鞅的態度依然堅定，「法令者，一國之根本，王子犯法，與庶民同罪，況且身居高位者，帶頭觸法，理應罪加一等。」他說道：「不過，太子是未來國君的繼承人，不可以將刑罰加諸其身，所以，要嚴懲疏於管教之職的太子太傅和太子太師。」

於是衛鞅命人逮捕了太子的兩個師傅公子虔和公孫賈，一個割去鼻子，一個在臉上刺了字。

這般毫不留情的舉措，令舉國上下爲之譁然，從此再也沒有人膽敢違背律法，也沒有人再利用自己的權勢地位，行險僥倖。

公元前三五〇年，因功累官至大良造的衛鞅，奏請秦孝公，將國都從櫟陽遷到咸陽。「咸陽形勢險要，東控函谷關，南有渭水，土地肥沃，物產豐富，進可攻中原，退可守關中，乃振興我大秦之地也。」並且開始進行第二波的變法工作。他將秦國的封建制度徹底廢除，全國統一規劃，設立了三十一縣，每縣有縣令或縣丞，由國君直接委任，加強中央集權統治。

此外，衛鞅統一全國度量衡，明定秦國法律，公佈遵行，還獎勵開墾荒地，允許人民自由買賣土地，這些做法，在在讓秦國走向富裕強盛。

百姓們對於秦國的強大，都覺得與有榮焉，因此，有些人便向衛鞅上書，頌揚變法的好處，可是衛鞅不但不領情，反而將這些前來奉承的百姓，全部放逐到邊疆。

「我們是在頌揚新法啊！」他們不解地說道：「從前你不准人們議論新法，是爲了制止那些反對者，可是我們是贊成新法的啊！」

「律法是用來遵守的。」衛鞅板著臉說道：「不論頌揚或者反對，都是議論，都必須處罰！」

衛鞅就是這樣一個刻薄寡恩的人。在他當政期間，不知道有多少人遭到逮捕、屠戮、抄家滅族，自從變法以來，「殘忍無情」、「悖仁絕義」這樣的惡評，從來沒有一天斷過，然而衛鞅依舊故我，但是，秦國變強大了，這是不爭的事實。他們不再是個受人欺負的蠻夷之國，終於能夠主動發動戰爭，教訓那些從前不將秦國放在眼中的中原諸侯。

趁著東方魏國與齊國之間的戰事不可開交之際，衛鞅親自領兵，攻打魏國當年由吳起所鎮守的西河地區，奪取大片土地，拆毀了魏國在此所建的長城，俘虜了魏國的公子卬，重新恢復當年與三晉以黃河爲界的疆域。這次勝利，秦孝公封給衛鞅十五邑作爲封地，將這十五邑改名爲商，稱衛鞅爲商君，地位與小國國君相等，權勢薰天。

經過商鞅的改革，天下最強盛的國家，成了秦國，如果天下眞有所謂的運勢、道統，這時候的運勢與道統，已經從中原諸侯，轉向這個西方大國了。

只不過此時，還沒有人能夠注意到這個事實。

馬陵道

寒風蕭蕭，揚起漫天飛沙，扯動旌旗，呼呼作響。飛沙走石落在齊國大軍堅實厚重的盔甲上，士兵們紋風不動，手持干戈，戰意高昂。

將軍田忌率領著幾名隨從，巡視了馬陵道附近的地形，回到陣中，跳下馬，快步走向陣中一輛大車，對那車上之人拱手說道：「軍師高見，此地山高谷深，適合埋伏，誘那龐涓來此，我軍有勝無敗。」

車中之人，看不出多大年紀，臉上皺紋不多，彷彿年輕得很，兩鬢卻已斑白，又顯得蒼老，眉宇之間，藏著一股憂愁和哀傷，那種哀傷，是從內心深處油然而生的，連他微笑之時，仍舊難掩那悲從中來的神情，若非遭逢大災大難，怎會如此？

「扶我下車看看！」車中之人吩咐道。

左右衛士攙扶著他下了車，不敢鬆手。此人自膝蓋以下，空無一物，根本無法靠著自己的力量行走。

衛士扶著他來到前面不遠的懸崖之前站定，那人放眼瞭望，底下的縱谷，是敵軍必經之地，他慘然笑道：「龐涓啊龐涓，今日若不讓你命喪黃泉，我孫臏誓不爲人。」

此人便是齊國軍師孫臏，齊國近年來連勝魏國，靠的就是孫臏所擬定的戰略計劃，然而齊軍每次出征，孫臏總是堅持要隨軍而行，以他的身體狀況，如此勞頓，實在難受，他並不是不放心齊國的將軍，只是想要親眼看一看，看看他的大仇人龐涓如何命喪己手。

孫臏與龐涓，原本情同手足，一同拜於當世高人鬼谷子門下，學習兵法。孫臏向來敬龐涓如兄長，龐涓也待孫臏如胞弟，兩人經常利用時間，相互切磋所學，不過總是孫臏略勝一籌。

後來龐涓覺得自己所學有成，便想出師下山，前往魏國投效，以展現自己的才能，還想拉著孫臏與自己一起前往，卻被鬼谷子所制止：「你們二人，絕對不可共事一國。」

龐涓不解，鬼谷子卻不願回答，孫臏則道：「師兄，您所學已成，可以去魏國闖闖天下，小弟才疏，還想在師父門下，多孝敬幾年哪！」

龐涓便獨自下山，投效當時最爲強大的魏國。

在魏國短短幾年，龐涓便靠著自己的實力，成為大將，屢屢建立戰功，聲譽四起，任何人聽見魏國將軍龐涓之名，無不豎起拇指，讚譽有加：「龐涓眞乃一代將才啊！」

魏國四處攻城掠地，對於東方的齊國，構成極大的威脅。

齊魏之間在中原地區的爭霸，乃時勢所然，魏國興盛得早，自從魏文侯任用李悝、吳起力圖振作以來，始終維持聲勢不墜，現在又有龐涓為將，更為興盛。西方去路為秦國所阻，於是轉而向東發展，遷都大梁，顯示著魏國統一三晉的野心。

如果此事成為定局，以三晉合而為一的廣大領土與眾多人民，東方的齊國便無立足之地。齊國上下，莫不為此憂心萬分，企圖用各種方法，分化三晉，削弱魏國，或者以會盟的方式，化解魏國的敵意，兩國君主見了面，還不忘記鬥嘴。魏君問齊君道：「貴國可有什麼國寶呀？」

齊君知魏君想探虛實，便搖頭道：「沒有。」

「那眞是太糟糕啦！」魏君說道：「我們魏國，雖然不大，卻還有十二顆一寸多大的夜明珠，那光芒足足可以照亮十二輛車。」

「喔？這就是國寶啊？」齊君道：「那我國也有國寶。你魏國以死的珠子當作國寶，我齊國則以活的人才當作國寶，我們齊國，內有賢相，輔佐朝政，外有良將，鎮守四方，讓我國政治清明，兵甲殷實，各國人民，近悅遠來，哈哈！這些人才的光芒，可不只是照亮了十二輛車子啊！」

魏君被齊君的話弄得啞口無言。

幾年之後，這兩位國君又在徐州會面，相互約定自稱爲王，再也不奉周室號令，他們便是魏惠王與齊威王。

那齊威王口才不錯，思路靈敏，可是在他即位之初，整天只知道吃喝玩樂，放著朝政不管，致使韓、趙、魏、魯各國，都來打齊國的主意，「諸侯並伐，國人不治」，齊威王卻心安理得地自顧享樂，整日喝得醉醺醺，與後宮姬妾們嬉戲笑鬧。

爲此，大臣淳于髡仿著當初楚莊王的典故，對齊威王道：「我國有一隻大鳥，棲息在宮殿之中，幾年不飛，幾年不鳴，敢問君上這是何故？」

「咦？這話好像在哪裡聽過？」齊威王醉是醉了，思緒卻仍然頗爲清晰，他一拍掌道：「寡人明白了！此鳥不飛則已，一飛沖天，不鳴則已，一鳴驚人對吧？」他嘿嘿一笑，對淳于髡揮了揮手：「呿！寡人看你平時說話挺有意思，怎麼今日拿古書上的話來誆寡人？以爲寡人不明白嗎？下去吧！」

明白就好，淳于髡心想，看來這位君主並不是個十足昏君，平時還有唸書，知道這段典故，只不知他整日玩樂，何時唸書的？莫非他眞有過目不忘之能？果眞如此，國君聰慧至此，那可眞是齊國大幸啊！

後來有個叫做鄒忌的，說是很會彈琴，前來求見，齊威王向來喜好音樂，立刻接見，鄒忌抱著一張大琴，在威王面前裝模作樣地調著弦，兩隻手卻只擱在琴上半天不動，齊威王等不及了，便問道：「你光在那裡調弦，怎麼不彈呢？」

「小人不只會彈琴，還知道一番彈琴的道理，頗爲有趣，君上可願一聽？」

「好吧！那你就先說說吧！」

鄒忌便從伏羲氏造琴開始講起，天馬行空，三皇五帝，堯舜禹湯，全都和這琴脫不了關係，齊威王聽得直皺眉，說道：「好了沒有？你抱著一張琴，老在那裡和寡人談理論，倒是彈上一曲來聽聽啊！」

「君上嫌小人空談理論，抱著琴不彈，有點不樂意是不是？」鄒忌笑道：「可是如今，君上抱著齊國這張大琴，這麼些年來也沒彈過一回，就不怕別人不樂意嗎？」

齊威王何等聰明人物？立時明白箇中道理，便留下鄒忌，與他談論國家大事。

「治國之道，首在明君賢臣，治理得當，妥善掌握政令，四時五穀與黎民百姓，均需調理得宜。」

齊威王覺得鄒忌是個不可多得的人才，於是請他協助處理政事，三個月後，任命鄒忌爲相，自己則戒除了好酒貪杯的習性，全心治國，幾年以後，齊國賞罰分明，賢才齊聚，百姓安居樂業，學術風氣興盛。齊威王還在國都臨淄西邊的稷門之外，設置一座學堂，集中各國文人學士，講學著述，形成一股自由的學風，日後，大思想家孟子和荀子，也都曾經先後來此講學，這便是

「稷下之學」的由來。

可是，振興學術，終究無法立即而有效地抵擋魏國的威脅，齊國有著以風流文雅爲尙的風氣，缺乏勇猛的將才，魏國卻有大將龐涓，銳不可當，齊威王擔心地問道：「這該怎麼辦才好呢？」

將軍田忌說道：「君上不必憂心，那龐涓雖然文武全才，可是，他有個師弟名叫孫臏，比起龐涓，有過之而無不及，曾經拜鬼谷子爲師的稷下先生們，都認爲孫臏之才，遠勝師兄。這孫臏是我齊國出身，就讓微臣前去請他來爲我國效力吧！」

「好得很，快去吧！」

田忌奔往齊魏之交的鬼谷，只可惜晚了一步，孫臏已經出師，而且正是被他的師兄龐涓所請下山。

龐涓向魏惠王極力推薦孫臏，而且豁然大度地推崇孫臏之才，遠在自己之上，魏惠王大喜，本想立刻封孫臏爲相，此時孫臏腦海之中，卻浮現了師父鬼谷子的話：「你的師兄龐涓，才能兼備，卻器量狹小，如果你非得要和他共事一君，記著千萬不要鋒芒太露，處處讓著你師兄一些，這樣你或許可以保全自己。」

於是孫臏拒絕魏惠王之請，「我孫臏初來乍到，才疏學淺，怎可位居師兄之上？師兄爲國之棟梁，相國之位，非他莫屬，我只要在他身旁當個賓客，替他出點主意，也就心滿意足了。」

這是他的眞心話，他一向敬愛龐涓這位師兄，能讓師兄功成名就，他也與有榮焉。可是龐涓卻暗暗覺得這只是孫臏爲了沽名釣譽而已，當下也就不再讓賢，接受高位。

孫臏成爲龐涓賓客，雖然盡量採取低姿態，然而一個有才能的人物，終究風華難掩。某次龐涓率領了大軍，出兵齊國，城中空虛，恰好這時，秦國來犯，孫臏臨危受命，僅用數百名守軍，便將那秦國軍隊耍得團團轉，後來龐涓得報，火速趕回，秦軍卻也已經退走。

人人都稱讚孫臏的功勞，彷彿龐涓以前所作所爲，全都比不上孫臏的這一戰似的。龐涓忌妒之心大起，便命人將孫臏寫往齊國的家書攔下竄改，再故意讓魏國邊境守軍查獲，如此，孫臏「私通外國」的罪名，就證據確鑿了。

「可惡啊！」魏惠王罵道：「我一直以爲孫臏是個人才，想不到竟然是齊國派來的間諜。」

此時龐涓卻還虛情假意，對遭到逮捕的孫臏說道：「師弟，你怎麼這麼糊塗哪？私通外國，可是死罪呢！以爲兄的地位，最多保得你一命，至於會受到什麼刑罰，可就難說了。」

「師兄，我是冤枉的啊！」

「這個嘛……」龐涓道：「你先安心地待在牢裡，待我爲你說情。」

龐涓眞的替孫臏說情去了，然而，他並非眞心想救孫臏，只是他記起師兄弟二人閒談之時，孫臏曾經提到他有一部祖傳的兵法，其中講述陣戰之道，頗爲奧妙，龐涓貪圖那兵法，想從孫臏手裡騙來，以爲這樣便可以贏過孫臏，到時候，再除掉他不遲。

孫臏在大牢裡痴痴地等待著，只等來嚴酷的刑罰，他被處以臏刑，雙腿及膝斬斷，成了終身殘廢，又在臉上刻了字，使他永遠難以見人。

遭受如此殘酷的對待，孫臏還以為眞的是龐涓救了他一命，仍然回到了龐涓住處。龐涓將他安置在一間屋裡，派人看管，同時與他談起那祖傳兵法之事，請他默寫出來。

孫臏一口答應，同時道：「也請師兄替小弟查探查探，到底是誰陷害於我，我發誓今生必報此仇！」

龐涓臉色微微一變，隨即笑道：「仇是一定得報的，但是兵法也要寫出來才好。」

為了感謝師兄的大恩，孫臏絞盡腦汁，除了默寫，還在兵法書中加了許多自己的見解，實際上如同一部全新的著作，過了一段時間，有個知道內情的人，實在看不下去，於是對孫臏說：「你以為誰是你的仇人？就是你敬愛的師兄啊！如今你還想替他寫兵法？只怕兵法完成之日，就是你喪命之日。」

孫臏顫聲道：「這……這怎麼可能呢？」

「怎麼不可能？」那人道：「當時龐涓要人截下你的家書，竄改內容，那負責之人，便是我胞兄，家書內容，我還幫著潤色哪！龐涓不知道而已。當時與這件事相關之人，包括家兄在內，全都被龐涓滅了口，哼！那可惡的傢伙！唯獨剩下我一個，嘿嘿！龐涓必定想不到天下還有一個人，知道他賣友求榮的秘密！」

孫臏聽完，默默地點了點頭，什麼話也沒有說。

當晚，孫臏發瘋了，瘋得似眞似假，卻又瘋得讓人不寒而慄。他癲狂地尖叫，喃喃自語，扯破自己的衣裳，抓破自己的臉頰，還將完成了一半的兵法竹簡，一支一支地折斷，丟進火裡燒掉。

龐涓聞訊大驚，連忙前來查探，冒險從烈火之中搶救竹簡，奈何上面字跡已經焦黑難辨。龐涓生氣，打了孫臏幾個耳光，孫臏毫無反應。龐涓便把孫臏丟進豬圈，孫臏便與畜生同睡共食，偶爾甚至連豬屎豬尿都吃了下去。龐涓終於相信孫臏瘋了，認爲孫臏大約是遭遇重刑，身心俱創，這才喪失理智，於是便漸漸疏忽了對他的警戒。

過了一段時日，齊國將軍田忌以使者身分來到魏國，晉見了魏惠王，並與龐涓會晤，得知孫臏的境遇，頗覺感嘆，於是向龐涓表示了想要見一見孫臏的意願，龐涓隨口道：「他就住在豬圈裡，和畜生沒兩樣，你想看就去看吧！」

田忌皺眉，心想你這師兄也太不成話，怎麼讓師弟淪落至此？到了豬圈一看，那孫臏忽然不瘋了，低聲說道：「田將軍救我！」

田忌這才知道背後原委，孫臏裝瘋賣傻多時，只爲了保住性命，日後復仇。於是田忌趁著夜晚四下無人之際，偷偷讓人將孫臏抬上車，連夜趕回齊國。

孫臏到了田忌府裡，稍加梳洗，換上了乾淨衣裳，形貌仍舊淒慘，田忌看他這副人不像人、鬼不像鬼的模樣，臉上又刺了字，不敢貿然將他推薦給齊威王，於是留他在府裡，以上賓之禮對待。

直到有一次，田忌與公子們打賭賽馬，孫臏在一旁看著，建議田忌：「你把你最差的馬，拿去和對方最好的馬比賽，再用你最上等的馬，與對方中等的馬相比，而用中等的馬和對方下等的馬相比，如此保證會贏。」

田忌照作，果然三場比賽裡贏了兩場，打賭就算他贏了。「孫先生眞不簡單，竟然連賽馬都這麼有辦法。」

「這不算什麼。」孫臏道：「這只是兵法之中一個極爲淺顯的道理，絕對要有十足的把握，才和敵人交戰。」

田忌這時才領略了孫臏的才氣，當天便向齊威王推薦孫臏。

齊威王相孫臏請教兵法，孫臏應對如流，齊威王大喜，便奉孫臏爲軍師，請他協助訓練軍隊。

公元前三五四年，魏國爲了實現統一三晉的理想，派將軍龐涓率領大軍，攻打趙國的邯鄲，邯鄲雖然城池堅固，可以抵禦魏軍的猛烈攻勢，然而終究難以長久抗拒，因此趙國國君趙成侯便以中山之地作爲謝禮，向齊國求援。

「我們齊國現今實力仍不及魏國，可是，萬一魏國滅趙，以後就更別想和魏國競爭了！」齊威王道：「寡人決定救趙，孫臏，就請你當作將軍，領兵出征吧！」

「臣乃戴罪黥面之人，不適合擔任大將一職，還是請田忌將軍出征，臣願為參軍，隨軍獻計。」

齊威王同意了，還命人替孫臏特別製造了一輛大車，上面覆了蓬蓋，可以讓他坐在車中，隨大軍一同行動。

孫臏對田忌說道：「想要勸架，絕對不能直接去搶他們的武器，要直搗強者的痛處。記得我曾經說過，不打沒有把握的仗嗎？現在魏軍聲勢正盛，我軍只怕難攖其鋒，不如直接攻進魏國，包圍大梁，等魏軍師老兵疲，回軍救援之時，我軍再從半路截殺。」

「大軍深入魏境，就不怕遭遇埋伏嗎？」

「帶兵之人是龐涓，這傢伙的用兵之術我瞭如指掌。」孫臏的臉上露出一絲殘酷的笑容：「他好大喜功，出征之時，必定傾全國之軍力，因此這時，魏國境內必定空虛，我這『圍魏救趙』之計，用在別人身上，我不敢保證，用在龐涓身上，一定成。」

田忌依計而行。齊國軍隊，並不北上救援邯鄲，而將矛頭指向西方，直撲大梁。

事情全在孫臏意料之中，龐涓好不容易攻下了邯鄲，卻接獲後方危急的報告，連忙帶著軍隊回師救援，他的部隊，攻打邯鄲，已是精疲力竭，如今連休息片刻的機會也無，又疾行南下，疲累不堪的情況下，根本難以作戰，結果在桂陵地方與齊軍遭遇，魏國軍隊大敗，龐涓僅以身免。

「這次讓你逃了，下次……下次一定取你首級！」孫臏遙望著逃竄的魏軍，緊捏著拳頭，咬牙切齒道。

這一等，就讓孫臏等了十三年。

公元前三四一年，魏國再度以龐涓爲將，攻打韓國。韓昭侯向齊國派出使者求救，齊威王因此召集眾臣，共同商討此事。

「魏國又打韓國了，聽說這次來勢洶洶，恐怕非滅了韓國不可，寡人不願坐視不管，你們說，應該早一點發兵好，還是晚一點發兵好？」

宰相鄒忌不願意妄動干戈，說道：「根本不要發兵，豈不是最好？」

大將田忌抱持不同意見：「韓國如果被併吞，對我們只是有害無利，我們應該伸出援手，而且越早越好。」

孫臏則道：「韓國已經和魏國陷於苦戰，此時出手，齊國似乎有越俎代庖的嫌疑，不如我們先向韓國保證我們一定出兵救援，堅定韓國作戰的決心，等到魏軍疲憊之時，我軍再行出動，如此不但可以獲勝，而且能在諸侯之間樹立威望，一舉兩得。」

自從圍魏救趙，桂陵之戰大勝以來，孫臏在齊國的聲望如日中天，他說的話，國君很少有不採納的，當然，實在是因爲他的話，總是最爲有理的緣故。

韓國得到了齊國的承諾，總覺得齊國軍隊就快要出現了，因此奮力抵擋魏軍一波又一波的攻擊，到後來實在抵擋不住，才又向齊國求援。齊威王便以田忌、田嬰爲大將，孫臏爲軍師，領軍十萬，向魏國進發。

這分明還是用上次桂陵之戰的老戰略，上次圍魏救趙，這次圍魏救韓，田忌不免有些疑慮，問道：「軍師，難道你認爲龐涓會連上兩次同樣的當？」

「當然不會，如果他這麼笨，他就不是龐涓了。」孫臏道：「他們三晉的將士，素來對我們文弱的齊國人不大瞧得起，認爲齊國人膽小如鼠。」

「哼！」田忌道：「今日就要讓他看看齊國人的勇猛！」

「不，今天我們要讓他看看齊國人的膽小。」

「什麼？」

「將軍不必訝異，我們要讓龐涓以爲我軍不敢和他決戰，假意撤退，引他來追擊。」孫臏道：「這一次，我一定要誘敵深入，不讓龐涓有逃命的機會！」

魏軍方面，魏惠王聽說齊國又來多事，十分生氣，決定要和齊國決一死戰，於是另外派出了太子申擔任大將，動員全國軍隊，與龐涓會合。

龐涓如虎添翼，士氣大振。「這次我們絕對不可以再受孫臏這廝詭計，一定要小心謹慎，一雪前次兵敗之恥！」

他領著大軍，往齊軍進兵方向前進，連續行軍數日，都沒看見敵人的蹤跡，倒是找到了齊軍曾經駐紮的陣地，地上掘了一個一個的坑，那是用來埋鍋造飯之用，龐涓命人數了數，共有一萬個，以十人一灶計，可以知道齊國共出兵十萬。

第二天，又找到另一個陣地，一數之下，只剩五萬，第三天，只剩兩萬。

龐涓大笑：「我早就聽說齊國人膽小，可是還沒想到竟然膽小到這種程度，不出三天，已經潰散了一大半，此時不追，更待何時？」於是親自率領了精銳的騎兵，攜帶少數糧草，全力追擊。

孫臏已在馬陵道埋伏妥當。

他知道，龐涓必定會中了他的「減灶誘敵」之計。

他下令，在龐涓必經的路上，找一棵大樹，削下一片樹皮，在上面刻了字。

天已入夜，龐涓追兵趕來，經過那棵樹下，發現上面的刻字，只因天色昏暗，難以辨認，於是命人舉了火把靠近觀看，樹皮上，刻的赫然竟是：「龐涓死於此樹下」。

「中計了！」龐涓覺得不妙。

話還沒說完，兩側絕壁之上，萬箭齊發，魏軍猝不及防，驚恐四散，遭到齊軍夾攻，龐涓自知大勢已去，仰天說道：「孫臏，我可讓你成名了啊！」說完，拔劍自刎而死。

齊國軍隊傾巢而出，乘勝追擊，將群龍無首的魏國大軍殲滅，俘虜了太子申，大獲全勝，從此，魏國的國力一蹶不振。

孫臏終於報了仇。

「師兄？龐涓？恩人？仇人？」

他坐在車裡，細數著過去種種。

他絲毫沒有獲勝的喜悅，心中空蕩蕩的，只聞得到陣陣血腥味。眼前遍地死屍，遍地魏國將士的死屍。他的大仇人，大師兄，從小到大的良朋益友，陷害他成爲這副模樣的奸惡之人，如今也躺在這堆屍體之間，根本分辨不出來了。

他悠悠地長嘆。

爲了他們師兄弟二人的恩恩怨怨，犧牲了多少無辜的生命？他們曾經是別人的兒子，別人的丈夫，別人的父親，但如今，什麼都不是了。

孫臏仰望著蒼天，心中吶喊著，「這是什麼道理呢？」

什麼道理也不是，因爲，這是一個沒有道理的時代。

這是戰國時代。

第二章：合縱與連橫

秦國任用商鞅變法，成效卓著，使得秦國由野蠻落後，轉變成文明興盛，進而成為最大強權。

商鞅雖不得善終，秦國卻因為商鞅的功勞，始終強大，而且越來越強大，到後來，其餘六國，已經沒有能力單獨對抗秦國，非得合作，才能減緩秦國侵略的步伐。只不過，六國之間，卻也經常因為利益無法協調，互相攻伐，難以合作，秦國因此得以各個擊破，逐鹿中原，為最後一統天下的趨勢鋪路。

這便是合縱與連橫的局面。

這樣的戰略，早在戰國時代中期，便已經制定完成，在當時，已經有人認清了一個事實，秦國統一天下，只是時間早晚的問題了。

不得善終的商鞅

奠定秦國強盛根基的秦孝公，於公元前三三八年去世。他是商鞅唯一可以依靠的人，主持變法期間，商鞅得罪了多少人？他剝奪了舊貴族的既得利益，鎮壓了反對的聲浪，讓新的制度深入民間，從根本上使秦國富強，面對所有反對者，他全部都是一句話：「奉國君之命」，而秦孝公也對他完全的信任，放手讓他去做，後來還封了十五座城邑給他。

可是，商鞅卻從來沒有培養出一批支持者，讓他得以在改朝換代之際，依然能夠保持自己的權位。他根本不認爲有這樣做的必要，他篤信自己的理想，並且認爲其他人也會和他的想法一樣，只要有法，而且人人守法，他何必去培養自己的派系？

他忽略了人性。

人是群居的，人是有著遠近親疏之別的，在他嚴密的監控下，自然絕不允許朝中大臣結黨營私，可是，那些曾經被商鞅剝奪利益的人們，已經自然而然的成爲一派。他們有著共同怨恨的對象，明面上雖然不敢表現，內心之中卻早已親近起來。

人也是記仇的。

秦孝公死後，當初曾被商鞅所懲罰的太子駟繼位，多年後，他也自稱爲王，是爲秦惠王。他從來沒有忘記年少時所受的恥辱，對商鞅的懷恨從沒有一天淡忘，商鞅的處境，已經十分危險了。

不久前，曾經有個好友名叫趙良，前來拜訪商鞅，商鞅得意萬分地說道：「你看我治理秦國，比起當年百里奚，眞是有過之無不及啊！」

那趙良不是秦國人，不受秦國律法約束，再加上又是商鞅的多年老友，因此他才敢在商鞅面前侃侃而談：「當初百里奚以一個奴隸的身分，一躍而成為一人之下、萬人之上的地位，他讓秦國強盛了，可是從來沒有人怨恨他。不管刮風下雨還是豔陽高照，百里奚總是輕車簡從，到處視察，百姓們見了他，都會親切地向他問候，後來他去世了，百姓們痛哭失聲，這是發自內心，由衷的尊敬啊！」他語氣一轉：「可是你呢？靠著攀附一個宦官，才得以見到國君，掌握了權力以後，六親不認，把秦國上下搞得天翻地覆，除了國君，秦國上下沒有一個人不怕你。你出門之時，非得戒備森嚴，左右衛士全副武裝，要不然只怕你寧可待在家中，哈！我在你掌權之前和你相識，所以才來拜訪你，可我還是個外國人，恐怕你在秦國之中，一個朋友也沒有吧？」

「想要推動改革，就必須要有非常的毅力。」商鞅冷然道：「在秦國，我不需要朋友。」

趙良無奈地嘆道：「我今日這番話，無非是以一個朋友的立場，勸你明哲保身，想來你也聽不下去，希望你好自為之。」

果然秦惠王繼位之後的第一件事，便是處置商鞅。

當初曾經代替秦惠王受刑的太子師父公子虔，聯合了一班元老大臣，向秦惠王進諫：「當今秦國百姓，只知有商君，不知有國君，商鞅的權力，實在太大，國有權臣，非國家之福，商鞅正是秦國的禍害！臣等擔心，這禍害一天不除去，秦國就一天不得安穩。」

此番言語敲進秦惠王心坎裡，當下他便命人捉拿商鞅。

商鞅早已預料到此事，因此當全副武裝的甲士衝進府邸之時，商鞅已經不見蹤影。

秦國位居西方邊陲，因此商鞅只能往東逃跑，逃到函谷關附近，疲累萬分，想要投宿客店，店主人問道：「請你拿出身分證明吧！」

商鞅搖了搖頭，苦笑道：「我沒有身分證明。」

「沒有證明？那抱歉請回吧！」店家道：「商君有規定的，住店之人如果沒有憑證，連我也得受罰。」

「能不能請店家通融一下？」商鞅哀求道：「我就是你說的商君啊！你說的那些規定，都是我所制定的。」

店家仔細端詳了商鞅幾眼，「你真是商君？那更不行了，既然國法難違，商君您還是不要帶頭亂法吧！」說完將店門關了起來。

商鞅又去一般民宅借宿，得到的答案完全相同。

他不知道應該高興還是應該難過，法令推行得實在太成功了，卻想不到最後反而害了他自己。「我這樣難道是作法自斃嗎？」商鞅苦笑，只好連夜繼續趕路。

奔至函谷關，邊關衛兵已經接獲了從咸陽城快馬送達的軍令，嚴密地盤查，幸而商鞅從前當政之時，曾多次來此巡視，比誰都了解這一帶的地形，翻山越嶺避開衛兵，終究讓他逃到了魏國。

只不過，魏國人可不歡迎這個不速之客，商鞅曾經用詭計擊敗魏國，並使魏國飽受欺凌，因此不願意收留他，將他趕回秦國。

「眞是天要亡我！」商鞅道：「也罷，不是誣陷我謀反嗎？我就眞的謀反吧！」

他再也無路可退，回到自己的封地商邑，舉兵叛變。

他自己也知道這根本沒有成功的可能，經他一手改革的秦國軍隊，是多麼的強大，他自己最清楚，但他不甘心，不甘心死在自己一手拉拔的秦國之手，就算非死不可，他也要死得壯烈一點。

以卵擊石之下，商邑臨時湊成的軍隊，不消片刻就被秦國的鐵甲雄師擊潰，商鞅被俘，後來，他被處以五馬分屍的極刑，一家大小，無論男女老幼，全部遭到誅殺。

對秦惠王而言，剷除了商鞅，算是一吐多年怨氣，然而商鞅所行之法，已在秦國根深蒂固，他無力變動，也不想變動，在他眼裡，商鞅不過是一條秦國的走狗，狡兔死，走狗烹，秦國富強的目的已經達到，商鞅便已沒有存在的必要。一百多年之後，商鞅替秦國立下的制度與典範，被秦惠王的後代子孫秦王政推廣到全天下，秦王政也成爲中國史上第一個皇帝秦始皇，這大概是秦惠王帶著殘忍的笑容，看著商鞅的屍體在馬匹拉扯下四分五裂之時，萬萬沒有預料到的事。

大戰略

商鞅死後第二年，韓國的宰相申不害也去世了，死的時候舉國哀淒，與商鞅的情況完全不同。

其實，申不害與商鞅的治國理念大同小異，也是注重刑名之學的法家代表人物之一，與商鞅著重律法修訂的不同之處是，申不害重視國君的統御之術，他認爲一個有爲的國君，必須具備敏銳的智慧和觀察力，平時不要暴露自己的慾望和想法，使臣下難以揣摩上意，並且擁有絕對的權威，獨斷獨行，掌控生殺大權，才能讓臣下按照君主的規定行事。

比商鞅幸運的是，韓國不像秦國那樣積重難返，申不害又輔佐了一位頗有能力的君主韓昭侯，可以在沒有受到太大阻礙的情況下實踐他的理想，只可惜，申不害的方略，只適合用在英明有爲的君主身上，他並沒有替韓國立下一個可以長久遵行的制度，因此當韓昭侯死去，韓國的政局陷入混亂，終戰國之世，韓國只能在七雄當中敬陪末座。

趙國的情況也好不到哪裡去。

在三晉之中，趙國位居北方邊境，東面與齊、燕對峙，南面與魏、韓、衛、秦等國接壤，當初魏國李悝曾經鎮守過的中山國，被趙國佔據之後，又鬧了獨立；東北的胡族，北方的林胡、樓煩等等強悍的遊牧民族，侵擾不斷。一方面得要應付中原諸侯的紛爭，另一方面又必須分兵抵禦外族入侵，此時的趙國，以久經陣戰培養出來的強悍民風，仍在等待英明有爲的領導者。

魏國歷經了馬陵之戰的慘敗，失去了大將龐涓，又被秦國完全併吞了河西之地，門戶洞開，安邑不適合再作首都，於是遷都大梁，此後始終在齊秦兩強的夾攻之下力求生存。

不過魏惠王並不放棄，他仍在力圖魏國的強盛，招攬天下的賢士，以厚重的禮節對待他們，希望能替魏國覓得良材。他曾經接見孟子，希望能從這位儒家繼孔子之後的第二把交椅身上，得到一點富國強兵的好處。

「孟軻先生。」他恭敬地問道：「您老人家不辭千里，來到魏國，有沒有什麼利於魏國的看法，可以讓寡人參考呢？」

不料孟子卻說：「君侯不要老是把利益掛在嘴上！我來魏國，目的是爲了推行仁義。假如魏國從國君您開始，人人追求利益，您希望利於國家，公卿們希望利於家族，百姓們希望利於個人，如此，全國陷於利益的紛爭，國家哪能不亂，哪能不亡呢？」

「也許吧！只不過，魏國目前的危難，正來自現實的利益。」

「如果君侯願意推行仁義，從百姓開始，仁義的百姓會相親相愛，互相扶持，仁義的公卿會以社稷爲重，全心爲國效力，仁義的國家，必然強盛。」

「你說得很對。」魏惠王敷衍著孟子。

孟子的那些說法，眞的可以用來治國嗎？他十分懷疑，因此不願意重用孟子。後來他又接見了提倡五德終始之說的鄒衍，卻完全聽不懂鄒衍的那套金木水火土，紅黃藍白黑，玄之又玄的論調，自然也不敢任用鄒衍治理國家。

後來，魏惠王任用了強調名實必須相符的惠施，聽從他的意見，對外交好，採行和平的策略，不再追求魏國恢復當年第一強國的地位，這才讓國力原本就不如人的魏國，得以延續。

楚國自從春秋末年遭到吳越兩國的攻擊以來，一直十分低調，不怎麼熱中於中原各國的事務，後來，楚悼王任用了自魏國投奔而來的吳起，實行改革。

這位吳起，在魏國是個偉大的軍事家，到了楚國，搖身一變，成爲一位了不起的政治家。他替楚國帶來了前所未有的革新，整頓了行政機構，實行中央集權，並且建立了一支由國君統一指揮的軍隊，讓楚國再度成爲一方強國，只可惜，吳起的個性直來直往，有一句說一句，從來沒有想到自己可能得罪了楚國公卿的問題。

等到楚悼王病死，治喪的那天，楚國的舊貴族們突然發動變亂，帶兵圍殺吳起，吳起孤身一人，無處可躲，只好跑進悼王的靈堂，伏在楚悼王的遺體旁邊，祈禱著楚悼王在天之靈保佑。那些舊貴族非殺吳起不可，忘記了楚國律法當中有這麼一條：「立兵於王屍者，盡加重罪，逮三族」，命令弓箭手朝吳起放箭，吳起悲呼一聲，在亂箭中殞命，楚悼王的屍體上也中了幾箭。後來繼位的楚肅王，便以此爲理由，剷除了阻礙楚國進步的舊貴族勢力。

之後又傳了幾代，到了公元前三三四年，臨海的越國忽然在齊國的慫恿之下，興兵攻打楚國，楚威王命人率軍猛烈還擊，將越國大軍擊潰，還趁機併吞了越國的所有領土，自春秋末年句踐臥薪嚐膽所建立的越國，至此滅亡，楚國領土大爲擴張，乍看之下，楚國似乎有實力可與秦國一搏。

東方的齊國，這時仍在齊威王的治理之下，一片繁榮昌盛。國都臨淄，仍是當時全天下最爲繁華的大城，人口眾多，商旅往來頻繁，西邊的稷下學堂，前來觀摩講學並且發表議論的學者從未間斷，替齊國，乃至於替全天下，創造了一個百家爭鳴的局面。

然而，這樣優良的學術風氣，卻沒有把齊國帶往一個更爲強大的境地，相反的，興盛的學風，讓齊國上自國君貴族，下至平民百姓，普遍興起了對於戰爭的厭惡，因而在軍備之上，就逐漸地懈怠下來。

如果世界上只有齊國，那麼它是一個美好的世界，可惜當時的天下，並不是個容許這樣美好祥和社會存在的時代。

燕國的情況比較特殊，地處東北，擁有著廣大的國土與爲數眾多的士卒，但是國勢並不強大。自從當年周武王把此地封給了召公奭以來，燕國就一直處在一個遺世獨立的環境當中，慢慢地發展，可是似乎怎麼樣也趕不上其他中原諸侯發展的速度。

此時的燕國國君燕文公，是個性之中帶著幾分軟弱的君主，心中只想著能夠保持自己的地位與燕國的存在，便已滿足。沒有人想得到，貫串整個戰國中後期的宏大戰略構想，合縱與連橫，便是從燕國這樣一個國家發起。

韓、趙、魏，楚、齊、燕，再加上秦國，是戰國時代最強大的七個國家，世稱「戰國七雄」。他們先後稱王，全然忘卻了當時天下仍然應該將周天子視之爲共主的觀念，周王國淪落爲一個地位和滕、宋、衛、魯差不多的小國，陸陸續續被七雄所兼併消滅。

合縱與連橫的戰略，曾經有不少人主張，蘇秦和張儀則是其中的代表。

六國宰相

合縱與連橫，蘇秦和張儀，往往被人們所並稱，事實上，合縱連橫，是兩個完全對立的方略，合縱，聯合東方六國，打擊西方秦國，提倡人是蘇秦；連橫，瓦解六國的合作，以威脅、利誘等手段，製造六國之間的衝突，使秦國從中得到漁翁之利，則是張儀所倡。

從字面上看，便能清楚得知，合縱爲縱向戰略，著重自燕至楚的合作；連橫爲橫向戰略，爲秦國向東至齊的發展鋪路。

其實，蘇秦和張儀與當初孫臏龐涓相同，曾經一同投身於鬼谷子門下，學習韜略，鬼谷子鑒於當初孫臏龐涓的同門鬩牆，深切告誡蘇秦與張儀絕對不可同事於一國，兩人答應了，於是分別下山，找尋投效的對象。

蘇秦是洛陽人士，學得了滿腹經綸與詭辯之術以後，認爲自己必定可以出人頭地，於是周遊列國，尋找安身立命之處，可是沒有一個國家的國君肯重用他，無可奈何之下，蘇秦只好黯然回到洛陽老家，借住在兄長的家中。

蘇秦生得相貌堂堂，又喜歡高談闊論，常常惹來兄嫂與妻子的訕笑，某日出門尋求官職，又弄得灰頭土臉，敗興而歸，回到家中之時，聽見哥哥和嫂子又在議論自己，於是隔著窗子，佇足傾聽。

哥哥道：「我那兄弟也真是的，儀表不凡，談吐也有見地，可是為什麼就是那麼時運不濟哪？」

嫂子冷哼一聲，道：「你還敢說呢！好好一個大男人，不去規規矩矩的學點本事，當個工匠藝徒，再不然做點小買賣，還能養家活口，偏要跑去和那什麼勞什子鬼谷子學些狗屁倒灶，學了半天只會耍嘴皮，有什麼用處？弄得現在吃穿不濟，跑來我們這兒白吃白喝，他自己活該，我們卻倒了八輩子楣啦！」

蘇秦聽到此地，心情跌到谷底，當下便想辭別兄嫂，浪跡天涯，可是轉念一想，嫂子說的也沒有錯，我蘇秦今日是落魄，如果不靠你們接濟，保全自己的身體，將來拿什麼去飛黃騰達呢？想到此處，蘇秦決定忍得一時的窩囊氣，一咬牙，忍耐著氣憤，顫抖著雙肩，回到自己的房間。

嫂子這時聽見了聲音，還毫不留情面地冷嘲熱諷：「喲！不簡單哪！我們的大官人回來啦？今天帶回來什麼財寶啊？」

蘇秦沒有回話。

他心中暗暗想著：「你們等著吧！總有一天，我要讓你們跪在地下迎接我！」

這麼想並不能讓他的心情好過一些，他茫然地面對著滿室書卷，嘆道：「我讀過這麼多書，可是眞正能夠讓我受益的，又有幾本？」一氣之下，想要將那滿屋子的書簡全都燒了，卻又有些捨不得，正猶豫間，他在書堆裡發現了一本《太公陰符》，「這部書我應當讀過，怎地對書中內容完全記不起來？」好奇心驅使，隨手翻閱，一閱之下，感嘆連連：「想要治國平天下，就在這本書中啦！」

書本是一種奧妙的東西，只不過是一些文字的排列，然而，不同的心境，閱讀這些文字，便會有不同的體認。《太公陰符》是鬼谷子親自贈與蘇秦的，蘇秦當然曾經仔細地研讀過，只不過當初他少不更事，不能體會書中精髓。現在，他遭逢困頓，又飽經人情冷暖，對於人世間的一切，已經有了一番不同的看法，書中的每一個字，都像是一把大鐵錐，深深刺入他的心坎。

他像著了魔似的，瘋狂地發憤讀書，深深覺得自己從前受教於鬼谷子的那一段時間，實在太過荒廢，恩師教誨，歷歷浮現，讓他絲毫不敢蹉跎任何一刻。

他鬆開髮髻，把頭髮放下，綁在屋樑之上，只要一打瞌睡，頭髮受到拉扯斷裂的疼痛，立刻使他清醒，這樣還不夠，他又在書案之前放了一把鐵錐，只要一分心，就拿鐵錐往自己的大腿上刺一下，懲罰自己，也提醒自己。

就這樣沒日沒夜地過了一年，蘇秦終於將書本裡的精微奧妙之處融會貫通，他對天下的大勢，皆已了然於胸中，雖然神情憔悴，眼神之中，卻閃爍著精練的光芒。他的嫂子看見他，本來還想出言嘲笑，但是看見他的氣勢，卻噤聲了。

他就近前往成周王畿，遊說當時的周天子周顯王，陳述了天下之勢，建議周王放下身段，與強大的諸侯國聯盟，可是周並不是個有能力的君主，他只能抱著周王室遙遠的輝煌，在夢裡逞威風，如今願意接見蘇秦這樣一個平常百姓，已經是他的最大極限，想不到這個粗鄙之人，還在他面前大放厥詞，惹來他一頓嗤笑，對左右說道：「哪裡來的這麼一個乾巴猴子？還會說話呢！」

蘇秦受辱，氣憤填膺，離開王宮，回到家中。

家中之人的臉色還是那麼難看，妻子坐在紡車之前，假裝沒有看見他，他出聲招呼，妻子道：「還有臉回來呀？眞是佩服之至！」

蘇秦腹中飢餓，到廚房去，向嫂子討碗飯吃，嫂子白著眼說道：「家中之人吃飯都快揭不開鍋了，還要養你這個食客，誰受得了？你不是很有才能嗎？到那些王公貴族底下去當食客啊！」

「我今日是來吃最後一碗飯的。」蘇秦道：「明日我便要動身前往秦國！」

「最後一碗飯？你好像吃了我們不少最後一碗飯嘛！」嫂子毫不保留她的尖酸潑辣：「連灶裡的柴火都沒有了，哪來什麼最後一碗飯？」說完，扭頭而去。

蘇秦嘆道：「人如果窮了，連親朋好友都不把你當人了，還有什麼好說呢？」當天，他便離開洛陽，臨走前，望著洛陽高深的城垣，暗中發誓：「我會再回來的。」

到了秦國，蘇秦好不容易見到了秦惠王，乃侃侃而談道：「秦地天府之國，雄踞關中，背山帶渭，東有涇水，西有漢中，南有巴蜀，北望代馬，如若大王願以秦地廣土眾民，教之以兵法，必可呑天下而稱帝，君上何樂而不爲也？」

那時秦惠王登基方才五年，距離剷除商鞅時間未久，舉國上下都還沉浸在一股反對變動的聲浪中，秦惠王一看見那個在他面前口若懸河的蘇秦，頓時只覺得商鞅的陰魂彷彿晃晃悠悠地飄了回來，令他毛骨悚然，於是說道：「寡人登位，才只有短短幾年，誅除商鞅叛逆，秦國百廢待舉，羽翼未豐，哪裡能夠稱帝？」

「小人就是要獻出計策，讓秦國羽翼豐滿，讓君上名正言順地稱帝。」

「謀略之士，我秦國多得是，恐怕沒有先生的位子了。」秦惠王揮了揮手：「你回去吧！」

蘇秦再度碰壁，只好摸了摸鼻子，離開秦國。

回程之時，他刻意避開洛陽，直接北上，前往趙國的邯鄲，求見趙肅侯，只是那時趙國的政權掌握在肅侯之弟奉陽君手裡，奉陽君向來討厭說客，而且他看出蘇秦的才能，不願意蘇秦搶了他的地位，因而從中阻撓，蘇秦連趙肅侯的面都沒有見到，就被趕出了邯鄲。

「又被拒絕啦！」蘇秦自言自語：「這些強國，都不願採納我的意見，不如我到弱一點的國家去試試！」他本想前往宋魯這樣的小國，覺得以自己才能，在這樣的小國裡面想要謀得一官半職，應當不是難事，然而，這幾個國家，都是具有悠久歷史的古國了，只怕會瞧不起他這樣出身貧賤的百姓，況且，國勢太弱，就算蘇秦再努力，恐怕也很難在諸國之間造成什麼影響吧！

因此他繼續往北走，前往國力說強不強，說弱也不弱，終究有那麼一些影響力的燕國。

燕國的首府薊城（今北京市），風土民情與蘇秦曾經造訪的幾個國家都不一樣，不似咸陽的民風強悍，也沒有邯鄲的繁華，更沒有洛陽的文化，百姓們似乎都沒什麼精神，官員們也神情輕鬆，渾然不像是在治理國家。

這裡的人們和蘇秦的個性實在不搭，與人攀談，多半說不到兩三句，便不歡而散，交不到朋友，蘇秦找不到打秋風的對象，沒人引薦，也沒人接濟，一晃就是一年，身上的盤纏用得一乾二淨，幾乎快要流落街頭，淪爲乞丐。

「如此下去該怎生是好啊？」蘇秦茫然道：「難道要我厚著臉皮，再回洛陽去受那一家人的鳥氣？我做不到，我做不到啊！」但是現在已經走投無路了，要當乞丐，也是蘇秦做不到的，「算了！」蘇秦把心一橫：「非常時期，得有非常之作爲，就讓我用個不同於以往的晉身之道吧！」

他的辦法是，攔車求見。

好不容易讓他等到了這一天，薊城的街道，一下子變得熱鬧起來，一列車隊從宮中魚貫而出，百姓們爭相觀看這難得一見的陣仗，蘇秦也懶得問那到底是誰，反正能有這種排場，想必是個重要的官員，於是他一個箭步衝出人群，在主車之前屈膝跪下，擋住了整個車隊的去路，朗聲說道：「大人明鑒！洛陽人士蘇秦，胸懷平定天下之大方略，欲獻策於君侯，奈何始終無緣得見，今日在此，懇求大人引薦！」

隨車的衛士被蘇秦這突如其來的舉動嚇了一大跳，爲了避免車中之人怪罪他怠忽職守，於是厲聲喝罵：「大膽刁民，竟敢驚動君侯夫人車駕，你不要命了嗎？」說著掄起戈矛，便要朝蘇秦頭頂劈落。

君侯夫人？弄了半天，這人並不是大官？蘇秦恍恍惚惚地，嘆息著造化弄人，竟然向著一個女流之輩的車駕下跪，我蘇秦堂堂大丈夫，想不到最後竟落得如此下場……。

正在閉目待死之間，車中的國君夫人制止了衛士的行動，「慢著！」她道。她的聲音，帶著一股威嚴，卻又是那麼的溫柔，蘇秦不由自主地抬起了頭，與她四目相望。夫人猶豫了一下，緩緩說道：「你說，你叫蘇秦？」

蘇秦愣了一會兒，才道：「是……正是！」

「你說，你胸懷平定天下之大方略？」

「啊？對……是啊！」

夫人抿著嘴笑了笑，她已非荳蔻年華，散發著成熟的風韻，這一笑，明豔不可方物，蘇秦這輩子從沒見過如此貌美的女人，看得出了神。夫人被她的眼神看得有些不好意思，正色道：「既然你有如此高明的見解，就應該按著規矩求見啊！這麼樣把車子攔下來，萬一受了傷，那可怎麼辦？」

「是……夫人教訓得是！」

「走吧！」夫人示意車隊離去。

蘇秦怔怔地站在那兒，神遊物外。

圍觀的人群逐漸散去。當地民風純樸保守，見了蘇秦方才那石破天驚的一跪，都覺得此人作風未免太大膽，不敢招惹他，紛紛走避。其中一人不小心與蘇秦撞了一下，才把他給撞得回過神來。

「糟糕！」蘇秦罵著自己：「怎麼這麼糊塗？只顧著觀賞夫人美貌，卻忘了最重要的大事！按著規矩求見？我就是因爲沒辦法按著規矩求見，這才出此下策的啊！」

他失落地離開當場，一頭鑽進那投宿了將近一年的客店。

店主人最近的臉色也越來越難看了，只因當初蘇秦初投宿於此時，出手闊綽，店主以爲他是個貴公子，才讓他賒帳，只是最近他越看越覺得蘇秦實在不像個貴公子了，店租不繳，吃飯也常賒帳，他總是監視著蘇秦的一舉一動，深怕蘇秦還沒將帳結清就跑了。

蘇秦當然知道店主人的想法，很生氣，卻又不便發作，盤纏雖然用光了，但他總還得有個地方落腳啊！

所以他關上房門，躲在房間裡生悶氣，整天都不願意再出門，索性連晚餐也不叫了。

「你嫌我不付賬不是？老子不吃，總可以了吧？」蘇秦撂著不怎麼狠的狠話來安慰自己。正打算餓著肚子上床睡覺時，忽然聽見房間外面有騷動之聲。「莫非擔心我不肯付賬，派人揍我來了？」蘇秦有幾分擔心地推開房門些許，從門縫向外窺視，客店裡，來了幾個士卒打扮之人，大剌剌地問道：「蘇秦是誰？蘇秦在哪兒？」

蘇秦一驚：「眞是抓我來的？」又從門縫中看去，只見店主人忙不迭地點頭哈腰，陪著笑臉道：「軍爺您是找誰呀？我們這兒沒有叫蘇秦的！」蘇秦投宿之時，用的是假名，店主人自然不會知道。

這些燕國士卒來找我做甚？莫不是因爲今日晌午冒犯了軍侯夫人車駕？可是夫人當時並未責怪啊！難不成這女人是個如此記恨之人？蘇秦心裡七上八下。「也罷！」蘇秦心道：「替他解了圍，就算酬謝他這些日子讓我白吃白住吧！」吁了口氣，走出房門，朗聲說道：「我就是蘇秦！」

「你就是蘇秦？」士卒問道：「有什麼憑據嗎？」

蘇秦又好氣又好笑：「蘇秦是哪根蔥，有人想冒充嗎？沒有憑據！我就是蘇秦。」

士卒的回答倒也乾脆：「很好，你就是蘇秦，隨我走。」

「上哪兒？」

「宮裡啊！」士卒道：「君侯想見見你呢！」

蘇秦大喜過望，二話不說，便隨士卒而去，半道上，還不住地追問：「君侯怎麼這時候找我？有什麼要緊事嗎？爲什麼忽然又願意見我了？」

「別問了吧！」士卒道：「我只是奉命行事，帶你進宮，其他的一概不知。」

蘇秦隨著士卒進入燕國宮廷，隨即便來了兩名宦官接應，帶著他在宮裡東拐西彎，來到一處宮殿門口，宮殿之門軋然打開，出來一個宮女，笑咪咪地對蘇秦道：「你就是蘇秦先生吧！果然生得相貌堂堂，請至殿中稍候。」

一進入那宮殿，蘇秦頓覺陷入五里霧中，「這不是寢宮嗎？這燕君也眞奇怪，哪有朝見賓客於寢宮之中的道理？」蘇秦忽然緊張起來：「莫非……莫非這燕國君侯有什麼特殊嗜好……」一想到這裡，原本並不怎麼冷的天氣，卻讓他渾身起了雞皮疙瘩。

擔心了一會兒，一個清麗脫俗的身影翩然而至，佇立在宮殿的另一端，正是君侯夫人。此時的她，裝束已變，一身輕便的素服，長髮在頭頂上隨意挽了一個髻，更添嫵媚，嬌豔欲滴。

蘇秦的眼睛看得發直，好一會兒，才道：「夫人……夫人您好！」

夫人先笑了一下，隨即正色蹙眉道：「蘇秦，你好大膽子，竟敢夜間擅闖君侯夫人寢宮，該當何罪？」

蘇秦愕然道：「這裡是夫人的寢宮？我……我不曉得，我以爲是君侯召見，太監宮女們帶我來的！」

看著蘇秦失措的模樣，夫人又笑了，這一次，她笑得頗具挑逗，緩緩地走近蘇秦，仰頭凝望著他：「你說得不錯，君侯是打算召見你，只不過那是明天的事，今晚召見你的人，是我。」

「夫人！」

夫人把頭輕靠在蘇秦厚實的胸膛上，柔聲說道：「今日晌午，你攔我車駕，那一夫當關的模樣，我見了好生歡喜！知道嗎？在燕國，實在很難找到像你這樣的男人哪！」

「多謝夫人抬愛，可是……」

「別說了！今日之事，你不說，我不說，沒有外人會知道，就讓這件事，成爲只屬於我們兩人的秘密吧！」

蘇秦的心中忐忑不安，可是，千金嬌軀，軟玉溫香，免費奉送，蘇秦又並非聖賢之徒，豈有坐懷不亂之理？

次日，蘇秦終於見到了燕國國君燕文侯。

雖然這種晉見的管道並非他所預料，但他的目的終究達成。

因著蘇秦之故，燕文侯的頭上綠油油，但對蘇秦仍舊十分禮遇，笑著說道：「聽說先生胸懷大志，不知有何賜教於寡人？」

「那要看君侯想把燕國治理成一個怎樣的國家。」

「我們燕國根本沒有能力加入各國之間的競爭，能夠在亂世之中，穩穩當當地，那就很不錯了。」燕文侯道：「現在各國以秦國最強，我準備向秦國進貢，讓秦國與我國友好，不如就請先生擔任使者，替寡人前往秦國交好吧！」

「巴結秦國，並不是長久安穩之計。」

「你的意思是……？」

「燕國土地有兩千里，兵卒幾十萬，就算不事生產，國內糧草食物也夠撐個好幾年，君侯以爲這是什麼緣故？」

「這難道不是寡人治國有方？」

「非也！」蘇秦絲毫不留情面，侃侃而談道：「那是因爲趙國在南方替燕國作屏障的緣故！秦國距離燕國路程如此遙遠，就算攻燕，也難以駐守，但是趙國可就不同了，只要趙國一聲令下，不到十天，大軍便可以打來薊城。趙國攻燕，戰場在百里之內，秦國攻燕，戰場在千里之外，如今君侯不擔心百里之內的戰爭，卻跑去結交千里之外的秦國，有何意義？」

「先生是說……？」

「南北合縱，共同抗秦！」蘇秦提出了一個與當初他在秦國所言完全不同的戰略構想：「我希望從君侯開始發起，先與趙國交好，後與齊楚等國結盟，進而促成關東六國的合作，如此，一定可以讓燕國永保和平。」

燕文侯聽著，連連點頭稱是，道：「先生一席話，使寡人茅塞頓開，既然締結同盟，可以使燕國安穩，寡人這就請先生擔任使者，前去趙國，轉達寡人願意友好的誠意。」

蘇秦得到了燕國國君的任用，如同鍍了一層金，前往趙國。上次，他在趙國吃了閉門羹，這次，趙國君臣不敢怠慢，趙肅侯愼重地接見蘇秦。

蘇秦道：「三晉之中，以趙國最爲強大，趙國的兵馬，常與胡族作戰，經驗十足，秦國向來把趙國看做眼中釘，卻也不敢冒然進攻趙國。但是，君侯以爲，這樣趙國就可以永遠不受秦國威脅嗎？眞的是因爲趙國的強大，才讓秦國不敢興兵來犯嗎？」

「難道不是？」

「當然不是！秦國所以不敢冒然來犯，主要是害怕韓魏兩國趁機偷襲，但是，如果秦國全力攻打韓魏，當地地勢，一片平坦，秦軍可長驅直入，輕易攻陷新鄭、大梁，滅了兩國。韓魏既滅，秦軍再從兩國之地北上攻趙，可謂輕而易舉！所以，要讓趙國無後顧之憂，唯有合縱之計！」

趙肅侯十分感興趣：「你接著說。」

「臣看天下地圖，分析大勢，發覺東方六國的土地，是秦國五倍之廣，東方六國的兵馬，是秦國十倍之眾，只要能夠結合，同時攻打秦國，秦國必定難以招架。」蘇秦話鋒一轉：「可是如今，許多人主張要與秦國和平友好，紛紛割讓土地城池，以爲這樣就能讓秦國永不來犯，這根本是養虎爲患！依臣所見，秦國根本沒什麼可怕的，只要君侯一句話，促成六國聯盟，並非難事。」

「先生所言甚是，只不過，該如何促成六國聯盟？」

「只要各國國君，偕同將相，約定一個地點，歃血爲盟，交換質子，並且互相訂定條約，結成合縱盟約，只要秦國攻擊盟國之中任何一國，其他各國就要派出援軍抵禦，如果有任何一個盟國不履行義務，其他的各國，也要群起而攻之，如此，秦國的軍隊必定不敢再踏出函谷關半步。」

趙肅侯大喜道：「我當政以來，從沒有人教導我安邦定國的大計，先生所言均爲至理，確爲挽救東方諸國的謀略，寡人願意全力支持，還請先生不辭辛苦，前往各國說項，路上所需費用，都由趙國承擔。」當下封蘇秦爲武安君，任相國之職，賜他馬車百輛，白璧百雙，黃金千鎰，綾羅綢緞，讓他至各國遊說，掌理外交事務。

一夕之間身價暴漲，武安君蘇秦的大名，無人不知，無人不曉，蘇秦的師弟張儀當然不會未曾聽聞。「師兄顯貴了，想來不會放著師弟落魄，不如去拜見拜見，打打秋風，說不定還能討個官來當當。」因此，收拾行囊，不遠千里從楚國來到邯鄲。

張儀與蘇秦早年的際遇比起來，只有更慘，他是魏國人，自從拜別鬼谷子以後，先後前往趙國與魏國求見，都不受到任用，家中一貧如洗，難以謀生，後來見到魏國不斷打敗仗，對妻子說：「魏國連年割地，我看遲早要玩完，還是別待在這裡好了！」於是帶了家人離開魏國，南下前往楚國。

在楚國，他結識了楚相昭陽君，被昭陽君收作門下食客，那時的養士已經漸漸形成一種風氣，一般的公卿貴族，多半會養一些食客，有事之時可以替自己出謀策劃。不過，昭陽君雖然收留了張儀，卻不大瞧得起他，認爲他不過是個巧言令色之徒，沒什麼眞才實學。

「餓著肚子倒還沒什麼，最讓人受不了的，就是被人家瞧不起！」張儀對妻子說。

「我倒寧可被人瞧不起，也不想讓你餓肚子啊！」妻子溫柔地說道。

後來，昭陽君帶兵攻打魏國，把魏國打得毫無招架之力，連下七座城池，楚威王爲了獎賞他的功勞，便賜給他一塊價值連城的璧玉。昭陽君將這塊璧玉當作珍愛的寶貝，不但經常把玩，還不時邀約了三五好友，來家中作客，欣賞他收藏的稀世之寶。

有次又有大群客人來府中遊玩，昭陽君不但將璧玉取來與眾人欣賞，又拿出了各種珍貴的收藏，炫耀自己的財富，待酒宴過後，賓客散去，昭陽君赫然發現，那塊璧玉竟然不翼而飛。他立刻命人追查盜賊，家人們說道：「您門下的賓客之中，就屬張儀最窮，人一窮啊，什麼壞事都幹得出來，而且他的品行本就不端，我猜想盜取璧玉的人必定是他！」

昭陽君覺得有理，便把張儀找來問話，對他說道：「你還是快快把璧玉交出來吧！我知道你缺錢花用，但是也不能偷取大王的賞賜啊！」

「這麼說，你是懷疑我偷了璧玉囉？」張儀嘴上毫不饒人：「你也知道我窮，不如多打賞一點錢財，也就不用來誣陷我偷東西了！」

昭陽君被張儀那副模樣氣得七竅生煙，命令家僕們把張儀痛打一頓，張儀一面挨揍，嘴上還不願意停止，不住咒罵：「早就知道你器量狹小，學著人家養士，卻又不肯眞的禮賢下士，我張儀人窮志不窮……哎喲！」他越說，家僕揍得越用力，打得他遍體鱗傷、奄奄一息。昭陽君還派了人到張儀家中搜索，沒發現璧玉，知道自己冤枉了他，便將他趕回家去。

妻子看得心疼，垂淚涕泣，哀怨地說道：「早就叫你不要去學什麼縱橫之學，假如當初就全心務農的話，也不至於落得今日這般光景！」

張儀腫著臉，瞇著眼，站也站不直，嘴歪眼斜地，還不忘記開玩笑，他張開嘴巴，嘟囔著：「你看看，你看看！」

「醜死了，有什麼好看！」

「你看看我的舌頭還在不在？」

妻子眼眶中噙著淚水，看著張儀那副模樣，被逗得「嗤」地笑了出來，嗔道：「說話還那麼靈光，舌頭怎麼會不在？」

「在就好，在就好！」張儀「嘿嘿」兩聲，鼻青臉腫地，看不出來是笑還是哭，「只要我的舌頭還在，將來就能憑著三寸不爛之舌，成大名，享富貴！」

他花了半年才養好傷，聽說了蘇秦富貴顯達的消息，於是和妻子一同來到趙國。

「喂！」張儀直接來到相國府前，對守衛的士卒道：「我要見你們相國！」

士卒睨了張儀兩眼，懶得理他。

「喂！我在跟你說話啊！」

「瞧你那副窮酸相，想見我們相國？」士卒揮了揮手中戈矛：「快滾吧！」

「你可別瞧不起人！」張儀傲然道：「我是你們相國的同門師弟，你快點進去稟報，就說張儀來了！」

「張什麼？」

「張儀！」

「你在這裡等著！」士卒進去通報，一通報就是一個時辰，張儀站得腿都酸了，也不見有人出來招呼。

好不容易士卒終於出來了，張儀連忙詢問：「怎麼樣？」

士卒道：「相國正在忙著哪！您等會兒吧！」

張儀這一等，又等了大半天，不耐煩地又上前詢問：「你們相國到底什麼時候才願意接見？」

士卒道：「相國正在接見各國來賓，哪有功夫來見你？你先回去，明日再來吧！」

張儀一陣錯愕，卻又無可奈何，只好回了旅店，第二日再去求見，守門士卒卻說：「相國今日出城巡察去了！」一連過了四五天，張儀每日求見，全都吃了閉門羹，好不容易等到一天，相國終於願意傳喚，張儀喜滋滋地整理了衣冠，進入大殿，看見蘇秦端坐殿中央，正想上前招呼，衛士攔住了他，對他道：「不可無禮，你的位子在那裡！」說時指了指大殿角落的一個席位。

賓客還眞不少，蘇秦彷彿根本沒有看見張儀，只與席位較爲靠近，身分較爲尊貴的官員們聊天。張儀覺得很不是味道，心想：「這蘇秦！自己飛黃騰達了，就瞧不起人！」正好這時奴僕們端上了一盤接一盤的菜，張儀暗道：「哼！不理我沒關係，先吃你一頓再說！」

想不到僕人們端來的精緻佳餚，全送給了相國與相國身邊的貴賓，而端給張儀的，只是一些普通的菜蔬，渾然不像一國之相宴請賓客的菜色。張儀悄聲問一旁的人：「怎麼我們吃的，和那些人吃的不同？」

「當然不同啦！那些人都是相國的貴客，我們是什麼身分！」

「什麼身分？」

「我們只是一群下人，哪能和那些貴賓相比啊？」

「下人？」張儀再也忍耐不住，摔了杯盤丟了碗筷，憤然起身，直上堂前，侍衛衝上來想要阻攔，被蘇秦用眼神制止，其餘賓客則全都被張儀這個舉動嚇壞了。張儀直指著蘇秦，怒道：「我們師兄弟二人當初一同求學，雖不像大師兄龐涓孫臏那般親密，卻也絕非泛泛之交，你現在可好，當了相國，顯達了，給我擺什麼臭架子？」

蘇秦笑道：「師弟不要生氣，你應該要有自知之名啊！以我今日身分，想保薦你在趙國當個官，君侯應該不會反對，可是我知道你的才學，實在是不怎麼……那個……所以，我實在不敢推薦你，是因爲怕壞了我的名聲啊！」

在座賓客哄堂大笑，有的還順水推舟地補了幾句：「是啊是啊！才疏學淺，就別來現世啦！沒地丟了相國大人的臉面！」

張儀又羞又怒，臉色鐵青，「我……我不如你？我……」這是他第一次氣得說不出話來，蘇秦這一記悶棍，打得張儀比在楚國遭到眾家僕圍毆還要痛，他認清了世態炎涼，扭頭便走。

他心情沮喪，回到旅店，店主人很親切地上前招呼，並且問道：「怎麼樣，客倌今日見著相國大人了麼？」

「見著了！」張儀一屁股坐下，道：「拿酒來！」

「是是……」店主人又問：「那相國是您師兄，應該給您不少好處吧？那麼，嘿嘿！您這幾天積欠下來的房錢飯錢，是不是該……？」

「沒有！」

「沒有？」店主人的臉色微變：「喂！當初是你說你是相國的同門，我才答應讓你賒帳，可如今這麼多天了，你竟然說相國見了你沒給你好處？」

又是個勢利小人！張儀已經怒火中燒了，看見店主人這般神態，倏地起身，扯住店主衣襟，登時便要飽以老拳，一隻手伸了過來，拍了拍他的肩膀，輕聲道：「官人莫要生氣，您的房錢我出便是！」

店主被扯得喘不過氣，還不忘問道：「還有飯錢哪！」

「當然也一併付清！」

店主人趁著張儀略爲失神之際掙脫了，理了理衣衫，嘟囔著：「有錢早說嘛！幹嘛脾氣這麼大？」

張儀看著那人，只覺相貌平常，卻怎麼想也想不起來在哪裡見過，他一向自負過目不忘，想不起來，就是沒見過了。「你我萍水相逢，何故如此慷慨？」

那人道：「方才我見著你的神色，猜你心情不佳，如果出手，必定出事，所以才來解圍。你也是外地來的吧？來此做買賣？來此尋機會？看你相貌不凡，將來必定是個顯貴之人！」

這話讓張儀聽得輕飄飄，對此人頓生親近之感，苦笑道：「唉！別提了！我也不知我爲何而來。」

兩人聊了開來，互道姓名職業，原來那人是魏國人士，姓賈，經常走南闖北做生意，此刻剛好落腳邯鄲，幾天來，聽著張儀在店中自吹自擂，此時又看他落拓而回，十分同情張儀的遭遇。「你就叫我賈舍人吧！」他道：「過兩天我要到秦國做買賣，你不如與我一同前往，看看是否能在秦國找到機會。」

張儀正有此意，他覺得，想要一雪今日之恥，就必須爬到能夠制服蘇秦的位置，天下各國，也只有秦國的宰相，可以箝制趙國的宰相了。於是他先與賈舍人重重道謝：「我張儀今日如果沒有遇見你，只怕要客死邯鄲，將來如果我在秦國得到一官半職，必定好好答謝！」遂跟著賈舍人，一路上的吃穿花用都由他照應，西出函谷關，到秦國去了。

卻說蘇秦爲趙肅侯制定了合縱之計，便派人前往各國宣揚合縱的好處，塑造輿論，然後親自前往各國遊說。

首先他到了韓國，對韓威侯道：「韓國土地雖然狹小，但是數十萬精兵個個身強體壯，以一當十，可是你卻要向秦國卑躬屈膝，委曲求全，秦國向你要脅土地城池，你從來未曾拒絕，我在趙國之時，就常聽見趙國人對韓國這種行徑不齒呢！同爲三晉之一，爲何只有趙國強大，韓國卻如此不濟，不是兵卒不如人，而是想錯了方向啊！」

韓威侯之前已經聽說了不少有關趙國的消息，聽說他們準備發起南北合縱聯盟，原本他還不怎麼願意，也不大有膽量招惹秦國，聽了蘇秦這番話，仰天嘆息道：「從今以後，我寧死也不向秦國低頭了！」

到了魏國，見到魏惠王，蘇秦道：「魏國人口稠密，車馬成群，甲士兵卒合計共達七十萬之譜，又富於戰車戰馬，實力充沛，可是，大王您竟然只因爲從前敗給了商鞅，丟了河西之地，便聽信小人之言，對秦國一再讓步，殊不知這些奸佞小人，只會挾著強秦的威勢，對國君威脅恐嚇，以求得富貴，這樣的話能聽嗎？假使六國一條心，任那秦國再強，也難以與我們對抗！」

「寡人從前眞是太愚昧了！」魏惠王道：「魏國願意加入聯盟！」

成功促成了三晉的團結，如今只剩齊楚兩個強國了，蘇秦先轉往齊國，晉見齊威王，說道：「齊國形勢，固若金湯，兵多將廣，戰力堅強，又富漁鹽之利，光是這臨淄城，就有七萬戶之多，依臣估計，每戶至少有三名壯丁，一旦開戰，根本不用到別處去，僅僅臨淄一城就可徵得精兵二十一萬，只這一點上，外國就不敢來犯，既富且強，實可與秦國一較高下，只可惜，齊國有個致命的弱點。」

「什麼弱點？」

「齊國百姓大多富裕，可終日沉湎在賭博鬥雞、吹談歌唱之中，不習慣作戰，秦國人民卻個個強悍，勇於殺敵，長久下去，絕非齊國之福！」

齊威王本來聽得十分悅耳，這時卻擔憂起來，問道：「那寡人該怎麼辦？」

蘇秦微笑道：「大王不必憂慮，以齊國之強，又與秦國距離遙遠，一時之間，秦國還不敢動齊國的腦筋，可是如果這樣就放鬆下去那也不行，最好的辦法，就是六國聯盟，與韓趙魏燕共同抗秦，以這些國家作爲齊國屏障，如此齊國方可永享富強安康！」

「寡人遠在海濱，從未聽聞先生這般高論，寡人願意率全國之兵，與趙國同生死共進退！」

「大王果然是一代名君啊！蘇秦由衷佩服。」

現在，蘇秦必須思考說服楚國的辦法了。楚國的問題比較複雜，想要說服必定沒有那麼容易，東方六國之中，楚國大概是唯一有能力單獨抵抗秦國的國家，要讓他們加入合縱聯盟，必得用一番不盡相同的說辭。

因此他見了楚威王的面，首先便從利益開始說起：「楚國是個強盛之國，有朝一日，或可吞併天下，即使大王仁義，不以併吞爲業，終究也可成爲霸主，然而，自從秦國變法，成爲今日的強盛之國以來，大王覺得，楚國與秦國比起來如何？」

楚威王想了想，嘆道：「比不上！全力一搏的話，即使僥倖得勝，只怕楚國也難以恢復元氣！」

「既然大王也知楚國難與秦國力拚，爲了楚國，也爲了大王的子孫著想，大王就應該參加南北合縱聯盟！」蘇秦道：「以楚國之強，若能得到其他五國的協助，必定能夠戰勝強秦！將來，山東各國，四季向楚國進貢，也絕非不可能。如果大王不願加入，而去和那秦國和解，日後秦國逐一吞滅了山東諸國，楚國終將難以倖免，這兩種結果，大王您選哪一個？」

「寡人原本覺得山東各國震懾於秦國威勢，會忽然向秦國靠攏，使得寡人日夜擔心，如今，先生這番說辭，眞令人動心哪！」楚威王道：「先生想要團結天下，志氣遠大，是個了不起的作爲，很好！如果合縱聯盟成立，寡人願意參加！」

蘇秦的遊說終於大功告成，「合縱」方略終得實現，當天，他便從楚國派人快馬加鞭傳回消息，趙肅侯得知，立即發起了諸侯會盟，過了幾日，五國君長與趙肅侯在洹水之濱會師，由蘇秦主持祭天儀式，尊趙肅侯為盟約之主，又因盟約所在楚國境內，以楚威王為客，六國共同稱王，任用蘇秦為縱約長，主理合縱方略，各國君主歃血為盟，相約共擊養馬人的後代。

這樣一來，蘇秦實際上兼任了六國的國相，位極人臣，威風凜凜，他的儀仗車隊，綿延數里之遙，步卒騎兵，手持干戈，旌旗蔽天，輜重如山，各國都有專使派人護送蘇相國，就連國君出巡，也沒有這般威風。

合縱盟會完成，蘇秦北上返回趙國，途中，他刻意命令車隊繞道洛陽，從自己的家門口經過，這是一種傳統，顯達之人，榮歸故里，讓家鄉的人們沾點喜氣，順便也滿足一下自己的虛榮心。洛陽民眾夾道歡迎，當初瞧不起蘇秦的兄嫂妻子，看見這般威儀，嚇得站都站不直，跪了下來，伏地叩拜。

蘇秦下了車，看見家人對自己下跪，連忙將他們扶起，他們卻仍舊跪著，不敢起來。「嫂子啊！」蘇秦笑道：「您從前對我不是很不客氣嗎？怎麼現在又這麼恭敬呢？」

嫂子說：「您現在貴為六國之相，我怎敢不恭敬伺候？從前對你不敬，請您不要見怪！」

蘇秦感慨萬千，默然不知何言以對，我蘇秦仍是從前的我啊！只因為多了富貴與地位，旁人的態度，竟有如此差異，眞不知是何道理。

其實此刻蘇秦除了感慨之外，還有著幾許憂心，既然功名利祿如此重要，他當然希望能夠永遠保住，可是，他曾經做了兩件事，可能對於他的地位有所威脅，其中一件，就是和燕文侯夫人私通，這件事眼下還沒人知曉，可是蘇秦擔心，終有一天會紙包不住火。

第二件事，就是暗中派人幫助師弟張儀。

原來那位賈舍人，是蘇秦在趙國的親信，當初張儀前來求見，蘇秦所說的那番言語，都是違心之論，事實上，他是十分敬佩師弟才學的，在他看來，張儀的能力，絕對強他十倍，但他以相國之尊，不論推薦張儀什麼樣的職務，勢必都將屈居在他之下，這樣未免太過大才小用，因此用言語激得張儀拂袖而去，再派親信假扮商人，助張儀前去秦國發展。

「以張儀之才，想在秦國奪得高位，必非難事，可是，現下我已身為縱約長，專事對抗秦國，那張儀在秦國，會想出什麼辦法來對付我？他這個人，可不會感謝我幫助他啊！」蘇秦嘆道：「罷了，罷了！現在何須苦惱此事？將來之事，又有誰能預料呢？」

合縱的破滅

張儀在賈舍人源源不絕的財力資助下，買通秦國宮人，並且結交許多貴族，終於見到了秦惠王。秦惠王已經聽說蘇秦成為六國縱約長，聯合抗秦，心中正在後悔當初不肯採納蘇秦之言，聽見另一名說客前來，而且還是蘇秦的師弟，自然不願再失之交臂，與他詳談之下，發覺他是個人才，於是立即拜為客卿。

張儀終於成功的踏出第一步，他有自信，以他的能力，爬上相國之位，指日可待，於是要以厚禮答謝資助他的賈舍人，賈舍人婉拒了張儀的好意，並且將事實真相告知張儀：「資助您的，不是我啊！我哪來那麼多錢？是蘇相國命我來幫你的。」並將來龍去脈交代清楚。

張儀恍然大悟，心中對蘇秦懷抱著無限的感激，對賈舍人道：「煩請你去轉告師兄，就說張儀爲了報答他的大恩大德，必將兢兢業業，使秦國強大，與中原各國一爭雄長，但只要蘇秦在相國位子上一天，我便力勸秦王不要伐趙。」

「你該不會與你師兄爲敵吧？」

「這就難說了！他成了六國宰相，提倡合縱攻秦，我身在秦國，自然已經是他的敵人。」張儀道：「只不過，以師兄個性，若我因他恩德，刻意避免與他爭執，想來他也不會高興。」

張儀後來果然制定出瓦解合縱聯盟的方略，這項方略，就是連橫。

「離秦國最近者，魏國；離秦國最遠者，燕國，如果要從六國內部下手，破壞合縱，就得從這兩國開始著手。」張儀向秦惠王獻計：「對於魏國，最佳的利誘方式，就是土地的問題，大王可以先拿出部分河西土地，當作誘餌，與魏國交好，離間六國，再將宗室女子一名，嫁與燕國太子，與燕國結婚姻之好，如此，合縱便可破解。」

秦惠王道：「難道他們就這麼容易上當？」

「此事包在我身上！」張儀道：「大王就先挑選一名宗室女吧，魏國那裡，由臣去辦便行，那魏惠王有點老糊塗了，必定會中我之計。」

於是秦惠王便讓張儀帶了大筆金銀珠寶與河西幾座城池的地圖，前往大梁晉見魏惠王。「我國大王以仁義定天下！」張儀對魏惠王道：「當初逆臣商鞅用詭計所奪得的幾座城池，得之不義，大王特命小臣前來歸還，同時奉上金銀璧玉，向陛下您陪不是來了！」

魏惠王聞言大喜，奪回河西之地，那是他長久以來的心願了，現在突然從天上掉下來，他哪有拒絕的道理？當下也沒有細想，滿口答應了張儀的請託，還眉開眼笑地收下了張儀帶來的財貨，並將其中部分賞給張儀。

張儀詭計得逞，還拿了不少好處，開心地回秦國覆命，與燕國合親之事，也辦得十分成功，他對秦惠王道：「現在，合縱盟約已經出現裂縫，就請伺機而動吧！」

果然趙肅侯聽說魏國燕國背棄了盟約，十分生氣，將蘇秦叫來，對他說道：「看看你主持的合縱之盟，根本於事無補！」

蘇秦道：「就請君侯發出號令，號召齊、楚、韓三國兵馬，討伐魏、燕！」

「一國在南，一國在北，兩面作戰成嗎？何況那齊、楚、韓三國，只怕也沒安什麼好心！萬一寡人登高一呼，沒人搭理，寡人豈不是丟足面子？」趙肅侯揮揮手：「去去去！別再給寡人出餿主意了！合什麼縱啊！」

自從受封武安君以來，趙肅侯從來不曾如此對蘇秦講話，顯見趙肅侯對他的信任已經漸漸消失。「可恨哪！」蘇秦心道：「那些意志不堅的傢伙，當初在我面前說得那麼斬釘截鐵，如今合縱之盟不過半年，就被秦國那點小利益所引誘，如此，怎能抗拒秦國威勢啊！」對趙肅侯道：「臣與燕侯有舊，這就前去燕國，說服他們不要與秦國合親！」

「去吧！辦得成就好，辦不成，以後你也別談什麼合縱了！」

蘇秦悻悻然離趙去燕，才走到半路，就聽說燕文侯去世，齊威王以燕國破壞合縱爲由，興兵攻打燕國的消息，而且進兵神速，一下子就攻佔了燕國十座城池，弱小的燕國畢竟不是齊國對手。「這哪是爲了合縱？分明就是趁燕國混亂之際偷襲！」於是加快腳步，趕往燕國。

到了薊城，太子已經繼位，是爲燕易王，他接見了蘇秦，不等蘇秦開口，便說道：「齊國未免欺人太甚！寡人迎娶了秦國宗室女爲妃，這是一件美事啊！怎算得破壞盟約？齊國身爲盟國，不來祝賀也就算了，還興兵來犯，奪我城池，這才叫破壞盟約！你身爲縱約長，應當負起責任，解決此事！」

一時之間，蘇秦被說得啞口無言，過了半晌才到：「好好好！我去說服齊國便是！」

蘇秦連著被趙燕所驅策，忙得焦頭爛額，張儀聞聽消息，知道縱約即將解體，於是奏請秦惠王發兵攻打魏國，魏國被打得措手不及，丟掉了蒲陽之地。

「魏國君臣上下，我看想破了腦袋，也想不透爲何我國先禮後兵！」張儀對秦惠王道：「就請大王答應歸還蒲陽，另派公子去魏爲質子，表示與魏國交好。」

「好不容易打下的蒲陽，怎麼又要歸還了呢？」

「一切交給臣下吧！」張儀笑道：「大王用蒲陽一地，絕對可以換來更大的利益。」

到了魏國，張儀說道：「秦王對待魏國，可算仁至義盡了吧？得地不取，還送質子至貴國，魏國必不可以做出無禮於秦國的事！」

魏惠王老邁昏聵，全然不復年輕時振興魏國的霸氣，不但沒有聽出張儀話語中的要脅意味，還感激涕零地問道：「寡人該如何報答？」

「秦王除了土地，別的都不要。當初贈與魏國河西數城，現在希望魏國能禮尚往來，將上郡少梁之地，讓與秦國，並與秦國結盟，如此，秦王必定感謝大王，將來與魏國合謀所得之地，必將十倍於今日讓與秦國之地！」

「有道理，有道理！」魏惠王笑得合不攏嘴，立刻答應了張儀所求，並道：「那公子由，寡人也不敢留他了，相信以秦王之仁德信義，必定不需要靠什麼質子來擔保！」

張儀光靠一張嘴，就讓秦國得到了大片土地，比勞師動眾，興兵征伐，更見成效。秦惠王大喜，便任命張儀擔任相國。

蘇秦卻也不簡單，以趙國相國、燕國客卿的身分，到齊國勸說齊威王，他以秦國的威脅作爲立論道：「齊國如今得罪燕國，萬一燕國與秦國眞的結成同盟，共同對付齊國，只怕大王得不償失，不如大王將所佔領的十個燕國城池歸還，如此一來，燕國必定高興，而秦王也會認爲大王是看在他的面子上，才有此舉，必定會對齊國產生好感，其他各國，必將敬重大王。大王將那本來就數於燕國的城池歸還，對齊國毫髮無損，又能得到美名，比起強迫燕國投向秦國懷抱，不是好得多嗎？」

齊國眞的將十城歸還。

燕易王對蘇秦大爲信任，封了他高官厚祿，對他言聽計從。

只是蘇秦知道，他若是在燕國繼續待下去，早晚會出事。

當年曾與蘇秦私通的燕文侯夫人，自從蘇秦來到燕國以後，便經常來找他，後來竟然公開出入蘇秦府邸，明目張膽。這魏文侯夫人雖非燕易王的親生母親，總還是太后之尊，知道這件事的人越來越多，萬一傳進燕易王耳中，蘇秦只怕性命難保。於是蘇秦向燕易王請示，自燕去齊，擔任齊國客卿，做燕國的臥底，燕王答應了，蘇秦便名正言順地來到齊國。

齊威王見過蘇秦許多次了，一直對他十分賞識，立刻予以重用，信任有加，後來齊威王去世，繼位的齊宣王，對於蘇秦也十分佩服，凡事均十分聽信蘇秦所言。

蘇秦在齊國得勢，合縱之盟，似乎又見到了重新恢復的希望。

公元前三一八年，以楚國新任國君楚懷王作爲號召，關東六國，第一次達成了協議，決定共同攻打秦國。此事張儀早有預料，因此派了間諜到各國散播不利於合縱的消息，而此時的蘇秦，對於合縱攻秦並不抱持樂觀的態度，在他看來，合縱乃是一個自保的聯盟，用來當作征伐藉口的話，其中還有很多問題，各國那些昏庸的君主，根本無法解決，因此，當爲首的楚國大軍已經推進至函谷關東側，蓄勢待發之時，齊國的大軍，甚至還沒有踏出臨淄城一步。

其他幾國的心情似乎也是一樣的，六國軍隊各自爲政，不相統屬，各國爲了保存實力，誰也不願意先行攻擊，誰也不願意走得比別人快，楚國軍隊與秦軍在函谷關僵持數日，焦急萬分，連連派出使者催促，各國將領依然故我，互相推諉，不願加速而行。

秦軍函谷關守將樗里疾，爲人足智多謀，向有「智囊」之稱，他派出奇襲兵，先斷絕了楚國的糧道，讓楚軍大亂，接著開城突襲，將楚軍擊敗。其他各國的軍隊這時還沒趕到，聞聽此事，立刻掉轉方向，回國去了，那齊國的軍隊，到這時都還沒有集結，聽見此事，索性根本不派兵了。

楚懷王的這一嘗試，替他自己，也替楚國帶來了空前的災難，更替秦國製造了侵略的藉口，此後，秦國連年征討楚國，攻城掠地，侵占了大片楚國領土，到最後連楚懷王本身也難以倖免，遭到秦國誘殺。

蘇秦在齊國，受到國君的信任，卻惹來了公卿大夫們的不滿，他們恨蘇秦阻礙了他們的晉身之路，於是派出刺客，刺殺蘇秦。蘇秦身負重傷，眼見性命不保，齊宣王聞訊，慌忙地前來探視，蘇秦道：「大王請替臣下報仇！」

「先生請說！」齊宣王對蘇秦向來敬重，看他傷重將死，眼睛都紅了，哽咽道：「寡人必定替先生報仇！」

「請大王在臣下死後，車裂臣下屍首，並且宣稱臣下乃是燕國所派來的間諜，這樣，刺客以爲自己有功，必定前來領賞……」

「可是，這樣不是太……」

「只有這樣，才能爲我復仇！」蘇秦永遠地閉上了雙眼，臨死之際，他還不忘記施展他的計謀。

後來齊宣王依計行事，果然抓到了刺客，還將背後主謀的一班大夫，全都揪了出來。消息傳來，張儀笑了笑，端起酒爵遙望天際敬了一杯，道：「師兄眞了不起，人都死了，還能來這麼一手，我也不能輸給他才是！」此時他正在前往魏國的路上，不久之後，他即成功地說服魏國新君魏襄王，退出合縱，與秦國結盟。

過了幾年，燕國發生動亂，齊國趁機進攻，攻陷了薊城，殺死了燕王噲與權臣子之，搶奪了大批財寶，威震天下，齊國的聲勢大張。秦惠王擔心齊國的強盛，如果與楚國聯合夾攻的話，恐怕不妙，遂召群臣商議，張儀又有計謀，於是以相國之尊擔任使者，獨自前往楚國。

對於從前在楚國所受到的恥辱，張儀一天也沒忘記，當初侮辱張儀的昭陽君已死，但他仍立下決心，非得好好整治楚國一番不可。對於楚國政情，他瞭如指掌，買通大臣靳尙，在靳尙那裡得到全力支持的保證，然後才晉見楚懷王。

楚懷王雖曾敗於秦國，但仍對張儀十分禮遇，說道：「先生前來，有何見教啊？」

張儀道：「我來勸說大王與秦國合好。」

楚懷王道：「秦國窮兵黷武，寡人不願與秦國交好。」

張儀道：「可是敝國國君對於大王可是向來敬重呢！如果大王願意接受我的意見，我們秦國願意拿商於六百里土地贈與楚國，同時還挑選美女進獻給楚國，從此兩國世代結親，永為兄弟之邦！」

楚懷王眼睛一亮，美女對他沒什麼，可是商於六百里地真的是一片廣大的領土。「如果真的如此，寡人願與秦國交好！」他說道：「齊國可沒辦法送給我那麼多土地啊！」

不費一兵一卒，就取得大片領土，文武百官都為了這件事慶賀，惟獨客卿陳軫力排眾議：「大王，張儀之言，萬不可信！」

「何以見得？」

「秦國懼怕楚國，完全是因為楚國有著齊國這樣的盟邦，一旦與齊國絕交，楚國必將陷於孤立無援，秦國不來攻打就已不錯，又怎麼會把商於六百里地割讓給楚國呢？」陳軫道：「不如先虛張聲勢，假意與齊國決裂，等秦國真將六百里地割給楚國，再與齊國決裂不遲！」

「你閉嘴！」楚懷王怒道：「如此一來，寡人不是成了反覆的小人嗎！」

他下令關閉邊界，不再接納齊國使節，正式與齊國絕交，然後派遣大將逢侯丑隨張儀至秦國接受土地。張儀與逢侯丑沿路飲酒談心，彷彿十分盡興，可是一到咸陽，張儀便假裝喝醉酒跌落車下，託辭養傷，閉門不見，過了三個月，逢侯丑不得其門而入，見不到張儀，更見不到秦王，便將消息捎給楚懷王。

楚懷王尋思：「想必是我國與齊國斷絕得不夠徹底！」於是派了人到邊界上去辱罵齊王，齊宣王得知此事，憤怒異常，立刻也派了使者，西入秦國，表示願意與秦國合力夾攻楚國。

到了這時，張儀才稱說病癒，入朝視事，見了逢侯丑，故作驚訝道：「怎麼，您還沒回去啊？」

逢侯丑道：「我還等相國您交割商於六百里哪！」

「什麼六百里？沒聽過這回事！」張儀道：「如果你硬要土地的話，憑我們的交情，我可以把我的封地拿出六里，讓你交差！」

「什麼六里？是六百里！」

「六里。多了沒有！」

逢侯丑急急回報楚懷王，楚懷王聽了氣得吹鬍子瞪眼，「張儀這個反覆小人！總有一天，我要扒他的皮、吃他的肉！」他咬著牙憤怒地下令：「屈丐，命你爲大將，領兵十萬，攻打秦國！逢侯丑，你從秦國回來，知道地勢，命你擔任副將隨軍襄助！」

陳軫進諫道：「如今事已至此，大王如若伐秦，恐難取勝，不如割讓秦國一兩個城池，與秦國聯合起來，攻打齊國，如此，或可將西方所失領土，得償於齊國！」
楚懷王氣得發昏，根本聽不進陳軫的話，仍舊堅持伐秦。
秦國以庶長魏章爲大將，甘茂爲副將，領十萬軍抵禦，令一方面又派人至齊國請兵，齊宣王乃派遣匡章助陣。
楚將屈丐雖然驍勇，卻難以同時對抗兩面夾擊，連連失利，十萬人之中，陣亡了八萬人，楚懷王怒氣更甚，徵召了所有部隊，送上前線去與秦軍決戰，仍舊大敗，屈丐、逢侯丑以下七十餘名將領遭到俘虜，漢中之地，全爲秦軍所佔領，這時韓、魏兩國又落井下石，趁機攻楚，楚懷王這才認輸，派遣屈平至齊謝罪，派遣陳軫至秦軍陣營求和。
秦惠王表示：「秦國願用商於之地，換取楚國黔中之地。」
楚懷王恨透了張儀，回覆道：「只要貴國願意把張儀交出來，黔中之地，雙手奉上，另外還割讓兩座城池！」
秦惠王聽了，搖搖頭道：「張儀之才，勝於百萬雄師，寡人寧可不要黔中地區，也不能讓張儀去楚國！」
張儀卻說：「大王啊！黔中之地，只用我一人性命，便可換來，實在划算啊！況且臣有自信，去了楚國，定可生還！」
「相國有何妙計？」

「楚國之中，有兩人與我有舊，一爲楚王寵妃鄭袖，一爲寵臣靳尙，藉助此二人之力，定能救我。」張儀拱手道：「還煩請大王命令魏章暫時屯兵漢中，讓楚王有所顧忌，不會在一時之間殺我，我便可獲救！」

秦惠王道：「如此，相國小心行事！」

張儀一到楚國，就被楚懷王打入大牢，預備擇日處斬。張儀派了手下贈與靳尙大筆金銀珠寶，並教他遊說之道，靳尙便對王妃鄭袖說道：「微臣恐怕大王寵愛夫人的時間不會長久了！」

鄭袖大驚失色，問道：「這是爲何緣故？」

靳尙道：「大王要殺張儀，聽說秦王已經準備將從前侵占我國的土地歸還，還準備將愛女嫁給大王，以贖回張儀。秦王的女兒，聽說生得貌美絕倫，出身又顯赫，嫁給了大王，只怕大王就會冷落你啦！」

「這……這可怎麼辦？」

「還能怎麼辦？當然是說明利害，請大王放了張儀啊！」

於是鄭袖便到楚懷王面前哭泣。

楚懷王心疼，連忙問道：「怎麼啦？誰讓你不高興啦？」

「臣妾聽說大王要殺張儀，那張儀替秦國盡忠，不免做了些過分的事，但那終究是人臣之道啊！現在，如果大王殺了張儀，或許可以稍洩心頭之恨，可是秦王必定憤怒，到時候又興兵來犯，大王想，如今的楚國，還能擋得住嗎？」

「這個……」楚懷王猶豫了：「張儀與寡人乃是私怨，可是……夫人不必過憂，殺不殺張儀，還得從長計議。」

後來楚懷王又聽說秦軍仍屯漢中，隨時可以進軍楚國，於是便釋放了張儀，重新以國賓之禮對待。張儀趁機說動了楚懷王，與秦國合好。

回國以後，秦惠王對張儀的機智大爲折服，並且以他立了大功，爲秦國奪得黔中之地，封給他六個縣邑，稱號爲「武信君」。

於是張儀便以武信君身分，至各國遊說，楚國之外，韓、齊、趙、魏、燕各國國君，先後被他說服，答應與秦國合好，他的「連橫」方略，徹底擊潰了當初蘇秦辛苦建立的合縱聯盟。

後來，秦惠王死了，秦武王繼任，他還是太子的時候，就不喜歡張儀這個人，上任之後，那些曾受張儀排擠之人，群起而說張儀的壞話。眼看著，張儀就要面臨當初商鞅一樣的命運。

「我張儀難道會像商鞅一樣傻嗎？」

他向秦武王自動請辭，道：「當今天下大勢，對秦國有利，我繼續待在秦國，反而不能爲秦國帶來好處，不如讓臣前去魏國。」

秦武王冷眼看著張儀，「你去魏國，能給秦國帶來什麼好處？」

「有好處的！大王知道，先前臣遊說齊國時，用了些小手段，騙得他獻給我國三百里地，可那齊王也不是糊塗人，如今得知此事，恨不能取臣性命，只礙於秦國強大，不敢發兵而已。假如臣到了魏國，齊王必定攻魏，待齊魏相爭之時，秦國便可乘虛而上，佔領三川洛陽之地，此爲統一天下之大業也！」

秦武王欣然同意。

張儀到了魏國，魏襄王如獲至寶，任命爲相，果然齊宣王便來攻打魏國。魏襄王大感惶恐，張儀勸道：「大王不必擔憂，臣自有辦法讓齊國退兵！」

他派了自己的門客馮喜，前往楚國，聘請人擔任使者，晉見齊宣王。

馮喜教給使者一套說辭，使者照辦，終於打動了齊宣王：「大王痛恨張儀，秦王深知此事，才將張儀送去魏國，引來齊國與魏國交戰。大王想想，張儀與那秦國關係何等深厚？秦國哪能隨便放人？必定是有詭計！如果大王出兵，正好落入張儀圈套；如果大王不出兵，秦國自然不會信任張儀。」

這一個計謀，使得魏襄王更加信任張儀，然而，魏國這樣的小國，畢竟不是張儀這等人才發揮之所，一年以後，張儀生了病，鬱鬱寡歡的他，在寂寞之中病逝。

蘇秦和張儀，靠著獨到的眼光，敏捷的才思與滔滔不絕的口才，替自己贏得了萬貫家財與各國君主的重視，同時也爲戰國時代的後半期制定了兩個基本方略，此後，天下的局勢，大抵不脫這兩個方略相互對抗。整體來看，秦國的智略手段較爲高明，連橫始終略勝一籌，合縱聯盟雖經一再倡導，還是難以建立，秦國逐步併吞六國，似乎已經成爲定局。

後來，趙國出現一位雄才大略的趙武靈王，將趙國的軍事制度做了一番徹底的變動，使得趙國強盛起來，抵擋秦國持續對六國蠶食，這才將秦國的統一天下，延後將近百年之久。

胡服騎射

趙武靈王，名叫趙雍，趙肅侯之子，繼位之時，才只十六歲，年輕氣盛，他經常率領著趙軍與胡族交戰，互有勝負。但是，眼尖的他，很快便瞧出胡族的優勢，他們身穿短衣，騎馬而不乘車，往來如飛，機動性強，戰鬥力也強。反觀趙國軍隊，每次均出動更多兵馬，攜帶更多輜重，卻因爲步兵車兵混合編制，官兵身穿寬袍大袖，行動不便，往往僅能與人數較少的胡族戰成平手。

因此他一直有個想法，想要讓趙國的兵卒，也換上胡人的衣著，以適應作戰需要。他是個行動派，想到什麼，就要實行，但他知道自己執政時間尚短，冒然實行，只會遭到守舊人士的反對，因此，他曾經不顧自身安危地，潛入胡族陣營，偷偷觀察他們的陣戰之道，並且學習騎射之術。

張儀死去的那一年，趙武靈王三十二歲，娶了寵妃吳娃，生了最心愛的兒子趙何，他的人生事業，才正要起步。「各國都因爲不斷的改革而富強，寡人領導的趙國，豈可落於人後？」

又過三年，到了公元前三〇七年，趙武靈王利用北上經略中山國的行軍途中，與重臣肥義正式談起「胡服騎射」的事宜。

「趙國舊制，寬袍大袖，在戰場上根本行動不便，無異自殺！再加上使用的戰車也是又笨又重，前進與迴轉都不靈便，遇上了直接騎在馬背上的胡族，想要取勝，實在不容易啊！」趙武靈王試探性地說道。

肥義是趙武靈王的親信重臣，從趙肅侯時代就已爲趙國盡忠，才思敏捷，對於趙武靈王有意效仿胡族的想法，早就猜測出大概，但他仍希望趙武靈王親口說出，乃問道：「大王的意思是……？」

「換上胡人的裝束，廢棄笨重的馬車，我們趙國兵卒，也來練那騎射之術！這就是『胡服騎射』！」

肥義沉吟片刻，緩緩道：「大王可知，這樣的改變，一定會遭到莫大的阻力？」

「我怎不知？當初商鞅推動新法，在秦國反對的人也不少！」

「大王可別舉商鞅的例子！此人下場悲慘，不吉利啊！」

趙武靈王頓了頓，看著肥義，「咦？照你的話，你不怎麼反對我推行胡服騎射嘛！」

肥義躬身，恭謹地道：「臣只管執行大王之命，豈敢反對。」

趙武靈王點點頭：「很好！原先我還擔心你會反對呢！現在你也同意，更加堅定了寡人的決心。」

肥義道：「此事的確有利於趙國，只不過，臣願大王擇日召開會議，與眾臣商議，先知道哪些人贊成，哪些人反對，這樣推行起來也好心裡面先有個底！」

「這個當然。」趙武靈王道：「頑劣之人，必定會嘲笑寡人異想天開，賢明之人，卻能夠了解寡人的一片苦心。就算天下人都反對，那胡人佔據的土地，還有中山國的領土，寡人一定要奪到手中！」

第二天，他回到邯鄲，召集群臣，商討此事。肥義與樓緩等臣都表示堅決贊成，部分貴族大臣則表示反對。「聖人不易民而教，智者不變俗而動！」老臣公子成是趙武靈王的叔父，他向趙武靈王嚴詞陳說道：「我趙國乃華夏禮儀之邦，要我們去學那些野蠻部落的衣著？大王，就算別的國家不恥笑，自己的國民也會取笑的。」

「叔父，你的那句聖人不易民而教什麼的，好像曾經有人用來勸說申不害、商鞅，還有更早以前的李悝、吳起啊！這些阻撓革新的老頑固，一個個爲了反對易民而教，因此喪命，他們可來不及看見革新所帶來的強盛啊！」

「大王這是在威脅老臣？」

趙武靈王笑道：「寡人只是在說那些阻撓革新的老頑固，又不是在說叔父您！」

公子成十分生氣，他淡淡說了一聲：「老臣覺得身體不適，想回府休息，請大王恩准！」也不等大王真的允許，轉頭便走，其後一連五天，他都稱病而不上朝，表示內心不滿。

趙武靈王也覺得自己說話有些過分，便派了使者，前往公子成府中，向他陪不是，並且解釋道：「我們本是一家之人，在一家之中，自以長輩命令爲尊，可是在一國之中，卻應當以國君旨意優先。如今，國君與文武眾臣都已經換上了胡人服飾，只有大人不肯更換，恐怕會有人質疑你對趙國的忠心吧？」

公子成道：「我對趙國不忠？我只聽說，華夏之國，聰明才智之人齊聚，講究詩書禮樂，四夷君長來朝，外邦之人紛紛心嚮往之。可是如今，大王突然要放棄所有的一切，去學習蠻族的穿著與制度，違背了古代風俗，必定引起百姓反感，望大王三思！」

使者將這話轉達給趙武靈王，趙武靈王便親自來到公子成住處拜訪，道：「想我趙國，東有齊國與中山，北有燕國與東胡，西有樓煩與秦國，南有韓魏，處於四面迎戰的位置，軍隊卻仍然使用老舊的武器戰法。服飾的功能，就是爲了實用，當初周王用那寬袍大袖，是爲了祭祀禮儀，如今改爲短衣長褲，則是爲了作戰需要啊！叔父，老實告訴您吧！胡服騎射最主要的目的，就是爲了利用上黨郡的地形，消滅中山國，以報侵略之恥！」

公子成似乎有些動搖。

趙武靈王續道：「古法之學，不足以制今，必須要能觀時而制法，因事而制禮，如此，方爲強盛之道。叔父，趙國能否興盛，就看叔父您是不是願意以身作則了。」

公子成終於點頭，雖然不情願，他仍然換上了胡服。

說服了公子成，趙武靈王的政策推行起來，就容易多了，於是他正式宣布大夫們胡服上朝，此後，王公貴族不論入朝出巡，一律身著胡服。王族趙文、趙俊和周紹等人也是反對胡服騎射的，他們看見公子成也已經決定支持胡服政策，不便公開反對，只敢私下嘀咕：「聽說那胡人服裝，咱們華夏人士穿了，不消三天，就要暴斃而亡，眞是可怕，可怕啊！」

這竊竊私語之聲正好被趙武靈王聽見，他把三人叫到面前，在他們面前一把扯下身上的長袍，裡面貼身穿著胡人衣服，道：「寡人自從決定胡服騎射以來，每天都穿著這身衣服，已經穿了十天不只，寡人暴斃了嗎？」

三人不敢再多說話。

胡服騎射的政策，終於成功地推行，不久，趙武靈王還下令所有趙國人民，一律改穿胡服。漸漸地，強悍好勇成了趙國的一種風尚，趙武靈王乃親自訓練士兵，嚴格挑選，組成了一支強大的騎兵隊伍，不到一年，這支隊伍就擴編成右軍、左軍、中軍、車騎軍與胡代軍，各有統帥，分別進攻中山國，逼降了中山國君，取得廣大領土，又向九原移民實邊，充實邊防，向北擴張，闢地千里，並且興建長城，阻絕胡人的入侵。

只不過八年左右，趙國因爲胡服騎射的緣故，超越了楚國齊國，成了一等一的強國，國勢甚至可與秦國一較高下。

這些年來，秦國也換了主人，年輕的秦昭襄王，從即位的那一天開始，就不曾停止對外的侵略，攻韓、攻魏、攻楚。趙武靈王看在眼中，早就興起一股想要挫挫秦國銳氣的想法，他發現，從新征服的九原、代郡與雁門一帶，有通路可以直撲咸陽，不必再走以前的函谷關舊道，於是他開始尋思攻秦的方法。

爲了專心一致於軍事，他在公元前二九九年，做了一件驚人的舉動，他把國君的地位，讓給了自己最鍾愛的小兒子趙何，這個十二歲的國君，就是後來的趙惠文王，而退位的趙武靈王則自稱主父，以肥義爲相國輔佐兒子，自己仍然掌握著軍政大權，一方面培養兒子的實力，並讓他將來可以繼續推行胡服騎射政策，另一方面則可以專心思索對付秦國的方略。

他假扮成趙國使節，從趙國北方邊境南下，沿路觀察可以行軍的路線，進入秦國。到了咸陽，他又好奇這個年紀比他小得多、卻已是英明有爲之君的秦昭襄王到底是個怎樣的人物，於是入咸陽宮求見。

秦昭襄王接見過不少使者，哪一個不是對他必恭必敬？可是今天這個使者十分不同，氣宇軒昂，態度倨傲，絲毫不像一個居於人下的臣僚。

左右對於那「趙國使者」態度不佳感到十分生氣，秦昭襄王倒不以爲意，微微笑著：「先生，別國使者來朝見寡人，總會帶來大批財貨獻禮，你什麼也沒帶，這可不是朝見的禮節啊！」

趙武靈王道：「大王不要想錯了！我趙國向與秦國平輩論交，何來朝見？又何須餽贈禮品？」

「這倒是，」秦昭襄王道：「不過，先生見我秦國聲勢，難道不怕秦國有朝一日，攻打趙國嗎？」

「哈哈哈！大王也未免太有自信。」趙武靈王道：「我趙國自主父實行胡服騎射以來，已拓地千里，當今大王雖然年幼，但終將是一個英明之君，大王不擔心趙來攻秦國，反而用秦攻趙國來威脅，豈不是貽笑大方？」

「大膽外臣，不得無禮！」左右侍衛厲聲喝令。

秦昭襄王制止了他們，看著那使者，有點狐疑，臉上不動聲色道：「主父與大王可好？」

「託大王的福。」

「既然這樣，煩勞你回去告訴主父，他的趙國學習蠻夷，方至強盛，我秦國卻是以蠻夷之身，學習中華之制度，方能稱霸諸侯！寡人總有一天，會與趙國較量一番！」

趙武靈王擔心身分敗露，答應了秦昭襄王，便辭別離去。這時有人在秦昭襄王耳邊說了幾句話，秦昭襄王大驚，立刻派人捉拿這名使者，追兵趕到，使者已過邊界。後來仔細追查之下，才知道這個使者竟然眞的就是趙國的主父，秦昭襄王感嘆道：「一國之君，竟然有如此膽識，國家怎會不強？看來寡人得加把勁，才不會讓秦國給趙國比下去了。」

秦昭襄王帶給趙武靈王相同的震撼，「好一個年輕有爲的國君！」他心想：「我那兒子阿何，只怕很難與他相比！哎！想不到我本來以爲趙國已有能力單獨抗秦，今日一見，才知趙國日後能夠自保，已是萬幸！」

回到趙國，趙武靈王仍然全力訓練趙國軍隊，然而，攻秦之事，卻不再提起了。

四年之後，趙國與齊、燕兩國聯合，共同消滅了中山國。趙武靈王欣喜萬分，犒賞全國軍民，聚會歡宴五日，自己則與現任國君趙惠文王共同出遊，行至沙丘（今河北鉅鹿縣東南），分別居住在不同的兩座行宮，這一天，趙武靈王的長子，趙惠文王的兄長趙章卻突然發動了叛亂，意圖謀奪王位。

其實趙國本來應該是趙章的，他是長子，名正言順的太子，卻因爲趙武靈王寵愛吳娃與吳娃所生的趙何，而將國君之位傳與幼子。趙武靈王倒也沒虧待他，封給他代郡，號曰安陽君，甚至，當老主父親眼看著身爲兄長的趙章，必須卑躬屈膝地面對著年紀幼小的弟弟朝拜之時，心中頗覺不忍，還計劃將廣大的趙國一分爲二，另外建立代國，由趙章爲王。

主父畢竟年紀大了，不像年輕時候想到什麼就作什麼，這項計劃還在心中盤算之時，趙章已經忍不住發動叛亂。這安陽君，眼見時機成熟，便與親信重臣田不禮商議，發了一道旨令，假傳主父之意，召見惠文王入宮相見。他們的如意算盤是，安排兵卒埋伏宮中，待趙王入宮晉見之際，趁機殺了趙王，奪取地位以後，再以此要脅主父，迫他交出政權。

不料先行進宮的，乃是相國肥義，兵卒沒看清楚，不由分說地衝出去亂刀砍死了肥義，跟在後面的趙王一行，由將軍高信所護衛著，一見情況不對，立即掉頭返回，高信並與公子成、李兌等人動員附近兵馬，與趙章、田不禮血戰，將兩人殺敗，趙章逃進主父行宮，跪在趙武靈王面前，哭道：「主父救我！」

趙武靈王問明了原委，對於兒子的衝動，既生氣，又內疚，輕拍著兒子的肩膀，嘆道：「你們都是我的兒子，如果我不保護你，誰來保護你？」

公子成與李兌似乎非要殺了趙章不可，大軍湧進主父寢宮，當著主父之面，便把趙章揪出宮外處斬。李兌等人心想：「爲了逮捕叛亂的安陽君，竟然對主父如此無禮，將來主父追問起來，只怕我們一家老小性命不保！」一不做、二不休，派大軍繼續包圍主父寢宮，並且讓所有宮人全部出來，只留主父一人在宮內。

可憐的一代雄主趙武靈王，就這樣被拘禁在龐大的行宮裡，整整三個月，沒有飲食，沒有伴侶，肚子餓了，只好到樹上找尋鳥窩，搜索鳥蛋或是剛生下的幼鳥生吞活剝，到後來，所有能挖的能找的全吃完了，這個一手讓趙國強盛的英主，就這麼被活活餓死。

公子成和李兌掌握了趙國大政，一直到確認了趙武靈王之死後，才向各國發喪。趙惠文王當時只有十五六歲，雖然憤恨，卻又莫可奈何，待年齒漸長，掌握實權，才將這班權臣驅逐，另行任用了廉頗與藺相如等猛將賢相，使趙國聲威，得以重新建立。

燕齊大決戰

趙國在北方抵擋秦國，秦國只好攻打東方的韓魏與南方的楚國，還把楚懷王騙來秦國，使他客死異鄉，種種霸道的行徑，令各國震懼無比。秦國之所以能夠這樣肆無忌憚，主要原因正是因爲他們確信合縱聯盟絕對沒有再度建立的可能，只要六國不合作，秦國便能慢慢蠶食各國的土地。

燕國和齊國的慘烈攻伐，就是六國之間，永遠無法眞正合作的最好證明。

當初燕國遭逢內亂，齊宣王趁機攻佔燕國，殺了燕王噲，佔領了薊城，幾乎將燕國滅亡，後來齊宣王苦於燕國各地暴動不斷，統治不易，只好搜括大筆金銀財寶，率軍倉促撤退，隔年，燕國的貴族才擁立了太子平繼位，是爲燕昭王，重新建立了燕國的宗廟宮室，而兩國之間的深仇大恨，就這麼結下了。

燕昭王爲了復仇雪恥，乃全心致力於政治革新，只可惜燕國人才不足，便找了相國郭隗商量道：「燕國是個小國，人才大多不願意來到燕國，爲寡人效力，然而，寡人還是希望能夠得到人才，協助寡人復仇，愛卿可有什麼好方法？」

郭隗道：「臣聽過一個故事，說從前有位國君，極想得到千里名駒，願意出價黃金千兩，便讓隨從去買，可是，千里馬可不是好找的，隨從找了許久，終於打聽到千里馬的下落，到了當地一看，那千里馬已經死掉了，於是他二話不說，花了五百兩黃金買回死掉的千里馬。國君憤怒異常，責怪隨從，隨從則回答：『別人聽說您連死掉的千里馬都願意出高價，更何況是活的？不用擔心，千里馬不久就會送上門來。』結果這個國君，不久之後就得到了三匹千里馬。」

燕昭王看著郭隗，半天沒有說話。

「大王可知臣的意思？」

「明白。」燕昭王笑了起來：「你是說，你想當那死掉的千里馬？」

郭隗拱手躬身道：「大王如不嫌棄，燕國之中，活千里馬不多，死千里馬可到處都是。」

「好，好！有你的！」

燕昭王命人在易水之濱替郭隗等人了一座華麗的宮殿，並尊稱郭隗為師，禮遇所有的臣子，並且廣為宣傳，果然幾年之內，人才紛紛前來投效，齊國的鄒衍、趙國的劇辛、衛國的屈庸，都是一時難得的人才，最為著名的，則是從魏國前來投效的樂毅。

樂毅本為趙國出身，在趙、魏尋求仕宦之途，皆不順遂，聽說燕國招納賢才，便前來投效，他對於軍事特別擅長，與燕昭王相談多次，大受燕昭王的賞識與信賴，封他為亞卿，命他主持燕國軍政。

經過了二十餘年的生聚教訓，燕昭王終於使燕國恢復了原本的國力，而在樂毅努力之下，則訓練出一批更勝於以往的強大軍隊。

公元前二八四年，由於齊湣王暴虐無道之故，燕昭王與三晉與秦楚之兵聯合，大舉伐齊，這是連橫政策徹底執行的例證，完完全全將合縱的方向扭轉過來，蘇秦與張儀這時已不在人世，如果他們知道了，想必會感嘆不已。

樂毅擔任聯軍統帥，主力部隊也是由燕國軍隊所組成，燕國從來未曾如此風光過，士卒戰意高昂，鬥志旺盛，聯軍兵分兩路，一路由西進攻，在濟西之地大敗齊軍主力，齊國再無可戰之兵，樂毅隨即率領主力部隊，自北方長驅直入，出其不意，勢如破竹，一舉將齊國都城臨淄攻陷，燕昭王聞訊大喜，親自南下，來到紮營之處慰勞將士，並且封樂毅為昌國君。

城破之日，臨淄城大亂，燕軍如潮水般湧來，百姓如野獸般逃竄，身為一國之君的齊湣王，早就慌亂了心神，在幾個隨從的護衛之下，逃出城外，群龍無首之下，局面更為混亂，到處都是哭喊叫罵與器物落地碎裂之聲，熊熊大火吞噬了華麗的宮室屋宇，也摧毀了齊國上下一向賴以自豪的文明禮教與繁華。

哀鴻遍地聲中，只有一隊人馬，特別井然有序，指揮著這隊人馬的，是齊國的一個小吏，名叫田單，算起來，他還是齊國王族的遠親，只因沒人賞識，也就始終沒沒無聞，誰也不知道，燕國這一打，竟然將田單潛伏的才能喚醒，打出一位亙古未見、奇蹟似的軍事家。

旁人越是慌亂，田單似乎越沉著，他冷靜地命令族人收拾細軟，安排車輛運送，又教人將車軸兩端突出的部分削去，包覆鐵皮，然後全速衝出城外。路上擁擠不堪，許多逃命之人，都因為車軸太長，被追兵趕上斬斷，致使輪盤鬆脫而成為燕軍俘虜，只有田單一族，因為田單的心思，逃過了這樣的命運。

「去即墨吧！」田單道：「即墨城裡，我還有不少朋友哪！」其實，他是存著私心的，他聽說，齊湣王逃往莒城，如此，敵軍攻擊主力，必定會轉向莒城，那麼，即墨必定較爲安全，可以保全族人性命財產。當時他的心中，還沒有想過復國大業的問題。

果然後來齊湣王逃到了莒城，便被楚軍所俘虜，楚國大將淖齒，命人將齊湣王斬首示眾，結果惹來當地百姓群情激憤，殺了淖齒，趕走楚軍。其他各國看見齊國民眾與傳聞完全不同，竟然如此強悍，便先後退了兵，只留燕國獨立攻齊。

「如此正合我的心思呢！」樂毅笑道。

齊國有系統的抵抗能力已經完全失去，剩下一些民眾零星的反抗，哪是用兵如神的樂毅所統轄的強大燕軍對手？接下來的半年之內，齊國七十多座城池與絕大部分土地，全部落入燕國手中，只剩下即墨和莒城還在頑強抵抗。

兩座城池都不算大，與臨淄比較起來，更是小得可憐。田單來到即墨，發現這裡的民風特別純樸，不像臨淄那般華靡，燕國的大軍已經來到城外，百姓們臉上寫著恐懼，手裡卻緊緊握著武器，誓死保衛家園。

「這樣的民心，或許可用！」田單暗忖，「只要給他們信心，五萬軍民，也能以一當十！」

此時即墨城守已經戰死，田單成了身分最高的人物，自然當仁不讓地肩負起保衛即墨城的工作。他臨危受命，擔心自己在即墨沒有聲望，便和一名部下串通，由部下假扮巫卜之人，卜了幾掛，當眾對全城軍民宣布：「上天護我即墨！田單鎮守，即墨可保，齊國可以復興！」要求家家戶戶祭祀鬼神，並對上天所差遣的田單恭敬禮遇。百姓們十分聽話，一一照做，有時見了田單，隨即面露敬畏神情，顯是對於巫卜之言深信不疑。

於是田單與士兵們同甘共苦，得到了軍民的真心擁戴，指揮著全城百姓築城練兵，將小小的即墨防備得滴水不漏，同時也漸漸相信，自己真的能夠依靠即墨這座小城，復興齊國。

樂毅聽說即墨城防堅固，便親自前來視察，對左右隨從道：「即墨城並非不可攻破，只是，破城以後，想要順服民心，可就難了！還是包圍城池，按兵不動，靜觀其變為妙。」

副將騎劫不以為然，道：「只剩下兩座城了，為何不一股作氣打下來，讓齊國人民不要再存半分希望！」

「齊國各地城池，雖然大多被燕國佔領，可是，齊國的百姓，卻沒有人願意被燕國所統治啊！」樂毅道：「百姓們現在沒有反抗，那是因為他們將希望寄託在即墨和莒城上，如果我們攻破了城，絕望的百姓群起反叛，我燕國區區十萬大軍，可鎮守得住？還是讓它們不攻自破吧。」

騎劫搖著頭，雖不再說什麼，卻還是不贊成樂毅的決定。

燕國大軍，就這麼包圍著兩座小城，企圖等待時機的轉變。

命運之神似乎不願眷顧樂毅，燕昭王的死訊傳來，為樂毅辛苦謀劃的攻齊戰略，投下了變數，也讓堅守在即墨城中的田單，抓住突破僵局的機會。

田單差人寫了一封信給樂毅，信中寫道：「樂毅將軍以蓋世神威，連破齊國七十餘城，齊國百姓心嚮往之，如今齊王已死，燕國新主當道，疑心於樂毅將軍，恐將陣前換將，此乃齊國一大損失也！願奉樂毅將軍爲齊王，振興大齊，消滅燕國！」

左右紛紛咒罵田單用心惡毒，樂毅則隨手將信收了起來，微笑道：「換作是我，也會如此。這田單，是個人才。」

消息終究傳進燕王耳朵，新上任的燕惠王，本來就對樂毅的圍城戰略不肯諒解，聽信了這樣的流言，對於樂毅恐懼日甚，於是宣布革去樂毅職位，改由騎劫接任。

樂毅臨走之前，還不忘苦心相勸：「騎劫將軍，即墨可圍不可攻，希望您不要衝動行事啊！」他擔心燕惠王懷疑他，會將他殺害，索性離開燕國，返回故鄉趙國去了。而騎劫本來雖然主戰，可是這些日子以來跟著樂毅圍城，漸漸了解樂毅的苦心，因此他也沿用了樂毅的戰略，繼續圍城。

「還是沒動靜啊！」田單的隨從在城頭眺望敵陣，憂心地說道：「燕王陣前換將，卻沒讓燕軍自亂陣腳啊！」

田單的嘴角揚起一抹自信的微笑：「放心！那騎劫的能力，遠遠不如樂毅，現在正是我們用計的好時機。」

他繼續使用巫卜的計策，卜出來的卦象連連大吉，齊軍將士百姓都認爲眞的有天神相助，燕軍則議論紛紛。

「聽說了嗎？齊國有天神相助呢！」

「知道啊！偏偏這種時候，樂將軍不在，只有那什麼騎劫領導我們，眞讓人擔心。」

「不過也別太擔心，你看，最近幾天，即墨附近用來耕田的牛，全都被牽進城裡，想來是城中糧草已盡，逼不得已只好吃牛肉吧！」

「可是，那麼多牛，也夠吃好久的。」

燕國軍心動搖，田單再度用計，他派了隨從假扮投降之人，去向騎劫獻計道：「從前樂毅領兵，太過手軟，不敢來狠的，所以齊國人一點都不怕。將軍若要攻破即墨，必先攻破齊國的人心！」

騎劫道：「這我當然知道，可是，要如何攻心？」

隨從道：「有兩個辦法。第一，齊國人最怕被人割去鼻子，如果將軍把齊國的俘虜鼻子全割了，放在陣前與齊軍交戰，齊人必定嚇破膽子，即墨便可不攻自破。」

「還有一個辦法呢？」

「即墨百姓向來敬重祖先，他們的祖墳，都在城外，只要將軍命人挖掘即墨百姓祖墳，城中之人必定傷心害怕，不願死守。」

騎劫擊掌，直呼：「此計大妙！」遂命人割鼻挖墳。城中百姓看見自己的同胞遭到殘酷對待，自己的祖墳又被敵人凌辱，悲慟萬分，頓足搥胸，紛紛喊著要去和燕人決一死戰，士氣前所未有的高昂。

田單見狀，知道決戰時機已經成熟，於是分發酒肉，犒賞全軍將士，又將前些日子聚集起來的牛隻，披上五彩花布，畫上斑紋，牛角上綁了尖刀，牛尾上紮了浸透油脂的柴草。調度已定，他派了使者前往騎劫之處呈遞降書，約定明日投降，騎劫大喜過望，將降書內容告知全軍，燕軍齊聲歡呼起來，他們累了，厭倦了，現在終於可以回家了。

夜深時分，四下一片漆黑，田單召來五千壯士，身上塗了油彩，點燃牛尾巴上的柴草，牛群受到驚嚇，狂奔向前，直衝燕軍陣地，五千勇士緊跟在後，手握著武器，如天兵降臨。

放鬆心情的燕軍，此際仍在呼呼大睡，聽見轟隆巨響，睜開眼睛，只見紅光一片，殺聲震天，大批怪獸排山倒海，直撲而來，只要和怪物們碰上，總是血肉糢糊，身首異處，死狀淒慘，怪物之後，又有神兵，身上五顏六色，手中大刀如切瓜一般，刀起頭落。燕軍嚇得魂飛魄散，以爲卜卦之說終於成眞，血肉之軀，哪能和天兵天將作戰？丟下武器，落荒而逃，主將騎劫，也在亂軍之中被殺，十多萬燕軍，就這麼潰不成軍，四下逃竄。

燕軍主力既潰，剩下的殘兵便不足稱道。遭到佔領地區的齊國人民紛紛起來響應田單，乘勝追擊，不過多時，七十餘座城池全部收復，從此燕國國勢一蹶不振，再也難以踏進齊國半步，也沒有能力向任何國家發動戰爭，只能等待西方強秦的併吞。

田單則成了奇蹟一般的復國英雄。

他派人四處尋訪，終於找到了隱姓埋名、躲藏在莒城民家的齊國太子法章，便將法章接回臨淄，奉爲齊王，就是齊襄王。田單則因功受封爲安平君，成爲齊國的棟梁之臣。

齊國恢復了大國地位，然而經此一戰，元氣大傷，再也無法強盛，燕齊之間的火拚，徒然替秦國的統一鋪路而已。

遠交近攻

魏國當初曾經參與伐齊，如今齊國復興，齊襄王繼位，魏王擔心齊國報復，於是遣使至齊，希望與齊國修好。

於是，范雎來到了齊國的宮室。

范雎是魏國大梁人士，此人胸懷安邦定國之志，辯才無礙，奈何家境貧寒，只能寄人籬下，投靠大夫須賈爲舍人，須賈出使齊國，范雎便跟了過來，擔任隨從。

須賈將求和的來意表明，不料齊襄王竟然大怒，說道：「當年先王與魏國合力伐宋，邦交何等密切？可是燕王欲滅齊國之時，魏國反而幫助燕國，寡人至今大仇未報，又怎會相信你們這種反覆無常的花言巧語？」

須賈啞口無言，范睢在一旁進言道：「大王，當年齊魏攻宋，約定滅宋之後，共分宋地，可是，齊國卻違背誓言，盡吞宋地，還挾著戰勝之威，四處侵略，敢問大王，這是誰反覆無常？」

「哼！」

「各國憎恨齊王殘暴，與燕國合謀伐齊，在濟西戰中，聯軍獲勝，可是我魏國卻即刻退兵，不與燕國同攻臨淄，這正是顧及了當年的情誼啊！」

「是嗎？」

「如今大王光復了河山，我主認爲大王必定可以繼承桓公、威王之志，以仁義壯大齊國，這才遣使修好，誰知大王只會責備人，不知道反省，活生生又是一個齊湣王！早知如此，魏國又何須遣使？」

齊襄王連忙起身，向范睢恭謹說道：「先生所言有理，寡人知錯！敢問先生是何姓名？」

須賈接口道：「這是我的舍人范睢。」

齊襄王凝視范睢良久，才道：「來人！備宴！寡人要好好招待范睢先生。」

當晚，齊襄王暗中派人遊說范睢，希望范睢能夠留在齊國，爲齊國效力，范睢答道：「我蒙受須賈先生恩惠，此番與須賈先生同來，若不能同回，豈不是失了信義？」齊襄王聞聽，對范睢更加欣賞，贈送了許多禮品，范睢堅辭不受。

這一切，看在須賈眼中，激起了他的忌妒之心，回國之後，便將此事加油添醋地報告給魏相國魏齊知悉。

那魏齊本是一個忌賢妒能之人，聽說范雎如此受到齊王重視，心裡很不是滋味，「他在齊國受到重視，在魏國一樣能夠受到重視！」其實他最擔心的，就是有朝一日，范雎可能奪了他的地位，於是與須賈商量，誣陷范雎私通齊國，背叛魏國，將范雎打入大牢。

「我無罪！」范雎高喊著：「我一心為國，絕無私心！」

獄卒可聽不進這樣的話，在魏齊的授意下，獄卒將范雎打得遍體鱗傷，皮開肉綻，范雎哀嚎連連，就是不肯認罪，獄卒的力氣用得更大，忽然，喀啦一聲，肋骨被打斷了，范雎口噴鮮血，登時沒了氣。

「死了嗎？」魏齊親自審視，但見范雎渾身是血，體無完膚，一動也不動地倒在血泊裡，隨即命令：「把他給扔出去！」

范雎的屍體，就這樣被扔進荒郊野外。

他的朋友鄭安平，對於范雎的遭遇深表同情，問明了范雎屍首所在之處，前去替他收屍，赫然發現范雎竟然還剩下一口氣，立刻將他背回家中，此時范雎醒了過來，對鄭安平說道：「魏齊非致我於死地不可，聽說我死了，只怕還不放心，明日定會派人查看，煩勞你告知我家人，讓他們發喪帶孝，如同我眞的死去一般，才能消除魏齊的疑慮。」

不出范雎所料，魏齊果然起了疑心，派人檢查，回報說：「在那荒郊野外裡，包裹屍體的草蓆還在，屍體卻沒了，可能是被野獸叼走了。」

魏齊仍不放心，又派人到范家暗中偵查，只見范睢妻子兒女披麻帶孝，形容哀淒，想是沒有找到范睢屍首，這才不再懷疑。

范睢隱姓埋名，化名叫做張祿，躲在鄭安平家養傷，沒有一日忘卻復仇之事。半年之後，正好秦昭襄王派遣王稽擔任使臣來到魏國，此人與鄭安平是舊交，鄭安平便趁機向他引薦：「我國有位賢才，名叫張祿，此人懷有不世之才，奈何遭到相國魏齊所忌，始終不受任用，如果此人到了秦國，或許能一展長才，爲秦王獻出平定天下的方略。」

「這等人才，當然得見一見的！」

「可是，張祿在此地有仇家，所以不敢在白天行走，不如請他晚上前來吧！」鄭安平嘆道：「如果不是因爲有仇家，只怕他早就成了大官啦！」

王稽聽出鄭安平話中意思，知道張祿的仇家非同等閒，於是說道：「那就請張祿先生夜晚前來相見吧！」

到了晚上，鄭安平叫范睢假扮成侍者模樣，潛行到王稽下榻之處，與王稽共談天下之勢，范睢針對當前天下利害，一一分析，有條有理，並且指出秦國統一天下所面臨的困境，一針見血，王稽大爲喜悅，當下請求范睢與他一同前往秦國：「先生之才，必能在秦國得伸，秦王求才若渴，只不過……哎！不管如何，請先生務必答應。」

范雎終於抓住了逃出魏國的機會，雖然覺得王稽似乎有什麼難言之隱，仍然一口答應。

五日之後，王稽在魏國的公務處理完畢，便與范雎、鄭安平出發前往秦國，三人同行，一路之上，談笑風生，十分投緣。

車行至函谷關，王稽說道：「此地已是秦境，過了關隘，就要到咸陽了。」

這時，忽然看見前方路上，塵土飛揚，大隊鐵甲衛士簇擁著一輛大車，從函谷關奔來，范雎問道：「來者何人？」

王稽答道：「那是丞相座車，想必是來巡視東方郡縣的。」

「好大排場啊！」鄭安平道。

當年秦武王設立丞相一職，協助國君處理政事之人，遂有了定制，原本相國的稱呼，漸漸成了一種榮譽頭銜。首任丞相爲「智囊」樗里疾，繼之爲甘茂，現任丞相爲魏冉，由於扶助秦昭襄王繼任有功，受封爲穰侯，把持秦國政治，權勢薰天。

王稽說道：「當今秦王即位之初，由於年幼，所以國政都掌握在宣太后和穰侯的手裡。如今秦王已屆壯年，當了三十多年的王，頗想有一番作爲，可是穰侯與太后，都不願意把大權還給秦王。」

鄭安平道：「如此說來，秦國有魏冉，豈不是和魏國有魏齊一樣？」

范雎對王稽道：「當時你說要向秦王薦我，卻面有難色，怕就是爲了此事吧？」

王稽點了點頭，道：「穰侯原本也是個一心爲國之人，想當初大將白起，就是由他所薦，可是這些年來，也許是年紀大了，越發不肯把到手的權力讓人，也不肯引薦任何人才了。」

范雎道：「我早就聽說秦國有穰侯專政，卻沒料到是這般光景，安平，我們不要讓王大人難看，還是避一避吧！」說著與鄭安平兩人俯身鑽入車廂底下躲了起來。

不久後，穰侯車隊到了，王稽下車躬身迎接，穰侯也下了車，隨口問道：「關東情勢，最近是否有什麼變化？」

「沒有。」

魏冉朝王稽的車子看了看，問道：「你這次前去魏國，有沒有帶什麼人才來秦國呢？」

「沒……沒有。」

「沒有最好。」魏冉道：「那些所謂人才，不過就是一群牙尖嘴利的說客，想來秦國獵取功名富貴罷了，從前的商鞅、張儀，都是這調調！」

沒有他們，哪來秦國的強盛？又哪輪得到你魏冉把持國政？王稽心中不以爲然，表面上仍恭敬說道：「丞相所言甚是。」

魏冉離去之後，范雎與鄭安平從車下爬出來，對王稽道：「咸陽就快到了，我們二人還是步行前往吧！」

「丞相已經離去，先生爲何還要躲避？」

范雎道：「我料那穰侯是個多疑之人，方才沒有搜查車內，不久必定後悔，還會派人回來搜索，我們還是分頭前進，比較妥當。」

王稽便將車馬速度減緩，讓范鄭二人先行。走了十幾里路，身後突然有馬蹄之聲，回頭一看，果然是穰侯侍衛飛馳而來，對王稽道：「丞相恐大人帶了東方說客，危害國家，特命我等前來搜查，大人莫怪！」

「請。」

侍衛搜遍了車廂，沒有半個人影，這才行禮返回。

後來三人在咸陽會合，王稽對范雎佩服不已，直道：「張祿先生眞是智士啊！料事如神，我自嘆弗如。」

將近一年之中，王稽連連想向秦昭襄王推薦張祿，卻總是因爲魏冉的阻撓而沒有能夠成功。

范雎嘆道：「秦國有如此丞相，只怕我要出頭，得想個不同辦法才行。」

范雎想了許多辦法，總覺得不妥，最後決定仿效當初蘇秦的辦法，攔車見駕。

比蘇秦幸運的是，范雎不必悶頭亂攔，不會鬧出攔錯車的糗事，不過要在咸陽城內阻擋秦王車駕，仍然需要相當大的勇氣。爲了復仇，范雎豁了出去，擋在大道當中，假裝沒有看見那威儀壯盛的車隊。

前導侍從高聲吼道：「何人膽敢阻擋大王車駕？還不快點讓路？」

范睢朗聲回答：「當今咸陽城裡，只知有太后，只知有穰侯，誰知有大王？」

秦昭襄王的座車隨即來到，待問清楚了原由，聽見范睢這般大逆不道之言，秦昭襄王卻絲毫不以爲忤，命令兩名高大的衛士將范睢架到路旁，車隊繼續通過。范睢身型瘦小，無法掙脫衛士的手臂，還在那裡高聲喊道：「只有穰侯，沒有大王！」

「先生別再喊了吧！大王已經聽見啦！」其中一名衛士對范睢道：「大王要我轉達先生，請先生前往離宮，大王準備接見您。」

范睢大喜，來到宮中，秦昭襄王待之以上賓之禮，並對范睢道：「方才先生那一喊，可眞是點醒了寡人哪！不知先生有何妙計以教導寡人。」

范睢沉吟片刻，淡淡說道：「我的確有大計呈獻大王，只不過，我恐怕大王聽不進去。」

秦昭襄王作了一揖，道：「除非先生認定寡人不足教導，否則請先生知無不言，言無不盡！」

「那麼，請大王屏退左右侍從。」

范睢擔心太后穰侯安排了眼線在秦王身邊，故有此要求，秦昭襄王是個聰明人，自然理解范睢之意，屏退了眾人，只留他與范睢兩人在宮中，行了君臣之禮，范睢正襟危坐，正色說道：「這些年來，秦國不斷對外用兵，先與各國共伐齊國，繼而包圍大梁、攻打趙國，更把楚國打得非遷都不可！」又道：「秦國領土之廣，秦國兵馬之強大，天下沒有一個國家比得上，然而直到今日，兼併之謀不成，統一天下大業未定，大王以爲是何緣故？」

「難道是政略錯誤？」

「正是。」

「錯在何處？」

「當今秦國，穰侯專政，前些日子，臣見大軍出兵，一問之下，方才知道那是穰侯派人去打齊國。」范睢道：「齊國與秦國地不接壤，兵不相交，中間隔著韓魏兩國，穰侯爲何不遠千里前去攻打？自然是爲了擴大他自己在東方陶山附近的領地！一國之兵，被用在一人利益之上，這已經是根本的錯誤，不遠千里，攻打土地不相接壤的齊國，這又是另一個錯誤。」

「齊國現在正弱，趁機攻打，也沒什麼不對吧？」

「越過韓魏，攻打齊國，出動軍隊太少，只怕打不過，出動軍隊太多，只怕國內空虛，他國趁虛而入。想當年，魏國就曾經越過趙國攻打中山，雖然滅了中山國，可是所得領土不久就被趙國吞併，那是因爲中山國與趙國接近的緣故啊！今天，秦國去打齊國，不是只會讓韓魏撿到便宜嗎？」

「你的意思是說……」

秦昭襄王果然睿智，一點就通，臉上露出恍然大悟的神情，范睢微笑點頭，道：「今後政略，應採取遠交近攻之策，與齊、燕等國交好，逐步併呑韓、魏之地，如此，奪來一寸土地，秦國版圖就大了一寸，奪來一國，就增加一國之地，消滅韓魏之後，趙楚不足爲懼，燕齊也將來歸附。」

秦昭襄王鼓掌稱是，讚嘆道：「這眞是妙計啊！張祿先生，就請您爲寡人謀劃大計，訂定平天下的方略吧！」

范雎以張祿之名，作了秦昭襄王的客卿，與他商議軍國大事，聽從他的意見，攻打魏國，併吞了許多土地。同時在范雎的策劃之下，秦昭襄王逐步翦除了魏冉的親信，朝中安插自己的人馬，漸漸地搶回了政權。公元前二六六年，秦昭襄王四十一年，范雎見時機成熟，便向秦王進言道：「從前臣在關東地區，大家都說齊國只有孟嘗君，不曾聽過齊王；趙國只有平原君，沒有聽過趙王；魏國也只有信陵君，沒有魏王！而今秦國大局，彷彿也只有太后、穰侯，沒什麼人聽說過大王的名號呢！」

秦昭襄王笑了笑：「寡人明白你的意思！是時候了，不能再讓穰侯繼續專權了。」說到這裡，他又有些遲疑：「但是，穰侯畢竟有恩於寡人……」

「大王覺得應當如何？」

「唉！丞相的位子，不能再讓他坐了，還是……好聚好散吧！」

「如此甚好。」范雎道：「大王可賜以重金，令魏冉返回封邑，讓他頤養天年，也算對得起他了。」

於是，秦昭襄王免去了魏冉的丞相之職，由范睢繼任，並且將他封於應地，號稱應侯。至於太后，則被安置在深宮後院，再也不許她干預政事。

范睢終於得到了一人之下，萬人之上的地位，他的復仇計劃，隨即展開。他放出風聲，要求魏國派遣須賈出使秦國，不久，須賈便以使者身分來到咸陽，可是連續幾天，他都見不到秦國的丞相，求見無門之際，范睢假扮成一個下人的模樣，出現在須賈面前。

須賈嚇得魂不附體，以爲撞見了鬼，范睢笑著解釋：「須賈大人別害怕，我還沒死哪！當初魏相國把我打得嚥了氣，丟到郊外，我卻又活回來了，就這麼一路西來，到了秦國。」

「你眞的沒死？」須賈已經多日沒見到半個熟人，這時遇見范睢，反而心生親切之感，「你怎麼搞得這般落拓？憑你的才學，要在秦國求個一官半職，應當不是難事啊！」

「唉！遭逢大難，心如死灰，我早已沒了那股勁了！」

「走走走！隨我到客店去，咱們邊吃邊談！」

須賈叫了不少好酒好菜，又送給范睢幾件衣裳，范睢受了，隨口問道：「大人這番前來，可曾見過張祿丞相啊？」

「好幾天了！都沒能見著，想來是丞相公事繁忙吧。」

「我倒有辦法讓大人見著丞相。」

「你？別開玩笑了！」須賈將信將疑：「你有什麼辦法？」

「不瞞您說，我就在丞相府替丞相駕車，我說的話，丞相沒有不聽的。」

「眞的嗎？實在太好了！」須賈喜出望外：「那就拜託你替我引見了！」

「請須賈大夫隨我來！」范睢駕著車，載著須賈前往丞相府，一路之上，行人們見了范睢，紛紛行禮，須賈還以爲是秦國人民對他這個魏國使臣心生敬畏，因而得意萬分。

到了相府，范睢下車，道：「我這就去與丞相說。」

須賈在門外等了許久，始終沒見到范睢出來，也沒人來迎接，於是向門口的衛兵詢問，衛兵說道：「你糊裡糊塗地！剛才替你駕車之人，就是丞相大人啊！」

須賈大驚，抬頭一看，見到相府高臺之上，秦國丞相衣著華麗，接待著各國使臣，還往須賈這裡瞄了一眼，正是范睢。須賈跪在地上，顫聲說道：「煩請通報丞相，罪臣須賈，在門外領死！」

衛士架著直不起腰的須賈，進入大堂，范睢正在宴請賓客，冷笑道：「這不是須賈大人嗎？好久不見啦！來人！賜坐，賜宴！」

他讓須賈坐在僕人的席位上，旁人吃的是珍饈美饌，須賈面前的卻是豬吃的飼料，須賈面有難色，范睢儼然道：「怎麼？嫌我招待得不夠周到麼？」

「不，不！周到得很！」須賈低著頭，一口一口地將豬飼料吃了。

一旁有人看不過去，斥責道：「丞相，你這般作爲也太不成話！魏國雖然小，但須賈大人終究是一國使節，怎可如此羞辱？」

「羞辱？」范睢冷哼道：「須賈，你說，我這算是羞辱你嗎？」

「不算，不算！」須賈口中全是豬飼料，一張嘴，狼狽不堪。

正好這時，秦昭襄王駕到，范睢連忙起身，與眾人一同參見。秦昭襄王道：「丞相，各國來使，可都好生照料吧？」

「是！」

剛才那個替須賈打抱不平的人，忍不住對秦昭襄王道：「大王！我們前來朝見，算起來都是各國國君的代表，可是你們的丞相大人，卻百般折辱魏國使臣，不知是何緣故。」

秦昭襄王向范睢看了一眼，范睢低著頭，沒有說話。他從來沒有對秦王說過他自己的過去。秦昭襄王朗聲笑了起來：「諸位有所不知！眼前這位，是我大秦國丞相范睢。當年他在魏國，就是被這廝所誣陷，遭逢九死一生之大難，才來投奔秦國。今日丞相是報仇來了！丞相的仇人，就是寡人的仇人，更是我大秦國的仇人！」

在場眾人，皆盡駭然。

最驚訝的，莫過於范睢了，多年以來，他用的都是張祿這個名字，范睢二字，連他自己都已許久未曾聽過，「大王，原來您已經知道……」

「哈哈哈！丞相，你道寡人那麼糊塗嗎？你的來歷，寡人早已派人打聽清楚。」

「臣死罪！」范雎跪了下來。

秦昭襄王扶起范雎，溫言道：「張祿范雎，范雎張祿，只要有功於秦，寡人必定重用！丞相，你若要報仇，寡人全力支持。」說著向在場所有人掃視一眼，「你們都聽明白了嗎？」

眾人唯唯稱是，須賈更是嚇得直打哆嗦。

秦昭襄王離去之後，范雎對須賈道：「念在你方才贈我衣食，還有點人性，饒你不死，你回去告訴魏王，要他拿魏齊的人頭來見！否則，秦國大軍，必將血洗大梁！」

血流成河

其實，秦昭襄王的這個舉動，並非眞心想替范雎報仇，只不過替秦國的攻伐，製造藉口而已。

須賈灰頭土臉回到魏國，將消息告知魏安釐王，魏安釐王怒道：「魏國的相國，哪能因爲這樣的威脅，就白白犧牲性命？」可是，他不願意，也不敢得罪秦國，十分猶豫。魏齊知道自己的處境艱難，於是逃出魏國，投身趙國的平原君趙勝家中。

此時，魏國西部的領土，已經全部遭到秦國吞併，不再與秦國接壤，欲攻打魏國，則必先攻打韓國，接下來幾年，秦國連連對韓國用兵，魏國與趙國岌岌可危。秦昭襄王致書趙孝成王，要他把魏齊的人頭交出來，否則將對趙國用兵。趙孝成王與平原君商議，平原君說什麼也不肯交出魏齊，逼得趙孝成王派了軍隊去包圍平原君的封邑，魏齊不想再連累平原君，於是又逃回大梁，想要投靠信陵君。

信陵君不敢接下這塊燙手山芋，敷衍了好幾日，魏齊仰天長嘆：「難道沒有人敢與秦國對抗了嗎？」說完，拔劍自刎，趙孝成王便將魏齊的人頭獻給了秦國。

如此討好，並不能遏止秦國的侵略。

秦昭襄王自從採行遠交近攻之策以來，便開始有了一統天下的夢想。他一共當了五十六年的秦王，在他任內，秦國對外侵略，最爲猛烈。得到魏齊人頭以後，他仍不願放棄攻打韓國，公元前二六二年，秦昭襄王先後派兵打下韓國太行山以南地區，接著佔領野王（今河南沁陽縣），將韓國國土一分爲二，使韓國的上黨郡（今山西長治）與本土隔離。

韓王大驚，想把上黨獻給秦國求和，然而，上黨郡守馮亭不願意投降秦國，派了使者前去趙國，表示願意將上黨郡獻給趙國。趙孝成王只看到眼前的利益，沒有想到背後的危機，於是高興地接受了。

此舉正好給了秦昭襄王攻趙的藉口。

他對外發動的侵略，少有失敗，可是惟獨攻趙之時，曾經遭遇挫折，八年前，秦國剛剛得到范雎，還沒確立遠交近攻之策，對趙國入侵，被趙國大將趙奢打得慘敗，此事秦昭襄王始終耿耿於懷，現在機會來了，他必須扳回顏面。

秦昭襄王先派王齕爲將軍，攻擊上黨，趙國不甘示弱，派遣老將軍廉頗領軍四十五萬，屯駐長平以聲援上黨，王齕的進軍十分迅速，很快便攻陷了上黨，廉頗用兵謹慎，知道這時秦軍氣勢正盛，不宜與之交鋒，於是在長平構築堅固的防禦工事，企圖消耗秦軍的力量，王齕連連進攻，都被廉頗擋了回去，連連挑釁，廉頗老成持重，堅守不出。

雙方大軍在長平僵持了兩年多，秦昭襄王又派了武安君白起，接替王齕的主將之位，那白起是秦國的常勝將軍，智勇雙全，曾經替秦國贏得無數的勝利，不過，他的個性頗爲殘酷，爲了替秦國奠定勝利基礎，總是毫不留情地屠殺敵人，在洛陽附近，他斬殺了韓魏聯軍二十四萬人；在楚國，他以水攻之法，淹死了楚國軍民數十萬人，攻陷楚國的郢都，使其被迫遷移；在華陽（今河南新鄭北），他將趙魏聯軍擊潰，斬首十三萬，一將功成萬骨枯，正是白起的最佳寫照。各國君臣聽見白起的名號，無不驚恐畏懼，只因爲白起與丞相范雎有所嫌隙，因此剛開始時沒有讓他參與上黨郡的攻略。

秦昭襄王爲了出奇制勝，對於任用白起一事十分保密，王齕對白起心悅誠服，甘願當他的副將。白起從不打沒有把握的仗，他知道廉頗非同等閒，也不求速戰，按兵不動，道：「我雖與丞相有點過節，可是此役想要獲勝，還得丞相幫助才行。」

范雎與白起的心結來自魏冉，當年是魏冉向秦王推薦白起的，因此白起對於范雎排擠魏冉一事十分不悅。

這畢竟是小事，現在范睢已經是丞相了，應以國事爲重，像他們這樣的人物，是不會因爲個人恩怨而不顧大局的，於是范睢派了奸細，攜帶重金前往趙國，買通趙王身邊之人，讓他們在邯鄲散播流言：「廉頗將軍老了！老人家總是膽小怕事，這一戰我軍本應已經獲勝，可是廉頗始終堅守不戰，不是因爲他謹慎，而是因爲他害怕啊！遲早有一天，廉頗會因爲恐懼秦國威勢而投降！」又說：「秦國上下最怕的就是趙奢之子趙括！當初敗給趙奢，已經讓秦國兵卒心膽俱裂，現在若是讓趙括統兵，將門虎子，一定能夠得勝！」

趙王相信了流言，決定讓趙括代替廉頗。

廉頗聞聽大怒：「什麼？讓趙括取代老夫？這傢伙只有一張嘴，連他老子都這麼認爲，讓他統兵，不是要平白斷送趙國大軍性命嗎？」然而君命難違，趙括掛帥之事，終究難以變更。

邯鄲城裡，相國藺相如聽說此事，急忙撐著重病纏身的軀體進言趙王：「大王，趙括不可用，廉頗不可換！」

趙孝成王微笑道：「我知相國與廉頗交情甚好，可是，那趙括長於兵法，只怕不會比廉老將軍差。」

藺相如的腦海裡，回想起當年廉頗負荊請罪，兩人結爲至交的往事，此後十餘年，趙國不就是靠他們一將一相，努力支撐著嗎？如今，藺相如知道自己的病況嚴重，快要不行了，可是臨死之前，他仍要力勸趙王，不要做出蠢事：「從前趙奢還在的時候，就說過他這個兒子只會紙上談兵，趙括的兵法背得很熟，可是實際臨陣，根本沒有應變能力啊！」

趙孝成王聽不進去。

後來，連趙括的母親都來勸說：「從前他父親爲將，對待部屬如同親人，常常親自替士兵們端湯送飯，有了賞賜，一定分給大家，可是這孩子一當上大將，就要部下們向他跪拜，大王的賞賜，全部一人獨享，如此性情，怎是良將？如果大王執意用他爲將，到時候他敗了，請不要連累我們家人！」

連親生母親都說得如此絕，趙孝成王卻仍然不改初衷。

白起一聽說換來的大將是趙括，鼓掌笑道：「丞相眞有兩下子！換來了趙括，我軍這一戰，有勝無敗！」

趙括意氣風發地來到長平，對將領們頤指氣使，將領們不怎麼看得起他，對他的命令不願配合，堅持應當依照廉頗的戰略，持續固守。趙括一氣之下，將幾個重要將領全部撤換，換來一批聽話的人，隨即將三年以來辛勤構築的防禦撤除，準備一股作氣，大舉攻打秦軍。

白起早已經想好了戰術，兩軍交鋒，秦軍先佯裝潰敗，不斷後退，引得趙括率領主力追擊，秦軍卻退進壁壘之中，讓趙軍的攻勢受挫。這時，白起派出兩路奇兵，迅速從趙軍左右兩翼包抄，截斷了趙軍主力與後方的聯繫，接著，秦軍又出動兩萬五千精兵直奔趙軍後方，斷絕了趙軍的糧道，另外再派一萬五千騎兵直取趙軍的大本營，趙國的四十餘萬大軍，就這麼被切割得支離破碎，趙括本人則被困在曠野之間，幾次突圍，都被打回去，只好就地紮營，等待救援。

白起派人回傳捷報，並且請求增援，秦昭襄王在咸陽聽說了趙軍被圍，十分得意，親自前往戰場附近的河內地區，徵發當地十五歲以上男丁，派往長平東北，阻斷邯鄲與趙軍的聯繫。

趙軍被圍困了四十六天，完全沒有糧食，餓得發慌的士兵，先將死去同伴的屍體煮來吃，後來甚至互相攻殺而食，情況極爲淒涼，趙括在絕望之下，親自率領剩餘部隊，披著厚甲，衝向秦軍，秦軍早已準備妥當，看見趙括，立刻萬箭齊發，將趙括射死，失去了主將的趙軍，頓時之間陷入大亂，白起便下令發動總攻擊，一舉擊潰了趙軍，俘虜了士卒數十萬之多。

白起與部下們商議如何處置降敵，最後決定全部坑殺，這場長平之戰，趙國集結了所有的兵力，結果戰死的戰死，逃亡的逃亡，被殺的被殺，四十五萬人，最後回到邯鄲的，只有兩百四十人而已。

大一統前夕

「經此一戰，趙國等於滅亡啦！」秦昭襄王得意萬分，決定一股作氣，攻陷邯鄲，消滅趙國。

「不可！」丞相范雎道：「我軍在此戰之中，損傷也不小，兵卒在外，已屆三載，實在應當休息，不如要脅他們割地求和吧！」

「也好。」秦昭襄王有幾分落寞：「就依丞相的意見。」

其實范雎會這麼說，完全出於私心，他不願意讓白起建立更大的功勞，因爲只要白起滅趙，秦併六國必定水到渠成，屆時，白起就成了開國元勳，范雎丞相的地位，只怕不保。從前淒慘的境遇，使他更加難以放棄這種呼風喚雨、一呼百諾的權力和生活。

可是才到第二年，秦昭襄王就忍不住又想攻趙了，他已經年老，如果不在這幾年迅速進兵，只怕就看不到天下統一了。

他仍想讓白起帶兵，可是白起堅持他的原則，不打沒有把握的仗：「邯鄲城池堅固，就算長平戰後火速進軍，恐怕也難以攻下，此刻又已過了一年，邯鄲民眾日夜戒愼，義憤塡膺，鬥志只恐怕比當年齊國的即墨還要高昂，況且，其餘各國也不會願意秦國滅趙，一定會出兵相救，秦軍恐難獲勝。」

秦昭襄王依然堅持主張攻打邯鄲，白起於是聲稱自己生病，不能出征。秦昭襄王無奈，只好派遣王陵爲主將攻打邯鄲，公元前二五九年九月，秦國大軍將邯鄲團團包圍，圍了四個月，折損四千人，始終攻不下。秦昭襄王又派了王齕去取代王陵，結果仍是一樣。

「還有誰能打邯鄲？」秦昭襄王向范雎詢問道：「白起生了病，王陵王齕又苦無進展，可是，寡人眞的想在有生之年，看見趙國滅亡啊！」范雎爲了培養自己的勢力，推薦了當初與他一同前來投奔的鄭安平。

鄭安平便率領了兩萬軍馬，增援圍城部隊。

邯鄲城內，趙孝成王與平原君趙勝商量，決定派人分別前往楚國與魏國求援，公元前二五七年，魏安釐王派遣大將晉鄙率軍十萬救援趙國，秦昭襄王立刻提出警告：「今日誰敢救趙，寡人滅了趙國之後，立刻移師攻伐！」

魏安釐王向來恐懼秦國，便要人告知晉鄙，將大軍停留在湯陰（今河南湯陰），靜觀其變。

趙孝成王與平原君苦等援軍不至，焦急萬分，不斷派人到魏國催促，平原君還派人至信陵君處，說道：「公子向來高義，如今邯鄲危如累卵，魏軍卻不來救，豈不是壞了公子的名聲？」信陵君的姊姊是平原君的夫人，「就算你不顧我趙勝的安危，也該想想你的親姊姊吧！」

信陵君便請求魏安釐王即刻發兵道：「趙國與魏國脣齒相依，趙國如果滅亡了，接下來就輪到魏國啦！」

魏安釐王害怕秦國，執意不肯用兵。

信陵君生氣了，說道：「既然大王執意如此，無忌只有召集門下賓客，拚著一死去與那秦軍作戰，倒也死得其所！」

信陵君魏無忌門下賓客之多，是天下聞名的，他與趙國的平原君趙勝，楚國的春申君黃歇，以及齊國前任相國，如今已經死去的孟嘗君田文，號稱「養士四公子」，每個人都養了數千名食客。他們之所以養著這麼多白吃白喝之人，一方面替自己增加聲譽，另一方面，食客之中往往有能人，可以在危難的時候提供幫助。

信陵君帶了約莫千人左右的賓客，準備出城前往邯鄲與秦軍拚命，經過大梁東門之時，順道去拜訪他的老友侯嬴，與他告別：「我這一去，大概就回不來啦！從前受你許多教誨，今日特來與你訣別。」

侯嬴神情自若，微笑說道：「公子慢走，我年紀大了，不能跟你去。」

信陵君辭別出城，走了十幾里，越想越不是滋味，又折返回去，把侯嬴找了出來，質問道：「當初受你教誨，可是我卻拿了更多的好處給你，今日你能當官，也是我推薦的，我待你不薄，天下皆知，怎麼如今我要去送死，你卻只有那幾句風涼話，這樣太說不過去吧？」

「我知道公子會回來啊！」侯嬴笑道：「帶著這麼一群傢伙，去和秦軍交戰，簡直是拿肉去餵餓老虎，公子大概也覺得這樣很蠢，所以才折返回來的吧？」

「哼！難道你能想出什麼好辦法？」

「辦法是有，只不過不能給別人知道。」

信陵君屏退眾人，侯嬴低聲說道：「為今之計，只有請公子冒險，竊符救趙。」

「竊符救趙？」

「想調動晉鄙軍隊，唯有大王的兵符，那兵符現下定是放在大王的寢宮之中。能夠任意出入大王寢宮的，只有大王愛妃如姬娘娘。」

「話是不錯，可是要如何說服她替我偷取兵符？」

「如姬娘娘的父親被人所殺，這件事她一直懷恨，三年以來卻始終難報父仇，你去替她把仇人殺了，如此，她必定會感激你，什麼忙她都願意幫的！」

「這眞是個好辦法！」信陵君派出門下擅長暗殺的賓客，去將如姬的仇家殺了，獻出人頭，果然得到了兵符。

臨行之前，侯嬴又來送行，對信陵君道：「將在外，軍命有所不受，晉鄙老成持重，可能會懷疑公子。我有個朋友朱亥，力大無窮，武藝高強，公子帶了他一起去，到時候晉鄙答應交出兵權最好，不答應，就讓朱亥殺了他！」

信陵君帶著朱亥前去湯陰魏軍駐紮之處，現出兵符，要求晉鄙交出兵權，晉鄙打量信陵君幾眼，說道：「我擁兵十萬，坐鎮邊境，身負重任，公子輕車簡從，只憑著兵符一只，就要來接替我，實在難以置信啊！還是待我奏明大王，方能……」

話還沒說完，朱亥忽然取出四十斤重的大鐵錐，將晉鄙打得腦漿四濺，當場斃命，信陵君垂淚道：「老將軍莫怪！這是爲了大局著想。」他手握兵符，走出帳外，召集各路將領，下令道：「凡是父子同在軍中的，父親可以返回；兄弟同在軍中的，兄長可以回去。還有那些沒有兄弟的獨子，也讓他們回家鄉去奉養父母。」

整編之後，兩萬人退伍，還有八萬人，士氣卻更加高昂，信陵君就領著這八萬精兵，兼程北上，趕赴邯鄲。

此時平原君也已經在門客毛遂的協助之下，前去楚國與楚王結爲同盟。楚國的春申君黃歇派遣大將景陽率兵救趙，與信陵君會合，向秦國軍隊發動猛烈攻擊，平原君也率領了三千名死士從城中殺出，趙、魏、楚三國軍隊包圍了秦軍，將秦軍殺得落花流水，難以招架，王齕帶著殘部奮力突圍，逃回汾城，鄭安平的兩萬部隊則被包圍得水洩不通，糧草斷絕，最後只好放下武器，向趙國投降。

「什麼？敗了？」秦昭襄王聞聽，又驚又憤，頹然倒在王座之上，范雎立在一旁，默默不語，良久才道：「大王……臣……用人不當，請大王治罪！」

秦昭襄王無力地揮揮手：「算了，算了！你下去吧，以後別再提及此事。」

他口中雖如此說，心裡卻已漸漸不再信任范雎，沒過多久，范雎的丞相之位就被革除，改由蔡澤繼任。

白起也因爲始終不願意出征，被秦昭襄王一怒賜死。

邯鄲之戰，是秦昭襄王自趙奢破秦以來的第二次慘敗，各國趁著秦國新敗之際，向秦國發起反攻，秦國從前攻佔的魏國河東之地、趙國的太原郡，全部失守，許多年以前取得的齊國定陶，也被魏國奪走，甚至連一向飽受秦國摧殘、無力還擊的韓國，這時候膽子也大了起來，趁機出兵，把范雎所領有的應地，佔爲己有。

秦昭襄王大業難以成功，在羞憤與寂寥之中，逐漸蒼老，沒過幾年，便即死去。

然而，在位五十六年的他，終究替秦國奠定了統一天下的基礎，長平之戰，已經把唯一有能力抗秦的趙國，打得永遠爬不起來，只能固守在邯鄲城中，祈禱著滅亡之日不要那麼快來臨。其餘各國就更沒有能力抗秦了，楚國只剩下東南一隅，韓魏被夾在大國之間難以自保，燕國退踞北方無力南下，齊國的君主齊王建以仁德自許，不修戰備，此時的六國，就算合力，恐怕也難以抵擋秦國的軍勢了。

只不過，秦昭襄王作夢也沒有想到，就在他派兵圍困邯鄲的那時，他那從未謀面的曾孫，將來替他完成一統天下大業的秦始皇，已經悄悄地降生在邯鄲城中一個不起眼的角落裡。

秦始皇的父親異人，是秦國派往趙國的質子，當初秦昭襄王決定攻打趙國，壓根兒就沒有想過自己還有這麼一個孫子，就算曾經想過，只怕也決定讓他犧牲，因此異人在邯鄲的處境十分難堪，隨時有可能遭到城中憤怒的人們所殺。

沒有人瞧得起他，只有大商人呂不韋認爲他奇貨可居。

秦昭襄王死後三十年，秦王嬴政消滅六國，統一天下，建立秦朝，成爲中國歷史上第一個皇帝，結束了春秋戰國長達五百四十九年的紛爭與戰亂，爲將來的中國歷史，開啓了嶄新的一頁。

第三章：秦帝國統一天下

戰國時代，七雄爭霸，最後，秦國以迅雷不及掩耳之勢，兼併了東方六國，將紛紛擾擾了五百年的分裂局面，統一在一個中央集權的政府之下，封建制度不再，取而代之的是郡縣制度，生產力得到最大的發展。

人們原本以為，從此之後，諸侯之間的戰爭將不復存在，迎接他們的，將是一個規模宏大的，長治久安的太平盛世。

然而，事實並非如此。

「乃今皇帝一家天下」

公元前二二一九年，秦統一六國的第三年。

東方，琅琊郡與薛郡的交界之處。

這裡曾經是魯國的疆界，後來成了齊國的版圖，如今則成爲秦國的天下。

一名少年，指著前方綿延不絕的車隊，大聲地問道：「那是什麼隊伍？又要打仗嗎？」

長者一把壓下了少年的手臂，道：「那是皇帝的車隊啊！怎麼能以手直指？」又道：「皇帝是來巡遊的，不是來打仗的！現在宇內一統，沒有仗可以打啦！」

「是嗎？」少年有些落寞：「那豈不是很無趣？」

長者與少年，對於「皇帝」這個名詞還有些陌生，因爲在此之前，這個名詞從未出現過，當今皇帝，乃是中國歷史上第一個皇帝。

建立了前所未有的豐功偉業，秦始皇巡行天下。身材高大，體格魁偉的他，身穿黑色龍袍，登上東方的嶧山，以無比的自豪，祭告天地，表彰自己的功績，同時命人在山上立了一塊石碑，上面刻著：

追念亂世，分土建邦，以開爭理。
攻戰日作，流血於野，自泰古始。
世無萬數，阤及五帝，莫能禁止。
乃今皇帝，壹家天下，兵不復起。
災害滅除，黔首康定，利澤長久。

這段話的意思，與當時舉國上下的想法大體一致，他們都認爲，以前的亂世，是因爲諸侯間的爭戰所造成的，現在，皇帝把天下統一了，不再有諸侯你爭我奪，老百姓終於可以安居樂業，過太平的日子，這對天下，對百姓，都有著長久的利益。

的確，對當時的人們而言，一個統一的大帝國是前所未見的；對秦始皇本人來說，如何管理這樣一個空前的大帝國，則是一項棘手的難題。

單從立國制度來看，到底應該依循行之有年的諸侯分封，抑或是採用商鞅變法以來，便已在秦國（統一天下前的秦王國）實施的郡縣制度，就在秦帝國的朝廷之上展開激烈的討論。

沿用舊的制度，比較容易，一切有跡可循，六國遺民也較容易接受，不過，在統一六國之前，秦國已經不再採行這種制度，不再將攻佔的土地封給有功的臣子與王族，而是設置郡與縣，由中央政府直接派遣官吏管理。

所以，當初丞相王綰將國家制度的問題提上檯面之時，秦始皇並沒有立即接受這項建議，而是交給群臣討論。他召集了臣子們，對他們說道：「丞相王綰建議朕，在我大秦朝的廣大領土上，推行封建制度，你們說說，該如何才好？」或許在他的心中，已經有了明確的答案。

朝臣議論紛紛，大多數都認爲舊的制度比較方便，他們認爲，天下之大，凡事皆由中央過問，恐有力不從心之虞。

只有廷尉（司法官，掌刑獄）李斯力排眾議道：「當初周朝分封諸弟子爲諸侯，開始的時候，同出一姓的王孫情感還能維繫，共同維繫周天子的地位，久而久之，諸侯繼續分封，漸漸疏遠，進而相互征戰攻伐。陛下必定不希望我大秦朝將來有一天陷入春秋戰國一般的亂世吧！」

這番話惹來了朝臣們的白眼，可是秦始皇卻十分感興趣。

「接著說！」他道。

李斯恭謹地說道：「大秦的強盛，全賴完整的制度與陛下的聖明，才能一統天下，成就輝煌偉業，自今而後，爲了使我大秦永遠興盛，應該採行郡縣制度，政令全出於中央，廣大的領土方能永爲大秦所有。至於宗室與功臣，以爵位和金錢代替土地賞賜之，就足以酬庸他們的功勳了！」

「說得好，說得好！」

這番話大大對了秦始皇的胃口，他道：「就是因爲諸侯國的存在，方才使得天下共苦，戰鬥不休！如果朕今天又分封了諸侯國，豈不是又要讓天下陷於干戈之苦嗎？分封諸侯的事，以後誰也別再提了。李斯，你的意見很好，就和諸位討論一下郡縣劃分之事吧！」

討論的結果，秦朝將天下分爲三十六郡，郡的劃分，大體根據自然地形，後來，又增設了五郡，合爲四十一郡，每郡之下，又設有若干縣，爲地方行政的基本單位。東北到遼東半島，北方到河北、山西，以及內蒙古的中南部，西部到現今甘肅、四川一帶，南部則抵湖南、兩廣和越南的中北部，大體構成了日後兩千餘年的中國版圖輪廓。

這個中國歷史上第一個大一統帝國的締造者，正是本名嬴政的秦始皇，他只用了短短九年的時間，併呑六國，成就了前所未見的大事業，之所以能夠如此，除了天時地利之外，與秦始皇嬴政個人，也有相當大的關係，究竟是怎麼樣的一個人，才有如此宏大的氣魄？是天性使然，抑或是環境造就？這一切，都得從嬴政的出生開始談起。

嬴政這個人

公元前二五九年，周赧王五十六年正月，春寒料峭，趙國的首都邯鄲城，醉臥在一片白皚皚的飛揚瑞雪之間，城角的一處函館，一陣嘹亮的嬰兒啼哭聲劃破寂靜的夜晚，一個小小的生命，就在這亂世之夜降臨。

在這人命如草芥的時代，一個生命的降生，只象徵著另一次的死亡，然而，這名健壯的男嬰，卻不同於一般人。他的父親，是秦國雄主昭襄王的王孫異人，他的母親，則是名聞邯鄲的美女趙姬，而這名嬰兒，則是他們的長子。

由於恰好在正月出生，異人便替自己的兒子取名爲政。

雖然有著顯赫的來歷，嬴政之父異人的地位仍然十分尷尬，他是秦國派往趙國的質子，這在當時各個封建諸侯王之間，已經是一種行之有年的制度，然而，就在嬴政出生的這一年，秦國和趙國之間仍處於交戰的狀態，或者可以說，秦國對趙國的侵略仍如火如荼的進行著，異人身處敵境，朝不保夕。

就在前一年，秦趙之間在長平（今山西省高平縣）展開一場前所未有的慘烈戰爭，秦國名將白起一舉殲滅了趙國四十萬大軍，邯鄲震動，人們紛紛叫嚷著要將秦國的人質殺害洩憤，若非財力雄厚的大商人呂不韋力保，恐怕這位落難王孫的未來將苦不堪言。

呂不韋畢竟是商人，他之所以甘冒大不韙力保異人，心中所謀劃的，是另一番更遠大的抱負。

當他了解了異人的地位與處境時，便曾拍案大嘆：「奇貨可居。」意思就是說，異人對他呂不韋而言，是一件難得的商品，可以囤積起來，謀取前所未有的暴利。

他曾經對他的父親說過：「爹，您說，耕地種田能夠獲利幾倍？」

父親回答：「最多十倍吧。」

「那做珠寶生意，可以獲利多少呢？」

「那可就多了，珠寶生意的利潤在百倍上下。」

呂不韋微微一笑，道：「如果，我現在能夠立一個國君，買下一個國家，我做這個國家的丞相，您說，這樣可以獲利幾倍？」

父親一聽這話，驚訝得從坐席上跳了起來，驚訝地望著自己年輕的兒子，「這……這我可說不清楚囉！」

「可是我這就正要去做這件事。」呂不韋道：「雖然，以我的經商才能，想要擁有超過一個國君的財富，也不成問題，可是我要向世人證明，他們對商人的歧視，是一種天大的錯誤，我偏要以一介商人，掌握一國的大權。爲了證明這點，我一定得冒險，當然，最後可能失敗，但那樣的失敗也是一種榮耀。」

於是，呂不韋朝他心中的理想踏出了第一步：說服異人，回國爭取王位繼承人的地位。

他輕而易舉地打動了異人的心。

的確，對異人這樣一個落難貴族而言，來自於呂不韋的關懷，讓他倍感溫暖，同時，那顆早已接近死灰的心，又重新燃起了希望。「原來，我還是有能力成爲一國之君的啊！」

呂不韋提出的辦法十分誘人，他知道，要想讓異人成爲太子，就必須從異人的父親安國君那裡著手。

安國君的妃子華陽夫人，是個來自楚國的細腰美女，甚得安國君的寵幸，只可惜，她並未替安國君生下任何子嗣，異人是安國君另一姬妾夏姬所生，只算庶出，沒有成爲太子的資格，不過，只要華陽夫人肯認異人爲嗣，必定能夠說服安國君，使異人成爲未來秦王的太子。

呂不韋是從華陽夫人的姊姊那裡著手進行他的計畫，先買通了華陽夫人的姊姊，再透過她，得知華陽夫人喜歡什麼樣的珠寶首飾，穿戴何種顏色的衣裙，以異人的名義贈送給華陽夫人許多禮品，然後，再找了能言善道的說客，到華陽夫人面前分析利害：「依靠美貌所得到的寵愛，是不可能長久的，夫人並無子嗣，若將來年老色衰，恐怕想要開口說一句話，都很困難。」

華陽夫人面有憂色道：「那我該怎麼辦？」

「唯一的辦法就是，在諸多庶子之間，培養一個有能力的賢才，提拔他當作嗣子，這樣，到了老年，才能有個依靠。」

華陽夫人轉念一想，隨即笑著點頭道：「我明白了！那異人眼下雖然在趙國當人質，可是我對他的賢德向來很欣賞的，大王不顧他的安危，非打趙國不可，我卻捨不得他啊！」

這番話傳回了邯鄲。

「華陽夫人的意思已經很明白了，她願意收你為嗣子！」呂不韋道：「只要能說服華陽夫人，就一定能說動安國君，只要讓安國君信任，你就有機會！公子，如此良機，怎能不好好把握？」

異人一聽大喜，對呂不韋深深一揖，說道：「若眞能如先生所言，異人願與先生共掌秦國！」

事情的發展果眞就照著呂不韋的盤算進行著，異人對呂不韋的信任也與日俱增。呂不韋對待異人之好，那是沒話說的，他不但送給異人黃金十二萬兩，讓異人在邯鄲城廣交朋友，建立自己美好的聲譽，而且，當異人看上了呂不韋府中的一名美豔歌姬之時，呂不韋二話不說，便將這名歌姬送給了異人，而這名歌姬，就是嬴政的母親趙姬。

據說在呂不韋將趙姬贈予異人之前，趙姬已然懷有呂不韋的子嗣，因此，嬴政的出生，夾雜了許多異樣的眼光，大家都說，他根本就不是異人的子嗣，而是呂不韋的種！就連多年以後的史家司馬遷，也在他的千古名著《史記》當中，記載著趙姬先有身孕，才被呂不韋獻給異人，這種說法，因而被大多數人所採納。

不過，這一切，對異人而言，並不重要，重要的是，他有了子嗣，有了生命的延續，也有了實現理想的希望。

過了不久，安國君與華陽夫人果然在呂不韋的勸說下，答應認異人爲嗣子，異人於是改名爲子楚，意思就是楚人華陽夫人之子。只不過，先決條件是，異人必須先設法從眾敵環伺的邯鄲城逃回秦國，立嗣之事，才能名正言順。

呂不韋又幫了忙。

他利用自己雄厚的財力，重金賄賂邯鄲城的城門守將：「我今日有一批重要的財貨必須出城，到時後還希望大人多給一點方便！」

城門守將見錢眼開，一口答應，等呂不韋的車經過時，完全沒有盤查，便准許放行。

子楚躲在車裡，順利地與呂不韋離開了邯鄲。

然而，他們畢竟是逃出城去的，無法攜帶家眷，因此，幼小的嬴政和母親，就只能繼續逗留在邯鄲城，等候異人與呂不韋回來搭救。

歷盡了千辛萬苦，子楚終於回到秦都咸陽，安國君將他立爲嫡嗣。

公元前二五一年，在位長達五十六年的秦昭襄王逝世，安國君繼位，是爲秦孝文王，華陽夫人爲皇后，子楚爲太子，各國都派使節前來祝賀，連交戰得如火如荼的趙國，也願表示和解之意，將流落在邯鄲城的子楚夫人趙姬和兒子嬴政送回咸陽。

就在這時，一樁驚人的事件發生了，成了孝文王的安國君，在位僅僅三天，突然逝世，甫成爲太子的子楚，匆匆即位，是爲莊襄王。

這場匆促的王位遞嬗事件，在史書之中，找不到什麼啓人疑竇之處，不過，後世的研究者，對此一事件頗多懷疑，因爲在這段時間內，咸陽宮內發生了一場以公子奚爲首的叛亂事件，與孝文王之死，應不無關聯。於是有人懷疑，孝文王根本就是呂不韋派人暗殺。

事實的眞相已經因爲呂不韋成功的鎭壓了這場叛亂，淹沒在歷史的荒煙漫草間，當小小的嬴政第一次踏上自己的國土時，所要面對的，是兩次的喪禮以及兩次的王位繼承典禮。

公元前二五〇年，子楚即位，是爲秦莊襄王，養母華陽夫人成爲太后，至於他的親生母親夏姬，則被尊稱爲夏太后，趙姬是子楚的夫人，立爲王后，而嬴政，則理所當然的成了王位繼承人。

第二年，秦莊襄王實現了「願與先生共掌秦國」的諾言。

呂不韋當上了秦國丞相，受封爲文信侯，領食河南洛陽十萬戶封地，並且作了嬴政的太師，肩負起教導未來國君的責任。

這名陽翟大賈當年的遠大計畫，至此終於有了豐碩的成果。

爲了讓呂不韋在秦國的地位更加穩固，必須讓他建立更多功績。

剛好在這一年，發生了一樁不大不小的事件，給了呂不韋立功的機會。東周的國君，突然與各國國王秘密聯繫，計劃共同抵抗秦國侵略。消息傳到秦國，莊襄王立刻派遣呂不韋率領五萬人馬，討伐東周。

部隊長驅直入，沒有任何一國敢來救助東周，兵臨城下，東周國君自己用繩索套在脖子上，匍匐在地，開城投降，顫抖著身子，但求免於一死，就這樣，周王朝的最後一點點王室祭祀，自此斷絕。

在當時，這樁事件的重要性，象徵的意義遠超過實質上的意義。就在幾年之前，公元前二五六年，周王朝的最後一任國王（周赧王），才因爲同樣的理由，爲秦國將軍所攻伐而遭到俘虜，從那時候起，理應是天下共主的周王室，已經無聲無息地消失在歷史的舞台上，從那之後，東周只剩下七座小小的城池，連「王」都不敢自稱，正史之上，甚至沒有記載這位遭到呂不韋所放逐的東周國君，究竟是什麼名字。

可以確認的是，一個新的時代已經形成，當時的中國，已經沒有了天子，群龍無首，只有最具實力的國家，才有資格掌握天下。

這個國家，便是秦國。

滅周之後，莊襄王和呂不韋在秦國的地位漸漸穩固，做了王后的趙姬，由於兼具了美貌與聰穎，又能歌善舞，深得華陽太后的歡心，而秦國的國勢，也迅速地再度強大起來。接二連三的征戰、攻伐，使得秦王國的版圖不斷擴張，只有在攻打魏國的時候，遇到了一點小小的挫折，秦將軍蒙驁敗給了魏公子信陵君魏無忌所率領的五國聯軍。

呂不韋對於此事的處理頗爲明智，他並沒有對蒙驁加以懲罰，反而繼續予以信用，這讓蒙驁感恩不盡，立誓下次攻打魏國，非死必勝！

接著，呂不韋再度運用他的雄厚財力，在魏國實行反間計，離間魏國安釐國王與信陵君之間的感情，並在魏國國都大梁城內製造流言，說信陵君一舉救魏，聲望如日中天，如今各國只知有信陵君，不知有安釐王。這招果然讓心胸狹窄的安釐國王中了計，收回了信陵君的兵符，使得這位賢才在三年之後抑鬱而終。

呂不韋得知信陵君死亡的消息，立刻再度起用蒙驁統兵伐魏，終獲大勝，一舉奪得二十多座城池。

這場由失敗而勝利的過程，也讓呂不韋見識到少年嬴政的性格。

珍貴的勝利，讓呂不韋感到十分得意，在他輔導嬴政讀書之時，講到當年秦穆公崤山之敗，並不諉過於將領，反而素服罪己，終於稱霸西戎，於是順便將這次攻打魏國的經過也說了說。

不料，年少的嬴政竟然說：「太師，我覺得這次攻打魏國，只算勝了一半，既然已經打下了二十座城池，爲什麼不一舉挺進大梁，把魏國給消滅了呢？」

呂不韋緩緩說道：「時機還不到，記得一句話，成事在天。」

嬴政緊接著說道：「可是，上回太師教弟子讀《湯誓》的時候，講到商湯被困夏台，就已經在考慮興商的大計，那時太師不是還告訴弟子，千萬要記住『謀事在人』的道理嗎？」

呂不韋一時之間爲之語塞。

少年的眼中閃爍著令人難以逼視的光芒：「如果是我，一定會進兵大梁，城破之日，先屠城三日，再班師回朝。」

呂不韋急了起來：「不！兵爲天下凶器，必須愼用，王者之師伐無道而救生民，這是用兵之道，你千萬要記住。」

「弟子想做的不是王者，弟子要做勝利者。失敗者被勝利者懲罰，天經地義，誰叫他要失敗呢？」嬴政如此回答。

呂不韋不再說話，也許在他心中，已經勾勒出，如果眼前這名少年，成了秦國的王，天下將是一番怎樣的光景。

莊襄王僅僅在位三年，突然辭世，公元前二四六年，年僅十三歲的嬴政登基即位，趙姬被尊爲王太后，呂不韋仍舊爲相，除了文信侯的封號不變之外，又尊爲仲父，這是君王對親近重臣最崇敬的稱呼，也象徵著秦國的大權仍然掌握在呂不韋的手裡。一直到嬴政行冠禮親政之前，這種態勢大體不變。

然而在這段時間裡，嬴政的內心已經起了複雜的變化，他對呂不韋的敬愛，逐漸轉變爲懷疑，再從懷疑，轉變爲敵視、仇恨。

一切，都從流傳在街頭巷尾乃至於咸陽宮內的耳語議論而起。

這些耳語傳得十分難聽，他們都說，太后本就是呂不韋的情人，當初呂不韋爲了賣人情給先王，才將太后送給先王作夫人，如今先王去了，太后和呂不韋的舊情，死灰復燃，甚至比以前更加親密，要不然，呂不韋爲何時常在太后的寢宮裡逗留呢？

甚至有人懷疑，大王根本就是呂不韋和趙姬的私生子。

這讓身爲一國之君的嬴政情何以堪？一個是他最尊敬的仲父，曾經當過他的太師，教導他作爲一個國君應具備什麼條件的呂丞相，另一個則是當年流落邯鄲城時，他唯一的親人，以一介女子之力，保護他免受敵人所傷的母親，如今，先王屍骨未寒，這兩個人，這兩個在嬴政成長過程裡，扮演著最重要角色的兩個人，竟然傳出苟且之事。

更有甚者，母親趙姬穢亂後宮的傳聞，也不脛而走。

原來呂不韋爲了避開這些紛紛擾擾的流言，決定減少出入太后寢宮的次數，他擔心，嬴政的年紀漸長，要是嗅出了什麼異常的氣氛，他和太后之間的事，終究紙包不住火，到時恐將危及自己的地位和權力。

可是，年紀輕輕就守了寡的趙姬，耐不住寂寞的心，對呂不韋仍舊十分依戀，因此，呂不韋便介紹了自己的一名舍人，進宮伺候太后。

此人名叫嫪毒，據說，他有著碩大陽具，性能力極強，絕對能夠滿足太后如狼似虎的需求。呂不韋知道他有著這種異於常人的天份，便買通後宮，讓嫪毒以宦官的身分進入後宮服侍太后，結果讓太后喜歡得不得了，兩人總是形影不離的，太后所到之處，「嫪毒常從，賞賜甚厚」。

不過，史書上的記載，或許偏頗，從事實上分析，以趙姬這樣一個一流歌姬出身，兼具著美貌與才藝，如今又貴為太后，怎麼可能只因為嫪毒有著巨大的陽具，就這麼動了心，甚至甘願為他生下兩個注定不能曝光的私生子呢？這個名為嫪毒的男人，必定有著其他的過人之處。

果然，嫪毒用事實證明自己並不是個簡單的人物，他利用自己的身分，介入了後宮的生活，再從生活，邁向干預政治之路。他倚仗著太后的寵幸，在朝中培植勢力，得到許多的支持者，後來在太后的舉薦下，受封為長信侯，領有山陽、太原等地，既封侯，又封國，爬昇的速度比呂不韋更快，其勢力之大，如同秦國國境內的另一個小國家。同時，他更仿效呂不韋，在家中養了數千賓客舍人，增加了自己身邊智囊以及武裝的力量。

只不過，嫪毒比不上呂不韋的地方，就是他只懂得取，不懂得捨，只懂得彰顯自己，不知道適時內斂。

在一次筵席之上，長信侯嫪毒與人玩行酒令的遊戲，屢屢遭到罰酒，心裡不高興，竟然藉著酒性破口大罵：「我是當今大王的假父，你們這些鄙陋小人，膽敢與我對抗？」

消息很快的傳進嬴政耳裡。此時，他已經是個二十歲的年輕人，親政在即，卻也飽受流言的屈辱與痛苦。

「他是我的假父？他憑什麼有這種想法！」這消息讓嬴政的暴怒達到前所未有的顛峰，立刻派人將事實的眞相調查得清清楚楚，嬴政怒極反笑，冷冷說道：「就讓這個自稱是我假父的假閹人自投羅網吧！」

他開始秘密佈局，一切的動向，全部直指長信侯嫪毐。

公元前二三八年，嬴政即位的第九年，這名胸懷大志卻飽受壓抑的年輕人，終於親政，第一件事，便是宣布：「王上的冠禮，將在雍城蘄年宮舉行。」當下便啓程前往雍城。

雍城，是嫪毐的大本營，與首都咸陽遙遙相望。

原來當年太后懷了嫪毐的孩子，怕人知道，便以占卜的結果爲藉口，避居雍城，長年經營之下，嫪毐已在雍城建立了龐大的勢力。

這下果然讓嫪毐心神不寧，於是他慫恿太后：「大王這次是自尋死路，殺了他，讓我們的兒子繼位！」

史書上並未言明究竟太后同意與否，不過從嫪毐動用玉璽發動叛亂一事來看，他的叛亂，很可能事先已經得到了太后的默許。

蘄年宮內，慶賀秦王親政的鐘鼓齊鳴，蘄年宮外，刀光劍影暗潮洶湧，危機重重。

嫪毐率領的叛軍，畢竟是一群臨時組成的烏合之眾，當他們揮舞著長劍攻向蘄年宮時，還意氣風發，志在必得，等到遇上了嬴政早已佈置好的三千精兵，看見威風凜凜的嬴政，手持寒光逼人的太阿之劍，大聲喝道：「寡人在此，哪個亂臣賊子膽敢謀反，一律格殺勿論！」叛軍的威勢頓時消失得無影無蹤，被三千精兵內外夾擊，抱頭鼠竄，當場遭到砍殺的有好幾百人。

嫪毐率領著殘部孤住一擲，掉頭去打咸陽宮，豈知那裡也早有預防，軍隊守株待兔，從雍城趕來的追兵隨後也攻上前來，又是一陣內外夾攻，嫪毐一人落荒而逃，沒過多久，便遭到逮捕。

嬴政怒氣衝天，虎步踏進蘄年宮內殿，圍繞在母親身旁的，是兩個眼中閃爍著驚慌恐懼的小男孩，那無辜的表情，只讓嬴政更加厭惡，更加怨恨。母后哀求的神情並未打動鐵了心的嬴政，他立刻命令部下，將兩個孽種裝進麻布袋裡，重重往地上摔，直到摔死爲止。

至於嫪毐的處置則更爲嚴酷，除了嫪毐本身剝奪爵位封地，並且遭到五馬分屍，曝屍示眾之外，其黨羽、宗族，乃至所有同姓之人，全數或遭屠滅，或遭車裂。

嬴政的性格，在這次事件的處理過程中，毫不保留的展現。

母后趙姬，被他關進雍城的萯陽宮，派警衛嚴加看守。

萯陽宮是雍城一處偏遠的宮殿，把母親關在那裡，象徵她再也不得過問政事，嬴政也不再將她當母親看待。

不斷的有大臣前來勸說嬴政，不應該如此對待自己的母親，嬴政說：「以後有人膽敢提到太后，立即斬首，並且砍斷四肢，堆在宮門外。」

二十八個大臣因此遭到酷刑。直到齊國賓客茅焦對嬴政說：「大王的行爲，有違倫常，又屠殺忠臣，就算是桀、紂之類的暴君，也不至如此。這樣的消息一旦傳遍天下，沒有人再嚮往秦國，向心力瓦解，秦國還想一統天下嗎？」嬴政才將對母親的處置解除。

然而，母子之間，永遠也無法回到當年在邯鄲城時的親情了。

長信侯之亂，持續追查下去，很難不將呂不韋給查出來，嬴政一時心軟，想起了呂不韋扶助先王，教導自己，那恩情實在難以言喻，不忍心誅殺，便於次年下令免除呂不韋丞相職務，命他回到洛陽的封地。

可是，秦王政想到了呂不韋和太后之間的曖昧關係，甚至令他自己也開始懷疑自己的出身，越想越氣，便派人寫了一封信給呂不韋：「你對秦國沒有貢獻，卻封你十萬戶。你跟秦王國沒有關係，卻要我稱你爲仲父！」

信傳到時，秦王的命令也隨即來到，再將呂不韋放逐到巴蜀蠻荒之地。

這根本是無中生有的罪名。

若說呂不韋對秦國沒什麼貢獻，勉強說得過去，但對嬴政而言，呂不韋卻是恩重如山，假使沒有他扶植子楚成爲秦王，嬴政會在哪裡？會是秦國的王，日後還統一天下？恐怕不能，更何況，呂不韋還極有可能就是嬴政的親生父親。

呂不韋從嬴政的態度上，知道自己已經沒有任何希望，絕對死路一條。

「我就算聽話，遷到蜀地去，那又怎樣？我能活命嗎？大王會饒我一命嗎？就算饒我一命，我也不能活在這個世界上了啊！」

有人勸他乾脆造反，他慘然一笑，搖了搖頭。

他從未親口說出自己究竟是不是嬴政的生父。他知道，不論如何，自己的地位，實在太尷尬，想要成就秦王嬴政的大業，自己就不能繼續存活在這世界上，於是，服毒自殺。

這名大商人傳奇的一生，至此劃下了句點。

是呂不韋一手塑造了嬴政成長的環境，是成長的環境培養出嬴政的個性，若是沒有呂不韋，也許還是會有嬴政這個人，可是，絕對不會是那個能夠兼併六國，統一天下的秦始皇嬴政。

兼併六國

長信侯之亂平定，呂不韋亦飲鴆自殺，親政的秦王，首度掌握了秦國的權力。爲了剷除呂不韋以及嫪毒殘留的黨羽，秦王政與王室宗族討論之後，下了一道命令：「從其他國家來秦國做官的人，都是爲了替他們的國家當說客，挑撥秦國上下不睦，應當一律驅逐出境。」這就是有名的逐客令。

原來幾年之前，秦國內部爆發了一樁間諜案，那是韓國對秦國發動一項勞民傷財的攻勢，派遣一個名叫鄭國的水利工程師，假裝投奔秦國，替秦國開鑿水渠。這條渠道從秦國仲山起，穿過涇水，再穿越北山，連接到洛河，龐大的工程進行了一半，陰謀被發現，於是鄭國遭到逮捕。

鄭國對秦王分析道：「我來投效貴國，只不過是延長韓國幾年的壽命，可是等到水渠完成，秦國將享受到萬世萬代的福祉。」

秦王一聽有理，便命他繼續主持工程，後來，這條鄭國渠，讓原本寸草不生的土地成爲肥沃的良田，秦王國變得更加富庶。

然而，間諜終究是間諜，不保證每個間諜都能像鄭國一樣，對秦有利，於是，秦王嬴政決定驅逐所有的外國賓客。

這些賓客當中，有個名叫李斯的，由於是楚國人，也在被驅逐的行列。他在臨行之前，上了一封諫書，就是那篇流傳甚廣，還被收錄進《古文觀止》當中的〈諫逐客書〉。

在這篇文情並茂的文章裡，李斯分析秦國的歷史，說明當初秦穆公召請賢才，從西戎的部落當中找來由余，從東方找到百里奚，從宋國迎接到蹇叔，從晉國物色到丕豹、公孫支，終於稱霸西戎。孝公任用商鞅，斷然變法，如今國家仍然大治。惠王運用張儀的連橫策略，瓦解了東方六國的同盟。昭襄王得到范睢的幫助，使得秦王室的地位更加鞏固。可見外國的賓客對秦國有著多麼深遠的貢獻。金銀珠寶、美女和音樂，這些也不生產於秦國，大王還不是從天下蒐集來，盡情的享用，惟獨對於賓客，不論好壞，不管是非，一律驅逐，讓這些賢才，爲敵國所用，這簡直是拿糧草送給強盜，把軍隊借給匪寇的行爲。

「泰山不讓土壤，故能成其大；海河不擇細流，故能就其深」，李斯希望秦王能夠收回逐客之令。

詳讀這篇文章，令嬴政恍然大悟：客卿的存在就如一把兩面刃，端看自己如何使用，如果運用得當，這把利刃，將成爲一統天下的最佳助益。

於是，嬴政放下了自己高傲的身段，推翻自己先前的命令，取消逐客令，同時派人迎回李斯，恢復官爵，並且大加信用，從此，李斯成爲秦帝國建立最主要的重臣之一。

此外，由於逐客令的撤銷，各國賓客紛紛重回秦國，這其中，包括了外交長才姚賈、大軍事家魏繚等等。

人才充足，國勢強盛，內部的不安因素又已一一去除，秦王嬴政現在所要面對的，便是逐步消滅東方六國，完成統一全天下的大業。

首先，秦國灑下了大筆的金銀，對各國有名望、有影響力的人士，進行收買，如果他們不願意被收買，就派出殺手刺客予以暗殺，這是第一步。

緊接著，便是軍事上的徹底掃蕩。

這場大決戰的第一個犧牲品，便是距離秦國最近，國勢又最爲衰弱的韓國。

韓國在預知了自己的命運之後，曾經做了一番努力，想要延續國家的壽命，只不過他們所用的方法，有不少看來頗爲愚蠢，除了之前提過的鄭國渠「勞民傷財」攻勢，使得秦國更加富庶之外，他們還想出了「賣女送金」的計策。

原來一開始韓國為了討好秦國，不時贈送大量黃金給予秦國，等到國庫空虛，再也拿不出黃金的時候，只好挑選韓國美女去賣。美女價錢昂貴，只有秦國出得起，賣了美女，有了黃金，韓國再用這些黃金去討好秦國。那些被賣到秦國的美女，由於受了騙，又知道韓國的內情，到了秦國之後，便到處散撥韓國的壞話。這種惡性循環進行了好幾次，直到大臣極力勸諫，韓王才停止了這種怎麼算都划不來的買賣。

除此之外，韓國也為了不願滅亡而犧牲了一位不世出的人才。此人名叫韓非，是韓國的公子之一，法家學派集大成者，眼看祖國就要滅亡，屢次向國王提出建議，國王卻置之不理，韓非憂心忡忡，只能發憤著述，寫了〈孤憤〉、〈五蠹〉、〈內儲〉、〈外儲〉、〈說林〉、〈說難〉等一共五十六篇，共十萬餘言，均收錄為法家的經典《韓非子》。

秦王嬴政很仰慕韓非的才學，向韓國表示會見韓非的意圖，甚至不惜發兵攻打韓國，不為要地，只為要人，韓國當然同意，於是，韓非便利用出使秦國的機會，對秦王訴說自己心中的計劃和理想。不過，秦王對這次的會面，心中頗有一些失望，原來韓非天生有著口吃的毛病，當他用結結巴巴的話語，對秦王闡述一統天下的方案之時，秦王聽著總覺得不是味道，總認為韓非來秦國，並非真的想幫助秦國，只是想要替韓國說話而已，因此，當兩人會談告一段落之後，嬴政只是微微地笑著，並沒有立即任用韓非。

而李斯、姚賈等人，則因忌妒韓非的才能，擔心萬一大王回心轉意，重用韓非，他們將在大王面前失寵，於是，對秦王進讒言道：「韓非是韓國的公子，不可能忘情祖國，效忠秦國，這是人之常情。大王志在併吞天下，千萬不能將韓非送回韓國去，以他這樣的才能，如果韓王重用他，將位大王帶來無窮的後患，不如想法子除掉他。」

嬴政那時心頭正煩，隨口就答應了，於是，李斯將韓非逮捕，並且派人送去毒藥，韓非被關得不明不白，想要解釋，卻無從得見秦王，只好服下了毒藥。就在這時，嬴政突然感到後悔，覺得如此賢才，就這麼殺了他未免太可惜，於是連忙派人前去赦免，只是，為時已晚，秦王派去的官員，只看見韓非的屍體，倒臥在戒備森嚴的死牢之中。

韓非的死令嬴政心頭頗感不悅，於是將矛頭指向韓國，韓王已經絲毫不敢抵抗，於是在公元前二三三年，宣布向秦國稱臣，這個舉動，讓原本就弱小的韓國名存實亡，而且並沒有讓韓國延續多少年的壽命。三年後，秦國發兵攻陷了韓國的國都新鄭，生擒韓王，韓國就此滅亡，秦國在韓國的國土上設置了穎川郡。

第二個遭到秦國滅亡的國家是趙國。

趙國算是六國當中較具戰力的國家，翻開《資治通鑑》，從嬴政的曾祖父昭襄王那一代開始，幾乎每隔一兩年，就有秦趙之間的戰爭，嬴政出生之前的那場長平之戰，更是戰國時代最為慘烈的一場戰爭，趙國被一舉坑殺了四十萬的大軍，在那之後，趙國雖然往往處於挨打的地位，但總還是能與秦軍相抗，足見趙國實力頗爲強大。

趙國的實力，體現在英勇善戰的將領身上。這些名將，已經日漸凋零，如今只剩下老當益壯的廉頗以及智勇雙全的李牧。

趙王首先想到的就是廉頗。

可是要請來這位老將軍，並不是件那麼容易的事，當年，由於趙王以他年老，陣前換將，一怒之下，投奔了魏國，然而在他內心深處，總還是牽繫著故國。趙王知道這一點，便在危急存亡之秋，派人至魏國首都大梁一探究竟。

於是，一場頗具戲劇性的筵席，便在大梁首都的廉頗府邸展開。這場筵席，酒肉堆滿案前，廉頗待邯鄲來的使者入座後，說了聲請，就踞案狼吞虎嚥起來，這頓飯，他吃了一斗米飯以及整整十斤的肉。酒足飯飽，廉頗又帶使者來到府邸當中的廣場，騎馬射箭，舞刀弄槍，演練了一套精湛的武藝，臉不紅，氣不喘。

廉頗拱手對使者道：「老朽在先生面前獻醜了，望先生在大王面前多關照，廉頗尚有餘勇，隨時能爲國報效疆場。」說時，已不禁老淚縱橫。

在他心中，確實存在著對故國的懷念，同時，他也知道，趙王是否決定起用他，端看他的身體狀況，使者今日前來，主要的目的也是爲此，因此，他才拚了老命作出這番表演。

誰知道，當使者回到邯鄲，趙王問起廉老將軍健康如何之時，使者僅僅輕描淡寫地說了一句：「廉頗將軍吃得倒是不少，只不過，臣與老將軍同座不久，老將軍便跑了三次廁所。」

趙王就這麼相信了，決定不再召見廉頗。

是什麼原因，讓使者作出這樣的回答？原來他受到了趙王寵臣郭開所給的賄賂，而郭開爲什麼要賄賂使者，讓他作出不利廉頗、不利趙國的言詞？那是來自於秦王嬴政的，更豐厚的賄賂所致。當初李斯所訂下的大謀略，如今果然奏效。

廉頗在不久之後抑鬱而終，他一死，趙國就只剩下李牧一員大將。

李牧是在各種流言蜚語之間接下將軍印信的。

最早開始中傷李牧的，是趙王的王后。

當初，這名王后是邯鄲街頭的一名倡女，曾經嫁了人，又成了寡婦。偏偏她生得十分嬌媚動人，趙王一見就喜歡，硬是把她娶進宮裡。這件事朝中大臣大表示反對，李牧是其中反對最力者，後來這個寡婦替趙王生了兒子，很快被立爲王后，整件宮闈大事才暫告平息。王后對李牧一直懷恨在心，收受了秦國的好處之後，自然非常努力地在趙王耳邊說李牧的壞話。

在同一時間裡，邯鄲城的街頭巷尾，突然流行起一首民謠：

趙國何號？秦國何笑？

有木生子，盜國盜寶。

意思是說將來趙國的社稷，將會被一個姓木子李的人所竊取，這個姓李的人到底是誰？民謠當中並無言明，然而誰都知道，那就是李牧。

在這麼艱困的環境下，李牧仍舊接下指揮全局的工作，爲的不是別的，爲的只是挽救趙國於危亡，他是從前鎭守北方匈奴入侵的大將，威名顯赫，只要由他領軍，敵人聽見了他的名號，士氣總先瓦解了一半，就連秦國指揮大軍攻打趙國的一代名將王翦，似乎也震懾於他的威名，派人送來了一封信函，表示求和之意。

李牧收到這封信函大感訝異，這麼一位與他齊名的名將，竟如此客氣，基於禮尙往來的傳統，李牧立即修書一封，除了表達感謝之外，並指出：如果貴軍願意退避三舍，和談之事，我們可以另外約地點商談。

王翦又致書一封，表達善意的回應，李牧也立即回信，兩大名將，就在這兩軍對峙的敏感時刻通信起來。

孰知這又是秦軍的一計殺著，消息傳進趙王的耳朵，變成這副模樣：「有密報指出，李牧臨陣叛國，與王翦密切書信往來，情況甚是危急。」

趙王一聽又驚又怒，感到自己遭到背叛，於是立即下令撤換李牧，同時將李牧逮捕並且斬首，一代名將，就這麼殞落在敵人的計謀之中。

殺李牧，就如同自毀長城，失去主將的趙軍，軍心渙散，亂成一團，王翦一股作氣，長驅直入，將趙軍殺得潰不成軍，不到三個月，便攻下了邯鄲城，滅了趙國。

這是公元前二二八年的事，秦軍消滅韓國之後兩年，趙國也步向毀滅之路，除了太子嘉悄悄地逃出邯鄲，前往趙國北方邊境，為諸大夫擁立為代王，意圖以殘存的一點點力量復興趙國之外，大體上趙國已經不復存在。

此時，遠在咸陽城內的秦王嬴政，聽見趙國滅亡的消息，突然下了一個決定：他要親自前往邯鄲，看看屈服在自己腳下的趙國。

事隔二十二年，嬴政再度回到了他出生與成長的邯鄲城，只不過這一次，他不再是那個可憐兮兮的落魄王孫，而是君臨天下的一代霸主。他的內心五味雜陳，看見趙王雙手反綁，口中銜著那塊歷史上赫赫有名的和氏璧，兒時的場景在眼前展開，一幕幕的回憶湧上心頭，感慨當中夾雜著幾許殘酷的快意。

嬴政饒恕了趙王的性命，卻沒放過以前的仇人，他下令：「搜索邯鄲城，凡是以前和太后趙姬有仇的人家，全部誅殺，一個都別放過。」這麼做，似乎只是為了償還一個無法盡孝的兒子，所能作到的一點點義務，不過他的所作所為並無法挽回什麼，就在攻陷邯鄲的同一年，出身自趙國的太后，寂寞地死在雍城的冷宮裡。

母親的死帶給嬴政不小的打擊，統一天下的大業卻不能因此而停止。

就在此時，咸陽的王宮內發生了一樁不小的插曲。滅趙的第二年，嬴政已回到秦國，在咸陽宮裡，積極地籌畫對付另一個強國楚國的方案，突然有人稟報，說燕國派了使者，前來進獻城池領土，同時還帶了叛將樊於期的人頭，前來秦國表示求和的誠意。

燕國求和非常有道理，攻滅趙國以後，秦國就與燕國接壤了，國勢疲蔽的燕國，哪裡是秦國的對手？自然只有獻地求和一途。嬴政雖然知道燕國遲早必須消滅，不過能夠不費一兵一卒得到領土，還附帶了一個叛國賊的項上人頭，這樣的消息還是讓他高興得不得了，連忙穿上禮服，召集文武百官，用最隆重的儀式迎接使者的到來。

使者在眾人的環伺下步入咸陽宮的大殿，副使的神情顯得有些怪異，不過嬴政不以爲意，鄉下人嘛！

「把首級和地圖一併呈上來吧。」嬴政說。

使者先呈上了樊於期的首級，嬴政認得這個叛賊，不過他對燕國所獻的城池比較感興趣，使者在他面前慢慢地將地圖展開，展開到最後，赫然出現一把鋒利的匕首。

使者謙卑的微笑轉爲刺客的凶狠，一把抓住嬴政的衣袖，另一手抄起匕首，直刺嬴政胸前。嬴政大驚失色，本能反應地向後退卻，掙扎之間，竟將衣袖掙斷，刺客手握斷袖，愣了片刻，一擊不中，又追上來，嬴政連連後退。

堂堂一國之君，天下的霸主，竟被一個使者用一把匕首追殺得慌了手腳，而一旁的文武官員，礙於規定，沒有任何人攜帶武器上殿，嬴政繞著大殿的樑柱東躲西閃，逃避追殺，突然想起自己身上也有配劍，只是那把劍太長，手忙腳亂之下，竟拔不出來。

此時，一個名叫夏無且的太醫忽然想起捧在手上的藥箱，用力朝那刺客擲去，刺客伸臂格擋，同時有人大喊：「大王，背後拔劍，背後拔劍！」

嬴政將劍鞘推向背後，長劍果然拔出，趁著刺客阻擋藥箱的瞬間，在刺客腿上重重砍了一劍，幾乎將刺客的腿砍斷，刺客無法再追，坐在地上，用最後的一點力氣將匕首往嬴政咽喉投出，嬴政一閃身，匕首掠過他的臉頰，擊中背後的銅柱。刺客自知大勢已去，叫罵道：「我爲了生擒你，逼你定約還地，以回報太子，才沒有成功，你等著吧，在我之後，還會有人來行刺你的！」

嬴政憤恨不已，舉劍往刺客身上猛砍，一旁的官員一擁而上，將刺客大卸八塊，分屍示眾。經查證，這名刺客叫作荊軻，是燕國太子丹所派來的，太子丹於數年之前，便已開始謀劃這樁刺殺行動。

秦王嬴政憤怒得暴跳如雷，雖然並沒有成功，這次行刺的事件已在他心中留下深刻的烙印，他立刻命令統軍在外的王翦大舉伐燕，燕國與趙國的殘餘勢力會合，共同抵抗，卻被王翦打得落花流水，兵敗如山倒，次年十月，王翦攻陷燕國國都薊城，燕王與太子丹率眾突圍，退守遼東，沒讓王翦抓到，不過，燕王這時卻聽信了趙國殘餘勢力代王的話，殺掉了太子丹，將人頭轉獻秦國，稍稍平撫了秦王的震天之怒。

在此同時，秦國的另一路大軍，由王翦之子王賁率領，揮兵攻向孤立無援的魏國。王賁利用水攻，堵截黃河之水淹沒魏國國都大梁，一舉陷城。不知秦王由於遭到刺殺，懷恨在心，遷怒於魏國，還是由於他想起了小時候曾經對仲父呂不韋說過的那番「失敗者被勝利者懲罰」的話語，總之當大梁城破之時，秦王下令屠城，將這座繁華了百餘年的名城，一夕之間變成人間煉獄，連投降的魏王，也難逃處決的命運。

至於南方的楚國，秦王早就開始圖謀，只不過，楚王國的國勢雖然衰落，但基本的框架還在，當年，能夠與秦國一爭長短的，就是楚國。秦王心中已經有了攻打楚國的人選，那便是年輕而驍勇善戰的李信。

這一天，嬴政將李信以及攻滅趙國之後便告老還鄉的老將王翦一同請來，他對兩人說：「我想派兵征服楚國，詢問一下二位的意見。你們覺得，得派多少兵力？」

李信年輕氣盛，不假思索地便回答：「二十萬兵力足夠。」

嬴政又問王翦，王翦沉吟半晌，才說：「得要六十萬兵力。」

秦王笑了起來：「王將軍果然老了，膽量也變小了，我看李將軍的意見比較有理。」

王翦沒說話，秦王便派遣李信爲大將，蒙恬爲副將，發兵二十萬，攻打楚國。

楚國請出了老將項燕，發動全國兵力，全力迎戰秦軍。

項燕老謀深算，知道李信急於求勝，便事先作好埋伏，採行誘敵深入的戰略。秦國大軍兵分兩路，進入楚國境內，李信攻打平輿，蒙恬攻寢城，一路如入無人之境，後來，李信準備與蒙恬在城父（今河南省寶豐縣）會師，卻中了項燕的埋伏，楚軍連追三天三夜，李信前無去路，後有追兵，將帥全都無法休息，只好硬著頭皮與項燕展開激戰，果然慘敗，退出楚國境內，而蒙恬那一方面，也因為主帥失利，軍心動搖，而敗下陣來。

兩個敗軍之將，蓬頭垢面的跪在秦王面前，秦王氣得咬呀切齒，怒目圓睜，在攻滅六國的戰役當中，還沒有一場仗輸得這麼慘，好幾次想親手殺了這兩個敗事有餘的傢伙，秦王卻忍了下來。他離開座位，平靜地揮揮手：「你們下去吧！」

李信與蒙恬幾乎不敢相信自己能夠這般奇蹟似的撿回一命，於是更加發憤效忠，秦王也給予相當的信賴，在日後的戰役裡，他們努力建立了不少的戰功，尤其蒙恬，更成為秦帝國對抗匈奴入侵的最重要將領。

秦王屏退兩人，立刻親自前往老將王翦隱居的住處，將王翦請了出來，王翦仍舊堅持道：「非六十萬大軍不可。」

嬴政道：「一切，就聽從老將軍計劃行事吧！」

六十萬兵力，秦國的大軍幾乎已經傾城而出，把全國的兵力，交給一名將領，這對秦王，甚至對秦國，都是一樁極爲冒險的舉動，秦王對王翦可說是有求必應，然而言談之間總是有意無意地透露出懷疑的情緒，老將軍怎麼可能不知道這一點？於是，在一場筵席之上，王翦突然拿出一封書簡，上面羅列了許許多多的良田美宅，對秦王說道：「老臣年邁，願大王以此賜予老臣，以安享天年。」

「將軍若是凱旋榮歸，寡人將與將軍共享富貴，何必作這種小小的要求呢？」秦王明知故問。

「依秦制，大將在外立功，亦不得封侯，所以老臣只想趁大王還喜愛老臣的時候，替子孫留一點基業。」

秦王大笑，欣然同意，他已經了解了王翦的心思。

等到大軍即將出關之時，王翦又派出使節，向秦王請求賞賜。朋友覺得王翦如此貪得無厭，未免過分，王翦則說：「不，大王性格猜忌，如今動員全國兵力，兵權在我手裡，如果我不請求大王賞賜，表現出眷戀子孫財產的樣子，大王豈不是會懷疑我胸懷大志？」

秦王當然知道這是王翦在對他表明心跡，一高興，把自己的女兒都嫁給了王翦，親上加親，令王翦沒有後顧之憂。

王翦取道陳丘，抵達平輿，楚國依舊以項燕率軍抵禦。王翦命令全軍固守，養精蓄銳，因爲他知道，北方的士兵來到南方的楚國，必定對楚國濕熱的氣候不習慣，因此，他特別注意士兵的起居作息、飲食睡眠之類的瑣事，又將每日固定的訓練，改成投石角力之類的競技，一連幾月，皆是如此。

兩軍之間，活動得最爲頻繁的，是相互派遣的密探。這一點上，王翦作得比項燕透徹，他的密探，能夠充分掌握楚軍的動態，甚至更能利用反間計，故意作戲給楚軍的密探。因此項燕只得到這樣的回報：「王翦除了每天喝酒，就只是讓侍從輪番搥背，偶爾閉目養神，沒什麼動靜。」

項燕從客觀情勢分析，以爲王翦因爲衰老，名爲領軍伐楚，實際上只爲了自保。楚軍沒有必要這樣和他們虛耗，項燕於是決定拔營回師。

王翦一聽到這個消息，大爲喜悅，說道：「破楚軍的時刻到了！」

他先派出一部分部隊，繞道楚軍回師的路線上埋伏，自己再率領本陣追擊，兩面夾攻，猛烈追擊，讓項燕措手不及，全軍潰散，王翦全力追擊，將項燕擒殺。楚國再也無力抵禦，終於遭到王翦擊滅，一個立國五百餘年的強國，就此灰飛湮滅，時值西元前二二三年。

盪平楚國全境，王翦的大軍浩浩蕩蕩開回咸陽，秦王親自出城三十里迎接，並且準備應允王翦出征前所要求的賞賜，這時王翦卻將那封書簡收回，對秦王說道：「老臣事前所提的，大王全部把它忘記了吧！」一處良田宅邸都不要，交出兵符，輕裝簡行的回到故居，終老天年。

這是兼併六國當中，最激烈的一場大決戰，如今中原大地上，只剩下避居遼東的燕國、不成氣候的趙國殘黨，以及四十餘年不修戰備的齊國了，值得一提的是，楚國抵抗秦國的精神，長存在人們的心目之中，一句話漸漸地在人民之間流傳開來：「楚雖三戶，亡秦必楚」，一個少年，出身自項燕的家族，多年以後，看見秦始皇巡行天下的車隊，竟然指著史上第一位皇帝的背影，豪氣干雲地說道：「我能夠將他取而代之！」這個少年，名叫項羽，就是後來的西楚霸王。

滅楚之後的第二年，秦國乘勝追擊，派遣王賁攻打遼東，生擒燕王，燕國滅，又攻打代郡，俘虜趙代王。這場迅雷不及掩耳的攻勢，中原人民都看傻了眼，雖然他們都知道這是遲早的事，不過，也實在來得太快了。

最後，只剩下齊國了。

齊國的國境大約位於今日山東半島一帶，由於靠海，離秦國最遠，一直不曾受到來自秦國的攻擊，史上遭到攻擊最爲慘烈的一次，發生在六十多年以前，主要的攻擊來自燕國，大將樂毅將齊國打得只剩下莒和即墨兩座小城，若非齊國的反間計奏效，讓燕國陣前換將，再加上田單的火牛陣戰術，收復失土，恐怕齊國已經國祚不保。

至此而後，齊國從來不參與各國之間的戰爭，與各國和睦相處，大體上維持著一個大國的地位。等到五國皆盡遭到秦國消滅，齊王田建還想動身前往咸陽，親自向秦王致意，後來經由大臣勸阻，才未告成行。

齊國的首都臨淄，是當時全中國最繁華的一個都市，從姜太公的時代，便開始營造，到了齊桓公的時代，臨淄已經是中原文化的中心，曾經聚集了一流的人才，此外，臨淄城中的老百姓，生活也較其他地方富裕，人口興旺，據估計人口將近四十萬。不過，到了這個時候，臨淄城已經瀰漫著一股末日來臨前的華靡，最熱鬧的地方盡是一些聲色場所，最熱門的行業是娼妓和歌舞姬，最受人崇拜的職業是手段高明的神偷。

秦王嬴政，根本沒有將這樣的國家放在眼裡，他下達給王賁的命令，看上去甚至有些隨便：「將軍把燕國、代郡攻陷了之後，可以順便經由齊國南下，這樣，大軍回師也較方便些。」於是，年輕的將軍王賁，就這麼「順便」從燕國南下，突襲臨淄城，沒有任何阻礙，也沒有遭到抵抗，一個從春秋初期，齊桓公建立霸業開始，便是東方強國的齊王國，就這樣「順便」被秦國給消滅了。

這一年，是西元前二二一年，嬴政登上王位的第二十六個年頭，中國的大地，有史以來第一次統一在一個政權之下。

秦始皇帝

統一六國，氣吞山河，這實在是亙古未見的偉大功業，嬴政的自豪與得意之情，充盈在他的胸中，並且將它訴諸於實際的行動。他認為，自己的功業，超過了傳說裡的三皇五帝，因此，從今而後，他的稱號就是「皇帝」。

這個由嬴政所創造的名詞，成了日後中國兩千多年歷史當中，多少英雄豪傑、奸臣匪寇所競相追逐的一個地位，也是一種象徵。

至於以往實行的謚法，就是前一任君王死後所獲贈的稱號，好比秦孝公、秦穆公、昭襄王、莊襄王等等之類，在嬴政的眼裡，這根本就是臣子議論君王，兒子評論父親，無聊得很，也許他還擔心自己死後，不知道會被如何評定，於是下令將這種帶有褒貶意味的傳統廢除，他嬴政，是第一個皇帝，就稱爲「始皇帝」，他的繼任者，就是二世皇帝，以後全以數字計，三世、四世，直到千千萬萬世。

只不過，中國歷史上，只出現了兩個沒有謚號的皇帝，就是他秦始皇，以及他的兒子二世皇帝嬴胡亥，秦滅亡之後，這項傳統又死灰復燃，而且益發隱惡揚善，好的皇帝，就在他的謚號之上大作文章，壞的皇帝，甚至暴君和亡國之君，也多半能得到一個中性的，甚至溢美的謚號，將原本謚法的用意，完全抹煞，由此可見，秦始皇在這一點上，有著他超過於一般人的先見之明。

皇帝是遠遠超越眾人的，沒有任何人可以和他平起平坐，因此，在一些稱謂上，也得要和一般人不同，首先，皇帝的自稱曰「朕」。

在秦以前，一般人們自稱的方式有很多，有稱「余」、「某」、「不穀」、「寡人」，也有自稱「朕」的，秦始皇規定下來以後，能夠自稱「朕」的，就只剩下皇帝一人，一般人只好改稱「我」了。其實「朕」這個字本身並沒有什麼特別崇高的地位，意思就是「我」，只不過是爲了顯示出皇帝和一般人的不同之處而已。

既然如此，那麼出自於皇帝身邊的事物，也該要有所不同，所以，皇帝所下的「命」稱爲「制」，「令」則稱爲「詔」，「奉天承運，皇帝詔曰……」這句我們這些後代人耳熟能詳的連續劇對白，就是從這裡衍生出來的。臣下對皇帝進言或者上書則稱爲「奏」，這些「奏」，不論是口頭上的或者言語上的，都有著一定的格式，半分不得逾越。

此外，皇帝的起居、衣冠、乘車、巡遊，一切生活作息與接見臣民，都有著一套莊重嚴肅的規定，其目的則是爲了讓每個晉見皇帝的人，都能夠感受到皇帝的偉大，打從內心產生敬畏之感。

《史記・叔孫通列傳》當中記載著秦代的朝儀，有著十分嚴明的步驟，首先，在天快要亮的時候，宮裡執掌禮儀的官員，依序引導晉見官員進入皇宮，宮廷之內，兵卒侍衛穿戴整齊，旗幟鮮明地羅列於兩側，接著，司禮官傳言，宣文武官員進殿，武官站在西側，面向東方，文官則站在東側，面向西方，第三個步驟，皇帝才在眾人擁簇之下出現在文武百官面前，所有官員這時都必須肅然起敬，同聲奉賀。等到大禮行完，該上奏的上奏，該宣達的宣達，看看皇帝有什麼「制」與「詔」，然後，眾官員依著尊卑，向皇帝上壽，恭祝皇帝萬歲萬歲萬萬歲，之後，待皇帝離去，官員們方可罷酒，再依序離開，每個步驟都不能有錯，否則將遭到懲罰。

這套繁雜的禮儀並沒有因爲秦帝國的早亡而消失，反而在後代越發繁複瑣碎，到了明清時代，晉見皇帝還得要三跪九叩，文武大臣的尊嚴早在這些禮節當中漸漸消磨殆盡。

這種遊戲似乎越玩越有趣，當時，各國十分流行所謂的「五德終始」、「五德相運」之類的學說，五德就是金、木、水、火、土，一切時令、顏色、方位，乃至天干地支，皆與五德相互對應，王朝的存續，全在它所屬之德的興衰，一德衰落，下一德便取而代之。這種學說來自齊國的稷下之學，等到秦始皇消滅齊國，便有齊國的學者將這套說法報告給秦始皇知道，秦始皇聽了深信不疑，根據這套學說，周王朝是火德，水剋火，因此消滅了周朝的秦，必然是水德，水德屬於北方，北方是黑色，對應到季節則爲冬季，對應到數字則爲六，因此，秦始皇下令，將冬季開始的十月，作爲一年的第一個月，衣服、旌旗、圖騰均以黑色爲主，一切數字，以六爲基準，各項器物多以六爲準，如一車六馬，一輿六尺，符信、法冠爲六寸，天下分爲三十六郡等等。

統一天下的那一年，是嬴政登位的第二十六年，所以史書上習慣將那一年訂爲秦始皇二十六年，並不是說皇帝已經存在了二十六個年頭。對當時的人們而言，他們是第一次聽說過「皇帝」這個名詞。

國家制度在李斯的提議之下確立了以後，接下來的工作，便是要如何治理這個龐大的國家。首先，秦始皇便下達了一項重要的命令：「收繳天下所有兵器。」

他認爲，如今六國已經消滅，天下已經不再需要兵器，爲了維繫帝國的長治久安，民間絕對不得私藏兵器。命令一下達，各地便陸續收繳了大量的兵器，這些兵器大多屬於青銅器，再加上以往與六國作戰之時所擄獲的大量兵器，全部集中到帝國的首都咸陽。

結果，長達五百年的亂世，累積的兵器數量實在太多，該如何處置？一部份用來作鐘、鐻等等禮器，還剩下許多，怎麼辦？總不能放著生鏽！秦始皇想出了一個點子，把這些兵器鎔鑄成十二尊金人，放在宮殿裡當裝飾。金是金屬的意思，金人事實上是銅人，這十二尊銅人有多大？《漢書・五行志》裡記載，長五丈，足履六尺，折算成現代的度量單位，大約有十一公尺半那麼高，光是腳就有一百三十八公分長。這幾尊巨人擺放在宮殿裡，有種壓迫肅殺的氣氛，更讓臣子們感受到秦始皇天威難犯的窒息和恐懼。

危機因素去除之後，接下來便是律法的制定。

以往，各諸侯國在長期各自爲政的經營之下，發展出各自不同的社會、政治、經濟與文化，這種現象在秦帝國建立以後，仍然存在，造成施政上的困難。爲了鞏固帝國的統一，必須要先統一全國人民的生活習慣，包括貨幣、度量衡以及文字，是維繫整個帝國，並使其更加團結的基石。

在貨幣方面，戰國時期，工商業發達，各國均有通用的貨幣，也還有部分地區使用珠玉、龜貝之類原始貨幣，從外型來看，錢幣大致上可以分爲鏟形錢、刀形錢、方形錢和圓形錢四種，各有流通的地區，貨幣不統一，就無法將整個帝國的經濟命脈整合起來，容易造成區域各自發展，各自爲政的危險，因此，統一之後，經過研究，決定以圓形錢作爲日後流通的貨幣，主要的原因在於，這種形狀的錢幣，最容易生產，並且最容易攜帶，秦代流通的貨幣，名叫「半兩」，成色十足，鑄成之後，迅速流通，取代了從前使用的各種貨幣，也讓原始型態的貨幣就此絕跡，一直到漢武帝鑄造五銖錢以前，這種「半兩錢」一直都還有人使用，足見秦帝國的貨幣政策十分成功。

其次是度量衡。

度量衡是日常生活的一種習慣，好比現代我們習慣用公分去衡量一個人的身高，而美國人卻習慣用呎與吋，這種約定成俗的習慣，只要使用者都同意，問題其實並不大，然而，想要運用行政力量，將這種約定俗成的習慣改變，也是一件極爲困難的事，只有如同秦帝國一般強大的政府，才有能力做到。

從戰國末期開始，新型態的人地生產關係，促進了商品經濟的日漸繁榮，人們日常生活的必需品也日益繁複起來，秦帝國建立以後，商品交換的範圍變得更爲廣大，如果不同的地區仍舊沿用以往的度量衡方式，將爲生活帶來極大的不變，所以秦帝國在統一度量衡這一點上，是極爲努力的。

中國大陸近年出土的雲夢睡虎地秦簡當中，記載了許多推行度量衡統一的方案，其中還包括中央政府訓令各級官員的命令，若不照辦，均有嚴格的懲罰，由此可以看出，秦帝國政府對於推行度量衡統一的決心。

至於統一文字，那就更是一件千古不朽的功業。

秦帝國選擇推行文字統一的辦法，與推行度量衡的辦法略有不同，不是用秦國的制度推行到全天下，而是以一種新的文字，取代原本通行於秦國和其他六國各有不同的文字，這項偉大工程的主持人是李斯，在當時，他已經官至丞相之職，深得皇帝賞識。

李斯與帝國的專家學者共同研究，制定了「小篆」，作爲帝國官方的通行文字，這種文字的筆畫，較以往各國通行的文字更爲進步，已經脫離了殘餘的圖像形式，成爲一種更具有表達能力的符號文字，此外，又推行更爲簡約易於書寫的「隸書」，作爲一種非正式的文字。在中國的歷史上，統一文字本身已經是一種象徵，然而隸書的制定，更爲日後文化的發展奠定了基礎，我們現在所通行的文字，就是直接從隸書衍生出來的，這是中國文明得以長時間延續不斷的最主要原因，同時也說明，爲什麼廣大的中國，各地習俗不盡相同，語言差異更大，卻能多次在分裂之後，又重新整合爲一個國家。

文字、貨幣、度量衡三大統一的成功所代表的意義，遠較秦帝國政治上的兼併六國更爲深遠，從此，長期分裂割據所留下的各種社會交流溝通等方面的障礙，都已清除，爲帝國刻劃出一幅完整的風貌，只不過，凡事皆有一體兩面，伴隨著推行這三大統一的背後，是嚴苛的律令與殘酷的刑罰，秦帝國的強大權威，也建築在這些嚴刑峻法之上。

秦代律法的完整以及嚴酷，遠遠超過過去的一切法律，甚至與後世相比，也不不遑多讓，《秦律》之中，嚴密的規定了包括民事、刑事、訴訟、行政、經濟、軍事等等各種層面，懲罰十分的嚴格，即使只犯了一點小錯，往往也會遭到大刑伺候，刑罰名目之多，更是前所未聞，大致包括了徒刑、肉刑、死刑、族刑和雜刑五類，單只死刑，就包括了腰斬、梟首、棄市（死後曝屍）、戮刑（死後戮屍）、磔刑（割裂罪犯肢體至死，五馬分屍即爲其中一種）、定殺（投入水中淹死）、坑刑（活埋）、鑊烹（下油鍋）、具五刑（先割去鼻子，再展左右腳趾，再用鞭子抽打至死，再斬首，並將屍體剁成肉醬棄市，如果罪犯有誹謗之嫌，還要割舌頭），其殘忍的程度簡直駭人聽聞。

此外，在執行上，秦帝國從不寬待，一人犯罪，親屬朋友街坊鄰居往往也要負責，不但如此，還廣開告密之門，如果是罪犯的親人，只要在這之前先行告密，非但不會遭到懲罰，有時甚至會得到獎賞，這讓秦帝國從官員到平民，每日每夜都生活在恐懼和懷疑當中，深怕有一天得罪了不該得罪的人，毫無預警地被參上一筆，到時也無處申冤。

博浪沙的鐵錐

不懂得適時與民休息，培養國力，是秦帝國迅速崩潰的原因之一，之所以會如此，卻和秦始皇嬴政本人的個性有關。

秦始皇是個閒不下來的人，自從成爲皇帝之後，便不斷的出巡，視察他所征服的廣大領土，光是史書上有記載的，便有五次之多，每到一處，往往便會立下一塊石碑，在上面記載著他的豐功偉業，將自己前無古人的事跡公諸天下，永世流傳，當然，出巡的目的並不會只是爲了對自己歌功頌德，在他出巡的過程裡，順便將自己大一統帝國的理念傳遍天下，考察各地風土民情，以便推行政令，鞏固並凝聚全國的力量，應當也是他不斷出巡的目的。

只不過，這種事實際上和出兵交戰一樣，並不需要天子親自去做，交給大臣一樣能夠成功。尤其皇帝出巡是件大事，經常會驚動各地的官員和百姓，因此，後世的史家，尤其是在儒家背景下成長的史家，往往將秦始皇不斷出巡視作他不愛惜民力的表現之一，這樣寫也許不盡然全錯，但總是失之偏頗。

事實上，秦始皇不斷的出遊，對他個人的安全來說，是一件頗爲冒險的事。公元前二一八年的那次視察，便使得他見識到六國殘餘勢力的可怕。

當時，皇帝的車隊正在前往東方視察的半途當中，這是始皇帝第三次出巡，行經一個名叫博浪沙的地方，此地寸草不生，一片空曠，大風起時，黃沙瀰漫天際，就如同巨浪一般，故有此地名。東巡車隊行經此處，正值狂風大作，沙塵滾滾，使得白晝如夜，使人看不清前方的景物，突然之間，車隊停了下來，秦始皇在重重衛士保護之下的鑾車中，隱隱約約地聽見車外似乎有著什麼不尋常的騷動，於是問身旁的衛士出了什麼事。

衛士回答：「好像有匪徒圖謀不軌……」

語音未了，秦始皇豁然起身，拔出配劍想要衝出車外去斬殺匪徒，四年之前咸陽宮內那次差點讓他送了命的暗殺，已經讓秦始皇成了驚弓之鳥，不願意相信身邊的人眞的能夠保護他，眞的遇到什麼危險，還是自己手中的寶劍才能保護自己。

衛士們將衝動的始皇攔了下來，說道：「丞相已經在追捕，等捉到匪徒之後，再由皇上親自審問不遲。」於是，重重的衛士將始皇的座車團團圍住，嚴密的戒備，只有丞相李斯率領了一批人馬，在茫茫的風沙之間四處搜索。

李斯搜索了大半天，連一個人影都沒瞧見，空手而回，待確認四周沒有埋伏之後，秦始皇下了座車，回頭一看，只見緊鄰座車的一輛副車，被砸得四分五裂，一旁還歪歪斜斜地倒著一只百餘斤重的大鐵錐，這分明就是又有人想要暗殺他，假如，那只大鐵錐，擊中的是他的座車，後果只怕不堪設想，怵目驚心之餘，他感到無比的憤怒，立刻下令：「傳話給各地方的官員，要他們徹底給我找！這刺客，就算他躲到天涯海角，朕也要把他給揪出來。」

全天下就這麼沸沸揚揚地鬧了整整十天，可是並沒有能夠找到刺客的蹤影。

這名刺客，能夠舉起百餘斤的大鐵錐，膂力過人，是個大力士，不過，他在歷史上的重要性，就僅止於此了，重要的是幕後聘請這位大力士前來暗殺始皇帝的那位人物。此人便是張良，他是韓國人，從他父親以上，一直都在韓國爲官，可以算是韓國的名門望族，十二年前，當秦國的大軍攻陷新鄭之後，張良偷偷地逃出來，散盡了所有的家產，到處尋找能夠刺殺秦始皇的英雄，立志爲韓國報仇雪恨，這次博浪沙的襲擊，就是他努力的結果，只是並沒有成功，而他的財產，已經消耗得差不多了。

秦始皇下令全國通緝，讓張良不得不隱姓埋名，過著流亡的生活，他流亡到下邳避難，認識了一個名叫項伯的人，兩人相互接濟，建立了共患難的情誼。

也許是國事繁忙，秦始皇竟只搜索了十天，沒有抓到主謀者，卻也沒有再繼續追查，他萬萬料想不到，那個流亡在下邳的主謀者，此時已經在那裡遇到了一個奇怪的老人，這個老人，送給張良一本《太公兵法》，讓張良得以擁有定天下的謀略，以後，張良投效了另外一位名叫劉邦的人，幫助劉邦斷送了他秦始皇一手建立，並且想要永世長存的大秦帝國。

並不只張良一個人想要利用暗殺的方式結束秦始皇的性命，博浪沙事件的兩年之後，公元前二一六年，秦始皇三十一年的一個晚上，始皇帝帶了四個衛士，微服出巡，大概是想要回味一下當年初次進入咸陽城時的感覺，一行人來到咸陽附近的蘭池，忽然之間，有幾名盜匪從黑暗中竄出，意圖刺殺秦始皇，好在隨行的四個衛士，武功高強，將來襲的盜匪殺了幾名，剩下的見形勢不對，落荒而逃，回宮之後，秦始皇連夜下令，全力捉拿剩下的幾名盜匪，這次鬧了二十天，只不過，又是徒勞而返。

盜匪抓不到，只有一種可能，就是背後有人包庇。

從前荊軻刺殺還是秦王的他時，他還能查出幕後主使的燕太子丹，立即發兵攻打燕國洩憤，到了博浪沙那一次，就只能隱約察覺刺客是韓國的餘孽所聘，至於是誰，躲在哪裡，已經找不出來了，這一次在秦國的大本營咸陽城裡，竟然又遇到了刺客，而且連刺客的身分都無從得知，這不但讓秦始皇憤怒，而且也讓他有種淒涼的無力感。他是天地間的主宰啊！有史以來權力最大的人，卻連個想要取他性命的人都找不出來，是上天在與他作對，還是天下人都和他過不去？

漸漸地，秦始皇的個性變得越來越猜忌，他再也不肯相信任何人，生活作息也越發神秘起來，每天躲在深宮之中，想要修習神仙之術，文武大臣沒有任何人知道秦始皇的行蹤，上朝的時候，總是等百官都已到齊，秦始皇才翩然而至，等朝議結束，皇帝立刻不知去向，有事上奏，得要透過層層關卡，才能間接告知皇帝，政令的下達，也有特殊的管道。秦始皇曾經下令，洩露皇帝行蹤的人，一律處死，有一次，他登上梁山宮巍峨的高樓，往下瞭望，看見了丞相李斯的車隊，說了一句：「丞相的車隊很威風，戒備好森嚴啊！」

立刻便有人將這件事告訴李斯，李斯轉念一想，這些年裡立下了不少功勞，權力越來越大，也得到了不少的好處，可是假如太過招搖，惹來皇帝的猜忌，那可不得了，於是便撤去了部分的車騎隨從。

幾天後秦始皇看見丞相車騎衛兵變少了，知道自己那天所說的話被人洩露了出去，大怒，問道：「是誰把朕說的話告訴丞相的？」

當然沒有人敢承認。

盛怒之下的始皇帝，寧可錯殺一百，便下令將那天和他一同登上城樓的所有隨員一律處死。

至高無上的權力，已經使得秦始皇越來越腐化，再加上他原本就已複雜多變的個性，使得他這個氣吞六合的一代雄主，被後人冠上「暴君」的稱號。

馳道與長城

晚年的嬴政，暴躁而迷信，經由史家的渲染，他的所作所為，已經具備了一切成為暴君的資格。

公元前二一五年，秦始皇三十二年，始皇帝突然頒發一道詔令，派遣蒙恬率領三十萬大軍北伐匈奴，奪取河南地，也就是河套以南的地區。

至於為什麼下達此一命令，是因為始皇帝東遊之時，到了燕國故地，有個方士盧生據說懂得神仙方術，讓始皇頗為信賴，請他渡海尋訪仙人，盧生回來以後，獻給始皇帝一本神秘的《錄圖書》，當中有一段話引起始皇帝的極度重視：「亡秦者胡」。竟然有人要將他準備傳諸萬世的大秦給亡了，這種事豈能讓它成真？秦始皇心裡，直覺的想起了北方的匈奴。

匈奴世居於塞北草原，以遊牧維生，起源甚早，在堯舜的時代，就已經有「葷粥」的稱呼，西周時，稱為「玁狁」，指的都是同一個部族。到了戰國末期，匈奴的勢力強大起來，北方與其相接的趙國、燕國和秦國，都曾經修築城牆抵禦匈奴的入侵。

秦始皇決定征伐匈奴的時候，李斯曾經勸諫：「皇上，此事萬萬不可，理由有三，第一，匈奴人從來不築城，築水草而居，行蹤飄忽，難以掌握；第二，率大軍深入不毛之地，後方補給困難，糧草恐有斷絕之虞；第三，就算勝利，得到了那些荒蕪的土地，也沒什麼好處，還得多派人力去治理，派大軍去駐守，否則一旦撤軍，匈奴必定會重新回來佔領那些土地。」

始皇帝心意已決，此事關係著帝國的生存，茲事體大，怎麼可以因爲一點小小的困難就此卻步？於是，蒙恬的三十萬大軍，浩浩蕩蕩地從咸陽城出發。

蒙恬是個智勇雙全的將領，出身自世代皆有將才的蒙家，他的祖父蒙驁，從昭襄王時代起便是秦國大將，父親蒙武，也是兼併六國時期的一名重要將領，至於蒙恬本人，雖然曾經在攻打楚國時吃過敗仗，可是軍事上的長才仍舊展現無遺，在攻滅燕、趙、齊的戰役裡，蒙恬均有出色的表現。

此次授命北伐匈奴，領軍多達三十萬，對蒙恬而言，易如反掌，果然，大軍所到之處，匈奴望風披靡，立刻作鳥獸散，秦軍成功地收復了秦國中原決戰期間，被匈奴掠奪的土地，以後，長達十餘年的時間裡，匈奴再也不敢進犯。

除了北伐匈奴之外，始皇帝也不忘經營南方，約在蒙恬授命的同時，帝國政府強行徵調無業遊民、商人和贅婿，組成大軍，進攻嶺南地區，獲得勝利，然後，又發配了罪犯以及老百姓一共五十萬人，前往這些以前統稱百越的地區，與當地的居民雜處，並設置桂林、南海、象郡三個郡，將長江以南的地區也併入中國版圖。

比起蒙恬的北伐，這場南征之役艱困得多。

早在帝國成立初期，便已經派遣大將屠睢統率五十萬部隊討伐百越，這些地方在那時全屬未開發的化外之地，密林遍布，高山深壑，溪谷縱橫交錯，莫說車輛輜重，就連徒手的人員，都很難通行。

五十萬大軍，兵分五路進發，遭到頑強的抵抗。越人自古便驍勇善戰，春秋晚期，越王句踐與吳王夫差的故事，是大家耳熟能詳的一頁，後來，越國爲楚國所滅，越人又重新回到山林之間，過著他們遺世獨立的生活。他們與秦軍交戰，利用秦軍不適應當地環境的優勢，不與秦軍正面衝突，採用游擊戰略，甚至君主遭到殺害，他們也會立刻另外推舉一位更勇猛的領導人，繼續從事抵抗。這場仗打了三年，不但主將屠睢陣亡，還折損了好幾十萬的兵力。

不過秦始皇並不因爲挫敗而放棄，並且採取規模更爲宏大的戰略，派人開鑿運河，運送由趙陀、任囂率領的樓船水師進軍，那條運河，叫做靈渠，與鄭國渠和蜀地的都江堰不同，靈渠的開鑿，軍事上的目的大於經濟上的利益。靈渠開鑿成功，大軍湧入，軍事上獲得勝利，終於佔領了嶺南地區。

南方的佔領，用運河達到成功，北方的勝利，則要靠長城來維持。

所以當蒙恬得勝的消息傳回咸陽，秦始皇便訓令他督造長城，永遠阻隔匈奴的再度來犯，蒙恬順應地勢，修建堡壘，將原本燕、趙和秦國的城牆連成一氣，成爲由臨洮到遼東，長達一萬多華里的巨大屏障，這就是赫赫有名的萬里長城。

如今的萬里長城是明朝興建的，不過大多數人都還是比較熟悉秦始皇築萬里長城的典故，因爲在它的背後，有著太多的故事。爲了修築這座巨大的帝國圍牆，動員了幾十萬的民伕，這些人多半是被迫前去工作的，「孟姜女哭倒萬里長城」這類的故事，只是當時千千萬萬個悲劇當中的一個。

長城之外，還有馳道。

所謂馳道，顧名思義，提供車馬奔馳的道路，根據記載，馳道寬五十步，每隔三丈便種樹一棵，路基高出於地面，遇到地基不穩容易崩壞的地方，更用銅灌注以堅固路基，足見馳道工程之浩大。這樣的馳道主要路線有兩條，均以咸陽爲中心，一條通往東北方燕齊故地，另一條則往南通向吳楚地區，除了方便皇帝巡狩之外，更可以快速運送軍隊，將地方與中央更緊密的結合起來。除了馳道以外，還修建直道、新道與五尺道各種等級的道路，以咸陽爲中心，向帝國四面八方各地以輻射狀延伸出去，便利全國各地的經濟聯繫與文化往來。這樣規模龐大的道路工程，動員的人力絕對不亞於萬里長城。

更大的工程則是爲了秦始皇個人，從攻伐六國開始，每消滅一個國家，就仿照這個國家的宮廷，在咸陽以北重新造一座，沿著渭水北岸，一直到涇水渭水匯流處，亭台樓閣，雕梁畫棟，綿延不絕，這只是吞併六國之前。等到天下統一了，咸陽成爲天下的首都，秦始皇開始感到祖先們所修築的宮殿不夠華麗，不夠格成為一個天下之都，於是，他下令修建一個足以匹配他身分的巨大宮殿，這座宮殿，一直到秦帝國滅亡，都還沒有完成，因為它實在過於龐大，光是正殿阿房宮，東西寬五百步，南北長五十丈，殿內可以容納一萬人，殿下可以聚集十萬人，四周圍繞著閣道迴廊，直抵南山頂峰，還修建天橋，跨越渭水，與咸陽相連。宮殿裡，集中了全天下蒐集而來的珍奇異寶，挑選了無數的佳麗，宮女和侍者數千人，極盡奢侈豪華之能事。

如果阿房宮的修築是為了秦始皇生前的享樂，那麼驪山陵寢的興建，則是為了秦始皇死後的世界。秦始皇在人世間享盡了最大的權力與極端的富貴，所以他怕死，而且也不願意別人在他面前提到死，可是在他內心深處，知道這一天總免不了，既然非死不可，也要把生前的一切帶進死後的世界。

秦始皇陵寢的規模，可以說是空前絕後，驪山陵園長寬折算為今日的長度，各為七千五百公尺，面積廣達五十六平方公里，陵園正中央為陵寢本身，一直到現在還留著。經過兩千多年的風雨侵蝕以及人為破壞，陵塚本身仍高達四十六公尺，東西三百五十公尺，南北三百五十五公尺，如同一座小山一般聳立在渭河平原上。

陵寢之內的地下宮殿，到底有多麼宏偉，由於參與興建陵寢的工匠，全都在秦始皇下葬之後封死在地宮裡，因此後人的記載，只能出於想像，直到西元一九七四年，一個想要挖井的老農夫，無意之間挖出了舉世震驚的兵馬俑，才讓後人得以具體推測秦始皇陵到底有多大。保守估計，這些擔任秦始皇死後衛士的兵馬俑，只不過佔了整個地下宮殿的一個小小的角落而已。進行這樣的工程，總共動員了七十多萬人，比修造萬里長城，足足多了一倍有餘。

動輒數十萬人的巨大工程，消耗大量的民力，人們活在痛苦當中，紛紛憎恨起這個一統的大帝國。

秦始皇自己，替自己建立的帝國，埋下了滅亡的種子。

焚書坑儒

盪平了匈奴，收服了百越，秦始皇十分高興，在咸陽擺設盛大酒宴，難得一見地招待文武官員。

宮殿裡，鐘鼓齊鳴，悠揚的音樂與佳麗們曼妙的舞姿，將咸陽妝點得熱鬧非常，酒宴一開始，便有七十多個博士官（諮詢官名）前去向不常露面的秦始皇歌功頌德，內容無非是秦始皇巡遊天下時，早已經刻在那些石碑上的文字，有的恭祝皇帝壽與天齊，還能讓始皇帝露出一點笑容。

這時，有個博士官周青臣歌頌到了天下一統這一點上，說皇帝普設郡縣，消弭戰亂，讓天下百姓安居樂業，實在是前所未有的大功德。這話讓另一個名叫淳于越的博士官覺得十分刺耳，因爲他主張的是分封天下，於是從群臣當中跳出來，對始皇帝說道：「臣以爲，從前商、周兩代，傳國一千多年，那正是因爲分封子弟、功臣作諸侯，共同輔佐王室的結果，如今陛下平定宇內，不僅沒有分封，反而廣設郡縣，如果臣子當中，出現了像齊國的田氏和晉國的六卿那種亂臣賊子，想要篡奪皇位，到時陛下連一個能夠幫忙的人也沒有，還能期待誰來援助？所以想要長治久安，不實施封建制度，那根本是不可能的事。周青臣當面奉承陛下，只會加重陛下的過錯，像這種人，絕對不是陛下的忠臣！」

這個老問題又被提出來了，始皇帝聽見淳于越的話，放下手中的酒杯，招呼群臣們再就此議題討論。

身爲群臣之首的丞相李斯自然有優先發言的權力，他一向最懂得皇帝的心思，發言或上書也最受皇帝採信，從多年以前諫逐客令開始，可是，最近皇帝已經開始表露出對他的不信任，之前李斯反對北伐匈奴，皇帝就沒有採納他的建議，因此這次發言，對李斯而言是個翻身的機會。

他看出當淳于越進言之時，皇帝臉上露出不耐的神情，所以他順著皇帝的意道：「三代有三代的情況，我們大秦有大秦的情況，要順應時勢變化，不能老想著以前的事呀！」

皇帝點頭表示贊同，這給了李斯很大的鼓勵，不久他便上了一道奏摺：「從前，各國相爭，廣召知識份子爲己用，如今天下已定，政令出於中央，老百姓就該好好耕田做工，知識份子就該學習法律典章，可是就是有那麼一批讀書人，不重視當前，老是拿古時候那些過時的制度，來抨擊現代，擾亂人心，整天議論紛紛，自以爲高明，甚至引導群眾，製造輿論，更有結黨營私者，如果不加禁止，皇帝的權威恐將下降。我建議禁止這種現象，具體的辦法是，銷毀秦國以外的史書，除博士掌管的典籍之外，私人收藏《詩》、《書》和諸子百家者，一律限期焚毀，法令宣布以後，有人膽敢談論詩書的，棄市，以古諷今的，誅殺全家，官吏知情不報，與犯人同罪，宣布此法三十天後，處以黥面之刑（臉上刺字），再罰他做四年築城苦工。不過，醫藥、卜卦、種樹這些實用書籍可以留著，有人想學法令，可以官吏為師。」

秦始皇批准了這份奏摺。

李斯創制統一的文字，對中國文化有著極大的貢獻，只是這道奏摺，卻讓他成為中國文化的千古罪人。

帝國官員一聲令下，各地都開始了焚書的工作，許許多多珍貴的古籍，記載著先人的事跡，傳遞著古人的思想，都在熊熊烈火之中，化為飛揚的灰燼。

李斯的動機是忠誠的，原本他以為，藉由焚書的舉動，可以消弭反對的意見，統一人們的思想行動，對帝國的統治，將大有幫助，卻沒想到，這麼做只替秦帝國豎立了更多憎恨它的敵人。

焚書的第二年，西元前二一二年，秦始皇三十五年，又發生了「坑儒」的事件。

原來自從始皇帝結識了方士盧生，便一直對他十分寵信，為了他一句「亡秦者胡」的胡言亂語，便發動了三十萬大軍去打匈奴，還命令盧生以下一批方士，到處去為自己尋找長生不老的靈藥，始皇帝行蹤神秘不定，也是聽了盧生的話才開始的。

盧生告訴他：「為什麼始終找不到靈藥？那是因為有惡鬼在暗中阻擋，臣聽說，如果想要找到長生不老的仙藥，必須得要深居簡出，讓惡鬼找不著，只要避開惡鬼，仙人不請自來，如今陛下忙於國事，一刻也靜不下來，要修練成仙只怕很難，唯一的辦法只有不讓外人知道陛下居住的地方，如此，仙人才會上門，靈藥才能到手。」

怕死怕得無以復加的始皇帝，竟對這番話全然採信。

撒過一個謊，就得撒更多的謊來掩飾，漸漸地，盧生開始覺得不安，他知道這樣下去絕不會有好下場，便偷偷地和另外一名方士侯生說道：「皇帝這個人，剛愎自用，以為自己了不起，只相信殘酷的刑罰，整天以殺人來顯威風，博士官這麼多，只是擺著好看的，丞相以下的文武百官，誰也不敢對他說眞話，事無大小，全由皇帝一個人決定，像這種獨斷專橫的人，實在沒有必要替他找尋長生不老藥！」

他的批評其實很中肯，把秦始皇的個性和作為完全描述出來，只不過，何以這段秘密談話，竟會完整地記錄在《史記》當中？很可能是後人將他們對始皇帝的評價，附會到這兩個人的對話當中，所產生的結果。

不論事實如何，總之侯生和盧生商量以後，就帶著當初從秦始皇手裡騙來的錢財寶物，悄悄地逃走。

秦始皇惱羞成怒，怒氣沖沖地對大臣們說道：「我招攬這批儒生方士，尊敬他們，又賞給他們大量錢財，可是這些傢伙，不但不知感恩圖報，反而對朕妄加汙衊誹謗，朕聽說，咸陽城裡還有一群儒生，到處造謠生事，搞得人心惶惶，朕一定要查清楚，到底是誰在妖言惑眾！」

御史大加搜查，那些儒生方士爲了拯救自己，相互牽連指證，結果逮捕了四百六十多人，始皇帝命人將他們押出城外，一律坑殺。

始皇帝的長子扶蘇聽到這個消息，連忙勸諫父親，說道：「這些儒生，平常只知道讀些孔子的書，沒多大罪過，如果對他們一概處以重刑，只怕老百姓不會心服，還是請父皇開恩，饒了他們吧！」

秦始皇正在氣頭上，他非但沒有聽進去兒子的話，反而肝火更旺，一怒之下，把扶蘇趕出咸陽，叫他到北方上郡去，擔任北方蒙恬軍團的監軍，督促蒙恬修造萬里長城。

「焚書」、「坑儒」，是讓秦帝國失去人心的最主要兩個原因，因爲在當時，掌握輿論力量的，並非今日的傳播媒體，而是知識份子。這兩起事件對知識份子帶來頗大的傷害，秦始皇越是不讓他們議論，他們就越要議論，終於在百姓之間，匯集出一股沛然莫之能禦的反抗意識。

得罪輿論力量，對執政者而言，是一件極其危險之事，只可惜，兩千多年前的秦始皇，並不知道這一點。

長生不老的夢

秦始皇目空一切，他是亙古以來的第一人，三皇五帝不被他放在眼裡，文武周公連替他提鞋也不配，至於那些虛無飄渺的鬼神，如果不是有求於祂們，秦始皇也不會尊重。

有一次，當始皇帝南下巡遊，渡過淮水，經由水路從衡山、南郡順長江而下，路過湘山，卻多次爲大風大浪所阻斷，使得他的隊伍無法繼續前進，於是他諮詢隨行的博士官，知道附近有座供奉湘君的神廟，便問道：「湘君是個什麼神？」

博士回答道：「湘君是位女神，堯的女兒，舜的妻子，她的陵墓，就在這湘山之上。」

始皇帝聽完大發雷霆，認爲江面上的大風大浪，一定就是湘君在搞鬼，於是，派了三千人到湘山上去，把山上的樹木全部砍光，露出泥土石塊，算是對湘君的一點小小警告。

然而隨著年歲的增長，鬼神之說已不由得他不信了，他還是很相信方術士的話，仍舊派遣他們前往各地尋找長生不老藥，儘管盧生侯生的事件令他心頭不悅，儘管他已經把咸陽城裡那些喜歡嚼舌根的儒生一網打盡，他還是希望眞的能夠長生不老。

「坑儒」事件之後的第二年，有兩件怪事被記載了下來，其中一件，說有一顆隕石墜落在東郡（今河北省境內），有人在隕石上刻了幾個字：「始皇死而地分」，這表示一定有人在背後詛咒始皇帝，讓他氣得半死，馬上指派御史大夫前往東郡調查，御史一連查了好幾天，一無所獲，秦始皇一怒，索性將隕石附近的老百姓全部處死。

另外一件事，得從二十八年前說起，那時，尙未親政的始皇帝，曾經在渡江的時候，一個不小心把身上的一塊碧玉掉進水裡，事隔二十八年，始皇帝有個使者，夜間路過華陰平舒道，忽然有個人從黑夜中現身，拿著一塊碧玉，對使者說道：「請替我將這塊碧玉還給水德王滈池君！」水德王，指的就是秦始皇，當初即位的時候，陰陽五行那一段講得很清楚，秦帝國是以水德獲取天下的。接著，那神秘的人對使者說：「今年祖龍死。」說完，身影已經消失在黑暗之中。

使者以爲自己在作夢，可是手裡確實握著那塊碧玉，因此，不得不把事情的經過告訴秦始皇。龍，是皇帝的象徵，所謂的祖龍，就是第一個皇帝。

這兩件事情帶給秦始皇極大的壓力，他努力地爲這件事情作解釋，認爲那個將碧玉還給他的神秘人物，一定是山鬼。

「小小的山鬼，懂些什麼？他根本不知道以後會發生什麼事！」他只能這樣安慰自己。可是這樣畢竟只是自欺欺人，始皇帝越來越覺得坐立難安，整天疑神疑鬼，心頭彷彿有塊大石壓著，喘不過氣來。他找了一個懂得卜卦的術士，要他替自己算一卦，術士對他說道：「陛下這年是犯災星，很不吉利，消災免禍的唯一辦法，只有舉家搬遷，或者外出巡遊，才能避開災星。」

秦始皇相信了術士的話，此時他的健康狀況已開始走下坡，非得躲避一切的災難才行。

西元前二一〇年，秦始皇三十七年，始皇帝的巡遊車隊再一次從咸陽城浩浩蕩蕩地出發，這是始皇帝第五次出巡，也是最後一次，目標是國境東南邊的會稽郡，隨行人員除丞相李斯外，尚有中車府令趙高，以及始皇帝最寵愛的小兒子嬴胡亥。車隊通過武關，抵達南郡，在那裡，一行人改換大船，沿長江順流而下，至江浙一代，渡過錢塘江，抵達會稽山，登上了山頂。

秦始皇在那裡舉行了盛大的祭祀儀式，並且留下最後一塊刻石，內容仍是記載自己的豐功偉業，再一次強調自己所作所爲的正當性，此外，刻石的內容尚有一段強調家庭道德、男女之防以及夫妻關係，原來此地向爲化外之地，兩性關係甚爲開放，這與秦始皇的道德觀不合，所以特別在刻石當中強調。

在男女關係這點上，秦始皇作爲一個皇帝，是頗有著一種潔癖的，也許，在他童年記憶中，母親穢亂后宮之事，帶給他的影響，一直到現在還沒有辦法平息。

離開會稽，始皇帝一行人，改走海路，北上前往山東瑯琊，據說在那裡有長生不老的仙丹，方士們找了多少年都找不到，這回他秦始皇要親自去找。

多年以前，秦始皇曾經來過瑯琊，那時，有個方士名叫徐福，對皇帝說道：「瑯琊東面的大海裡，有蓬萊、方丈、瀛洲三座仙山，山上有神仙，在那裡煉製仙藥，吃上一粒，便能長生不老。」結果秦始皇讓徐福帶著童男童女好幾千人，坐船到海上尋訪神仙靈藥，徐福一去，便沒了下落。

結果這次來到瑯琊，竟然又碰上了徐福。

徐福騙秦始皇道：「我們爲了替陛下求仙藥，坐船到大海，眼看三座仙山就在不遠之處，此時，卻有許多巨大的鯊魚在那裡興風作浪，阻礙我們船隻的通過，如果陛下肯派弓箭手與我們隨行，將那些大鯊魚射死，就能登上仙山，找到長生不老之藥。」

這下連鯊魚都來和他作對了！徐福的話並沒有讓秦始皇懷疑，反而激起了他好勝之心，他道：「幾條鯊魚有何困難？朕親自指揮，不信他們逃得掉。」帶著弓箭手駕船在茫茫大海當中找尋，一直航行到之罘（今山東煙台附近海面），總算碰上了幾條大魚，皇帝一聲令下，箭雨齊飛，射死一條魚，其他的全給嚇跑了。然後，皇帝的船在海面上東繞西繞，逛了好幾圈，仍然找不到所謂的海上仙山。

徐福很緊張，只能繼續瞎掰：「仙山虛無飄渺，如今巨鯊已死，陛下何不另覓良辰吉日，再來尋訪？」

長途跋涉，舟車勞頓，再加上又在這大海的風浪之中折騰這麼久，始皇帝實在覺得支持不住，只好從之罘登陸，命徐福繼續留守瑯琊，等待時機尋訪仙藥，自己一行人則重新踏上返回咸陽的路。

徐福知道自己的謊瞞得了一時，瞞不了一世，便率領童男童女，駕船往東方航行，他們這一去就再也不回來了。徐福等人抵達了一座大島，便在那裡定居了下來，與當地居民雜處。這座大島，就是日本，一直到現在，日本都還能找得到徐福的遺跡。

求取仙藥失敗，讓秦始皇的心情跌到谷底，當時，他的身體健康已經大不如前，又日夜趕車，身心俱疲，車隊行經平原津，秦始皇就病倒了，而且病得相當嚴重。李斯等人著急又擔心，他知道，始皇帝這種平常不生病的人，一生起病來，往往很難醫治，如果有什麼萬一，皇帝的位子該由誰繼承？李斯想問又不敢問，秦始皇最恨別人在他面前提起這檔事，李斯不敢，就沒有人敢了，這件事，只好拖一天算一天。

七月間，車隊來到沙丘，秦始皇自己知道自己不行了，再怎麼樣，還是得交代自己的後事，於是，把李斯和趙高找來，有氣無力地道：「快，快給扶蘇下詔書，要他把北方兵權還給蒙恬，立刻回咸陽，朕如果好不了，就讓扶蘇主持喪事，並且繼承皇位。」

李斯立刻依照旨意，起草一份詔書，重病的始皇帝掙扎著看了看，伸出顫顫巍巍的手，在詔書上蓋了印，趙高才將詔書封好，秦始皇已經閉上了眼睛。

這一年，是西元前二一〇年，秦始皇登上王位之後的第三十七個年頭，目空一切的秦始皇，亙古以來的第一人，終究敵不過死神的魔掌，只能讓那空前絕後的雄偉陵寢，陪伴他走向死後的世界。

皇帝之死，來得突然，李斯害怕引起大亂，連忙與趙高和皇帝身邊的幾個宦官商議，決定暫時不發布消息，將皇帝的遺體放在一輛能夠通風遮蔭的車中，繼續趕回咸陽，每日皇帝的飯菜，仍由那幾個宦官按時奉上，百官有事稟報，也由李斯等人負責轉達批示，這樣，暫時把場面穩定下來，李斯鬆一口氣，吩咐趙高趕緊將遺詔送去給扶蘇。

可是，趙高的手裡拿著遺詔，眼睛裡卻流露出異樣的神情，他並不想讓扶蘇當皇帝。

當初，身爲宦官的他，懂得察言觀色，得到秦始皇的歡心，才當上中車府令，替始皇帝掌管車輛之事。公子扶蘇爲人正派，瞧不起趙高，從沒給他個好臉色，因此，趙高便想盡辦法與小兒子胡亥親近。胡亥是個典型的公子哥兒，十分欣賞聰明伶俐的趙高，事無大小，完全聽信趙高的言語，如果胡亥能夠當上皇帝，趙高就能一輩子吃喝不盡了。

於是趙高先說服了胡亥，再和李斯商量，試探性地說道：「先帝臨終前的遺詔，沒有別人知道，如今詔書和玉璽都在公子胡亥那兒，誰來繼位，全憑咱們倆一句話，丞相說該怎麼辦吧。」

李斯被這個宦官問得一頭霧水，板起臉來教訓：「先帝遺命由公子扶蘇繼任，我們當臣子的，怎麼可以說出這種罪孽的話！」

趙高笑著問：「丞相，您和蒙恬將軍比起來如何？才能？功勞？和公子扶蘇的交情？」

一連好幾個問題，讓李斯驚訝中帶著疑惑，只能隨口道：「當然比不上蒙恬……不過，他是將，我是相，總有不同……你問這個有什麼意思？」

「要是扶蘇當了皇帝，蒙恬只怕一定能夠出將入相，到時候丞相您只好回老家啦！」趙高誘之以利：「我在宮裡服事二十多年，知道公子胡亥爲人厚道，如果丞相幫助他當上皇帝，他必然會好好報答丞相的恩情。」

李斯仍不答應，道：「我以一介平民，受先帝提拔，怎可做出對不起大秦朝的事？」

趙高威之以勢：「如今詔書和玉璽都在胡亥那裡，大局已定，丞相要是不同意，只怕會惹禍上身哪！丞相不爲自己想，也該爲自己的子孫想。」

李斯爲了保住自己的功名地位，只好莫可奈何的答應，便和胡亥、趙高商量，立了一份假的詔書，由胡亥繼位，並爲了永除後患，以秦始皇的名義，寫了一封信給上郡的扶蘇，信裡說皇帝不滿扶蘇和蒙恬率領幾十萬大軍，屯守邊疆，不好好爲國服務，反而經常上書誹謗皇帝作爲，不忠不孝，因此命令扶蘇和蒙恬自殺。

矯詔送出之後，趙高李斯等人作賊心虛，不敢直接回咸陽，向北繞了一大圈，等待扶蘇蒙恬的消息。

天氣炎熱，秦始皇的身體已經開始腐爛，發出陣陣臭味，爲了保密，李斯趙高只好派人沿路採購了大量的鮑魚，放在秦始皇的車中，弄得整個車隊都是魚腥味，掩蓋屍體的臭味。

不久之後，扶蘇收到了始皇帝的詔書，拆開了信封一看，不禁痛哭一場，立刻就要自殺，蒙恬看出事有蹊蹺，勸說道：「皇上委託給我三十萬大軍，又派公子前來監軍，肩負重任，怎麼可以因爲來了這麼一個使者，就這麼自殺？依我看，不如派人去向皇帝請示，眞有此事，再作打算不遲。」

扶蘇不肯，流淚說道：「父要子死，子不得不死，用不著請示了。」說完，寶劍在脖子上一抹，就自殺死了。在他心裡，大概早以爲自己會有這一天，多次向父親勸諫，父親總是用最嚴厲的態度懲罰他，父親的心裡，想必是憎恨他的吧。

但是，他並不知道，這一次，他誤會了父親。

蒙恬不想像扶蘇一樣糊裡糊塗的自殺，但他畢竟是大秦的忠臣，雖然手握重兵，卻還是不願背叛，於是交出兵權，自請入獄，聽候處分。

胡亥、趙高和李斯聽說了扶蘇自殺的消息，便兼程趕回咸陽，發布秦始皇死亡的消息，由胡亥主持皇帝的喪事，並宣布繼位，號稱二世皇帝。

指鹿爲馬

二世皇帝繼位以後，李斯果然保住了自己的丞相地位，不過，眞正的大權，已經掌握在趙高的手裡。二世皇帝任命他爲郎中令，對他極爲信任，即位的第一年，便效法秦始皇，東巡各郡縣，遊歷名山大川，四月間回到咸陽，對趙高說道：「人生在世，只不過是一轉眼之間的事，稍縱即逝，朕已身爲皇帝之尊，打算享盡人世間的榮華富貴，痛快的玩樂，可是又怕帝位不穩，大臣不服，諸公子與朕相爭，這該如何是好？」

趙高躬身說道：「臣有一事，早想上奏。」二世皇帝追問，趙高便道：「當今朝中大臣，多半是先帝提拔的，諸公子，多半爲陛下兄長，表面上順服，實際上難說，聽說我們在沙丘的那件事，外面已經有人懷疑了，如果不採取斷然手腕，恐遭變故。爲今之計，只有嚴法苛刑，找些理由誅除那些權臣宗室，然後收羅天下人心，把前朝舊臣，全部換成陛下的親信，如此方能大權獨攬，陛下才能高枕無憂，盡情享樂。」

二世一想覺得有理，便在趙高的協助下，展開誅殺大臣與諸公子的工作。首先擺在眼前的便是蒙恬蒙毅兩兄弟，蒙毅具備決策的能力，與兄長蒙恬一個在朝中，一個在前線，決斷著秦朝大軍的運作。之前，趙高已成功的解除了蒙恬的兵權，並用同樣的手段，入蒙毅於罪。

現在，趙高又派了使者到蒙毅面前，對蒙毅轉達二世皇帝的命令：「當初先帝想立朕爲太子，你不同意，這是不忠，罪當滿門抄斬，朕念你功在國家，只讓你一人自盡，也算對你恩重如山了。」

蒙毅不由得爭辯起來：「立太子的事，我完全不知情，陛下這麼說，實在太冤枉人。」使者不管，他奉趙高之命，來取蒙毅性命，不管是否冤枉，仍然將蒙毅處死。

蒙恬那方面也是，當蒙恬知道皇帝非要他死不可，喟然嘆道：「想我蒙家三代，爲大秦盡忠立功，我率軍三十萬在外，隨時有力量反抗，但是，我寧願一死，也要證明我的忠誠，不敢辜負祖先，更不敢對不起先帝。」語罷，吞下毒藥，一代將才，就此殞落。

二世誅殺功臣毫不留情，對待自己的同胞手足，更是殘忍，任何一位大臣或者公子，只要涉及到一點點小事，立即逮捕處死，有十二個公子在咸陽遭到棄市，另外還有十個公主在城外遭到車裂，並且沒收家產。

有個名叫將閭的公子，以及同母兄弟三人，因爲找不到證據，被囚禁在皇宮內院，最後要將他定罪處斬，罪名是對皇帝不尊重，將閭不服，對行刑的使者申訴道：「在朝廷裡，我從沒有過失，在祭典之上，我一向遵守禮節，皇上有事向我問話，我也從來沒有說錯，何來不尊重的道理？」

使者回答：「你是不是眞的有犯罪我不管，我只管執行命令。」

將閭與兩個兄弟抱頭痛哭，仰天長嘯：「蒼天哪！我沒有罪！」隨即拔劍自殺。

二世皇帝快要將兄弟姊妹都殺光了，有個名字叫做高的公子，想要逃跑，又怕連累一家大小，思前想後，決定自請處分，以保全妻兒的性命，於是上了奏章給皇帝：「先帝在世的時候，對我恩重如山，不但准我入宮飲食，出宮乘轎，還賞賜我衣服馬匹，如今先帝去世，在地下一定非常寂寞，請准許我隨先帝殉葬，到地下去服侍先帝，盡一個做兒子的孝道，望陛下成全。」

秦二世心中大喜，立即批准，並賞給他十萬錢作爲喪葬費用，如此，公子高雖死，總算保全了家人的性命。

胡亥甫登皇位，便在宮中實行這種恐怖政策，所作所爲，已接近毫無人性的地步，又大發民工繼續修建阿房宮和驪山陵寢，制定了比秦始皇時代還要嚴酷的法律，搜括老百姓，皇宮裡，豢養了大批的猛犬、駿馬、珍禽異獸，所需飼料極爲龐大，難以供應，二世便下令全國郡縣運送各種雜糧乾草、米穀豆類到咸陽，運送的車伕還得自備糧食，並且不准咸陽附近三百里內的居民食用當地生產的糧食，必須全部繳交給政府。

過於繁重的勞役、賦稅，以及不知道有沒有明天的恐怖生活，使得大秦帝國的老百姓難以生存，只能走上反抗的道路，各地都有這樣的聲浪，貧困潦倒的農民，打著復興六國的旗號，拿起手邊的鋤頭釘鈀，與秦國的正規軍交戰。二世皇帝這個人，才智能力比不上秦始皇的萬分之一，狂傲自大卻有過之而無不及，他根本不相信那些平民百姓膽敢反抗他至高無上的權力，便召了幾個博士儒生，問問到底是真是假。

博士們都說此事千眞萬確，還不斷勸說皇帝，各地的造反聲勢浩大，希望陛下趕緊做好準備，以保社稷。

二世皇帝一聽便覺得火大，正要發怒，卻有個叫作叔孫通的儒生，一副無所謂的模樣對皇帝說：「根本沒這些事，陛下英明神武，宇內昇平，百姓安居樂業，那些造反什麼的言語，只不過是一些雞鳴狗盜之徒罷了，陛下只消一道命令，讓郡縣官吏把他們抓起來就行，根本不值得為此事擔憂。」

二世聽完，轉怒爲喜，點頭稱是，提拔叔孫通爲博士，還賞了他不少綢緞新衣。

有人指責叔孫通討好皇帝，睜眼說瞎話，只有他自己知道，大秦暴虐無道，氣勢已衰，遲早應該推翻，他這麼說只爲讓皇帝疏於防備，沒過多久，叔孫通就帶著弟子逃出咸陽，加入了反抗軍的行列。

而二世皇帝，仍然醉生夢死，過著花天酒地的糜爛生活，凡事只聽趙高。

趙高的權勢越來越大，卻還想要更大的權力，他勸二世皇帝：「陛下身爲天子，應該要讓臣子們尊敬，如何顯得尊貴？只有深居簡出。現在陛下還年輕，每天和大臣見面，難保哪天說錯了話，讓大臣瞧不起，依我看，陛下以後就不用上朝了，朝廷上的事，就由我代爲轉達，等陛下將這些事考慮得妥當，再做決定，這樣，不但不會出錯，陛下也能有多一點時間玩樂呀！」

這話對了二世皇帝的胃口，每天上朝，的確是件苦差事，便真的躲進深宮，不再上朝，趙高儼然成了皇帝的代理人。

有一次，趙高聽說李斯想要晉見皇帝，便對李斯說：「近來關東地區造反的人越來越多，陛下還是照樣徵發老百姓來修建宮殿，這實在是火上澆油啊！我想勸陛下，只可惜官太小不管用，丞相是百官之首，何不勸勸陛下呢？」

李斯嘆道：「我早想勸了，只是陛下從不上朝，難以見上一面啊！」

趙高便說：「丞相如果願意，這還不容易嗎？我瞧見陛下空閒的時候，就派人來報告丞相，如何？」李斯覺得只有如此，便點頭答應。

誰知李斯這一答應，就中了趙高的計謀，當初沙丘之謀，李斯也有份，如果不除掉李斯，必定會成爲他的絆腳石。趙高只趁皇帝玩樂得正開心的時候，才遣人通知丞相，一連好幾次，李斯都碰了釘子，還惹來皇帝的懷疑，對趙高道：「丞相最近不知道犯了什麼毛病，平常總不來，非要等朕有事的時候才來求見，這不是跟朕作對嗎？」

趙高趁機說壞話：「陛下，當年丞相也參加了沙丘的事，如今陛下當了皇帝，丞相還期盼陛下封他個諸侯王當當呢！結果陛下並沒有封賞，他當然怨恨陛下。有些事，臣不得不說，那些造反的傢伙，陳勝、吳廣什麼的，都是楚國人，丞相也是楚國人，他的兒子李由防守他們，不但不發兵攻打，還與他們有書信往來，如今，人們都說，丞相的權力，比皇帝還大，陛下，對這樣的事，不得不防著啊！」

二世皇帝很生氣，想要逮捕李斯，李斯得知此事，立刻瞭解了趙高的陰謀，上書皇帝說：「當初齊國有個叫田常的大臣，聚斂財富，篡奪朝政，把齊簡公殺了，奪取齊國，此事天下皆知，如今，趙高心地邪惡，聚斂財富比田常還多，又大權在握，這樣下去，總有一天會爆發事變。」

皇帝不但不聽勸告，反而把李斯的奏章拿給趙高看，趙高說：「奸臣總是懼怕忠臣，丞相如今畏懼的，就是我趙高，陛下如果聽他的話，皇位就要被他篡奪了。」

二世皇帝聽了很害怕，就把李斯交給趙高處置。趙高得令，立刻以通敵叛國的罪名，將李斯逮捕下獄。

李斯認爲自己從無叛國之意，功勞又大，總有一天能陳冤昭雪，可是趙高每天派人來質問李斯是否叛國，李斯只要回答不是，便是一頓毒打，打得他不敢說實話，等到皇帝派人來問，李斯分不清是誰的使者，一概承認通敵叛國，使者據實稟奏，二世聽了，很高興地誇獎趙高。叛國之罪，罪大惡極，李斯被處以最嚴厲的五刑，並且腰斬於咸陽街頭，這個一手策劃大秦帝國的建立，統一了度量衡，制定了統一文字，秦帝國的最大功臣，就這麼落得一個慘死的下場。

李斯一死，趙高馬上就被任命為丞相，一個宦官，能夠當上這樣位極人臣的職位，一定有人覺得不滿，於是趙高親自導演了一齣鬧劇。一天，他牽了兩隻梅花鹿，來到金鑾殿，對皇帝說：「臣得到兩匹駿馬，特來獻給陛下。」

二世皇帝以為趙高在開玩笑，說道：「丞相糊塗了吧？這明明是鹿呀，怎麼說是馬呢？」

「陛下如果不信，可以徵詢文武大臣們的意見。」

結果竟然沒有人敢回話，皇帝急了，忙說：「今天你們非得說出這是鹿還是馬！」有的大臣只敢順著趙高的意思，附和著說：「對，對，是馬，這哪是鹿呢？」比較正直的大臣，看不慣趙高如此當眾欺君，堅持回答：「這明明是鹿。」

趙高暗中記下說眞話的大臣，事後，便隨意捏造罪名，將那幾個大臣都殺了，從此，朝中善類一空，所留下的，只有那些與趙高親近的小人，如此一來，趙高連皇帝也不放在眼裡了。

適逢反抗軍隊攻陷武關，咸陽危如累卵，趙高六神無主，索性與弟弟趙成和女婿咸陽令閻樂串通，發動宮廷政變。他說：「皇帝不聽勸告，如今大難臨頭，想要我們頂罪，我看不如罷黜了他，另立公子扶蘇的兒子爲君。」於是謊稱有巨盜在咸陽城內圖謀，由閻樂率千餘精兵追捕，一舉攻進二世皇帝居住的望夷宮，殺了守衛，來到皇帝面前，數落他的罪狀，要他自行了斷。

皇帝對閻樂求情：「可不可以讓我見見丞相？」

「當然不行。」閻樂回答。

「那讓丞相作皇帝，封我當個諸侯王可不可以？」

「不行。」

「讓我當個萬戶侯呢？」

「想得美！」

皇帝仍不甘心，繼續央求：「那讓我和妻子去當個普通老百姓，留我們一條生路吧！」

「廢話少說。」閻樂揮舞手中長劍，大聲喝道：「我奉丞相之命，剷除昏君，你自己不動手，難道要我動手嗎？」

二世皇帝只有自殺一途，死的時候，才二十三歲。

直到現在，二世皇帝還不了解他一輩子信任的趙高，究竟爲什麼會如此待他。

他被趙高矇騙，外面發生了什麼事，完全不知道，其實，從他即位之初，陳勝、吳廣揭竿而起之時，便已注定了大秦帝國走向滅亡的命運，這些，他從來不曾知道，以後，他也沒有機會知道。

陳勝與吳廣

公元前二〇九年，秦二世元年，一支由九百人所組成的隊伍，冒著傾盆大雨，艱困地跋涉在泥濘不堪的山林小路間，他們是一群從貧困的鄉間徵調來，前往北方服勞役的戍卒，他們一個個餓得瘦骨嶙峋，疲憊不堪，卻仍兼程趕路，此時，他們才剛到大澤鄉（今安徽宿縣南），距離目的地漁陽（北京密雲縣），尚有千里之遙，探路的士卒回來稟報：「前面爆發山洪，橋樑被沖毀，一片水鄉澤國，再也沒法前進一步了。」

別無他法，他們只能在當地駐紮下來。

屯長（領隊之意）陳勝的心情極為惡劣，算算時間，就算繞路，也已經趕不上原定的期限，依照大秦律法，罪當處斬，他不甘心，便對另外一名屯長吳廣說：「怎麼辦？難道我們就這麼樣去受死嗎？」

吳廣說道：「我看不如逃走算了。」

陳勝卻有別的心思，他搖搖頭道：「逃走也是死路一條，你說，該當如何？」

吳廣一拍大腿，義憤填膺道：「等死也是死，逃亡也是死，起義舉大計也是死，要死，也得死得有意思些。」

陳勝點頭微笑道：「不錯，天下的老百姓，忍受暴政已經很久了，我聽說，當今皇帝是始皇帝的幼子，本來不應繼位，應該繼位的是長子扶蘇，扶蘇這個人是個賢才，皇帝忌妒他，才把他殺了，很多老百姓不知道內情，以爲扶蘇還活著。另外，楚將項燕，當年屢立戰功，至今楚國遺民，對他仍然懷念，有的說他只是逃亡在外，並沒有死。如今我們身在楚地，如果我們要舉事，最好借用扶蘇和項燕的名義，必定能號召群眾。」

吳廣覺得陳勝之言極有道理，於是便決定和他試一試。

但是，以他們這兩個名不見經傳的人物，如何能夠號召群眾，與他們一同起義抗暴？陳勝想了個辦法，他在布帛上寫了「陳勝王」三字，悄悄塞進捕來的魚肚子裡，士卒們買了魚，煮好了正準備要吃，見到這樣的字條，覺得很奇怪，對此事議論紛紛。吳廣又在夜裡，偷偷躲到營舍附近的神祠後面，尖起嗓子來高聲嚎叫，假扮狐鳴，那聲音聽起來卻像是在說：「大楚興，陳勝王。」

士兵們聽見這些流傳的言語，對陳勝另眼相看，陳勝走到哪，都有人指指點點，目光之中露出敬畏的神色，陳勝心中得意，知道時機已經成熟，便要吳廣伺機而動。吳廣一向待人和善，很得士卒的歡心，便利用這一點，故意向屯軍的兩位司令官挑起事端，當著這個兩名將軍的面說要逃亡，將軍大怒，要鞭打吳廣以懲罰，惹來眾人的激怒，此時，一個將軍拿劍要殺吳廣，被吳廣反手將劍奪下，一擊斃命，陳勝也將另外一個將軍殺死，群眾的情緒激動高昂。

陳勝利用這種場面，跳到眾人面前，高聲說道：「各位，我們今日走到這步田地，縱使星夜趕路，也難以如期抵達目的地，按照律法，定當處斬，就算僥倖存活，待在那寒冷的北方，十之八九也是死路一條，即使最後活了下來，長久和家人分別，天涯相隔，那滋味比死還要難受。各位都是熱血壯士，不死則已，要死，也得轟轟烈烈，成就萬世的功業！王侯將相，難道是與生俱來的嗎？」

他的面前，是一群普通老百姓，被他最後這句話點醒，覺得很有道理，王侯不是天生的，百姓也不該是天生的，老百姓也該有機會管一管朝堂大事。

所以，九百多人紛紛對陳勝效忠：「我們願意跟隨您。」

他們打著項燕和扶蘇的旗號，就在大澤鄉誓師，天公有心作美，誓師祭壇搭起來的那一天，雨過天青，豔陽高照，陳勝、吳廣登上祭壇，舉行隆重的祭祀典禮，祭品就是那兩個將軍的頭顱，就這樣，中國歷史上第一次從下層社會發起的政治革命運動宣告展開。

起事地點在楚國故地，因此誓師典禮之後，他們便自稱「大楚國」，陳勝爲將軍，吳廣擔任都尉（民兵司令），迅速攻陷大澤鄉，沿路北上、西進，所到之處，人民無不揭竿響應，士卒越聚越多，沒過多久，便攻下了陳郡首府陳丘，此時，他們的大楚國，已經從一群拿著鋤頭木棍的農民，變成一支擁有戰車六百乘、戰馬一千騎、步兵數萬人的強大軍隊。

大軍進入陳丘，陳勝召集當地的英雄豪傑與地方耆宿，共同商議大事，他們一致擁戴陳勝爲王，陳勝表面上半推半就，實際上正有此意，這時陳郡之中有兩個隱士名叫張耳和陳餘的，前來投靠，並且勸說陳勝道：「將軍您冒著萬死的危險，起兵反抗暴秦，是爲了要替天下除害，而今剛剛得到陳丘，就想當國王，豈不是暴露私心？」

「怎麼說？」陳勝見這兩人不識相，有些不耐煩：「我如果不快點稱王，怎麼能夠繼續號召群眾加入？」

「不！」張耳陳餘斬釘截鐵地說：「爲今之計，應當繼續西進，並且派人尋訪六國後裔，幫助他們復國，給秦政府增加敵人，爲自己樹立黨羽，到時候，陳將軍便可揮軍長驅直入，攻下咸陽，號令各國。這才是皇帝的大業，如今只想在一個小小的陳丘當王，只怕會使人反感。」

這的確是陳勝平定天下的最佳戰略，然而，平民出身的陳勝，畢竟沒辦法擁有如此宏大的眼光，他執意要稱王，有識之士再怎麼勸說也沒有用，於是陳勝自稱楚王，國號「張楚」，意思就是要張大楚國，同時冊封吳廣爲「假王」，也就是代理楚王的意思。

張耳和陳餘看清了事實的眞相，認爲陳勝終究難成大事，便開始謀劃脫身之計。一日說服陳勝道：「大王現在已經攻下了大部分的楚地，不過，如果想要入關的話，還是得先把河北收伏才行，我們以前曾經遊歷過河北，對舊趙故地地形頗爲熟悉，願請兵替大王收復趙地，如此一來，既可以牽制秦軍，又可以替大王撫定河北，一舉數得啊。」

陳勝覺得不錯，但終究對張耳陳餘這兩個人不大放心，於是便指派了自己的親信武臣擔任將軍，張耳陳餘爲左右校尉，分兵三千人，北略趙地。

這是陳勝對北方的攻勢。

對南方的攻擊，則由汝陽人鄧宗，率軍攻打九江郡。

至於西路大軍，則是陳勝進兵的主力，共分三路，第一路由假王吳廣率領，攻擊滎陽，打開通往咸陽的路，第二路由宋留率領，進攻武關，以突破進入關中的主要通道，第三路由陳丘人周文率領，直接進攻咸陽，沿路郡縣紛紛響應，與起義軍隊會合，那態勢如烈火燎原，一發不可收拾。

至於陳勝自己，則坐鎮陳丘指揮，大有君臨天下的氣勢。

只不過，事實的發展，並無法如同陳勝預料那般順利。

北路進攻趙地的武臣，率軍攻入了趙國舊都邯鄲以後，便在張耳陳餘的勸說之下，從陳勝「張楚」的旗號之下脫離出來，自稱趙王，以陳餘爲大將軍，張耳爲丞相。

此事令陳勝大爲驚訝，也十分震怒，立刻要族滅武臣留在陳郡的家人，同時起兵討伐趙國，這時有個名叫蔡賜的，出來勸說陳勝道：「如今秦國未滅，如果誅殺武臣家屬，那就等於另外樹立一個敵國，將使大王腹背受敵，如何能成就大業？依臣之見，不如先派人前往道賀，穩住他們的心，再要求他們西進攻打咸陽，協助周文的部隊進軍，一切，等消滅了秦國，再說不遲。」

陳勝聽從了蔡賜的意見。

他不能再增加敵人了。

最近，他漸漸的感受到孤單，漸漸地覺得身邊的人越來越冷淡。

不久之前，幾個當年在一起耕田的老朋友來到陳丘拜訪陳勝，陳勝熱情地招待他們，這些老朋友都是粗鄙的鄉下人，當他們習慣了王宮的深宅大院之後，漸漸開始沒大沒小了起來，他們不但舉止隨便，還將陳勝當年耕田務農時的陳年往事全翻出來談笑，大大折損楚王的顏面，這時便有左右稟報，說這些鄉下人不知分寸，若不懲處，有失大王威嚴，陳勝也生氣了起來，便把其中一個老農夫給斬了。

這個舉動，讓那群親朋好友真正地認清，眼前這個威風的大王，早已不再是當年嘻嘻哈哈的那個農夫陳勝了，便紛紛離去，與陳勝一同舉兵的那九百士族，也看出陳勝刻薄寡恩的一面，再也不敢與他親近。

陳勝贏了尊嚴，卻輸了友情，甚至失去了部下的信賴。

正當他心情低落之際，周文兵敗陣亡的消息，更讓他的挫折感達到前所未有的地步，尤其是當他知道，秦廷只不過用了一名財務官章邯，率領了一批由罪犯奴隸組成的臨時部隊，就將他的西進大軍擊潰，讓他消滅大秦的信心，一點一滴的土崩瓦解，大秦帝國雖然運勢已衰，但終究保留著完整的軍事建置與傳統，絕非一群毫無經驗的農民所能望其項背。

更大的打擊來自幾天之後，一名使者，由滎陽前線飛馬而來，呈上一只木匣，陳勝打開一看，驚訝與悲憤同時湧上心頭，木匣之中，竟然是吳廣的頭顱。仔細詢問之下，才知道滎陽吳廣率領的部隊起了內鬨。

吳廣的部將田臧，隨吳廣攻打滎陽，久攻不下，與秦軍對峙，聽說周文兵敗陣亡的消息，擔心咸陽危機解除，秦軍便會馬上派兵增援，認爲應當只留下少數兵力圍滎陽，集中精銳部隊去抵禦秦軍。然而，他與吳廣不和已久，認爲吳廣驕橫，根本難以與他商量此事，索性假借楚王陳勝之命，將吳廣給殺了，自己奪取兵權。

將吳廣的首級送來，分明是給陳勝一個棘手的難題：現在兵權在我田臧手上，你陳王想聽我還是想辦我，就由你自己決定了。

陳勝擔心又培養出一個趙王，不但不敢處罰這個殺了他軍中二號人物的叛將，反而封田臧爲上將軍，部隊聽其命令行事。這樣做，不但沒有達到收攏人心的效果，反而在他的部屬之間，投下了離散的因子，自此人人自危，連吳廣被殺，陳勝都沒有斷然處置，誰又敢保證自己的命運呢？

後來田臧果然依照自己的想法，率領精兵迎戰秦軍，讓部下李歸留守滎陽，結果敖倉一戰，田臧被章邯擊潰，田臧與李歸先後陣亡，於是陳勝麾下吳廣的這支部隊，也宣告覆滅。

陳勝大勢已去，兵敗如山倒，南路攻打九江郡的鄧宗被殺，西路攻打武關的宋留在新蔡遭到秦軍圍困，全軍投降。秦軍在章邯率領之下，連戰皆捷，秦廷又派都尉董翳、長史司馬欣率兵增援，秦軍有如潮水一般湧向陳郡，陳勝倉皇之中迎敵，一戰大敗，陳勝只能帶著少量的隨從，奮力突圍，逃出被攻陷的陳丘，向東南方退卻，逃到汝陽，再折向東北逃到下城父地方。

這條路線，正是他當初起事的進軍路線，如今倒著往回走一遍，似乎是想回到大澤鄉去重整旗鼓，只不過，他沒能來得及重回當地，便在下城父那裡，被他的車夫莊賈所謀殺，提著他的頭前去投降了秦軍。

就這樣，史上第一次由平民發動的政治革命，在短短不到一年的時間之內，便以失敗作為收場。

「楚雖三戶，亡秦必楚」

陳勝、吳廣的起事，最後雖然失敗了，但是，因為他們而引起的諸侯豪傑之兵，早已分聚天下。

除了武臣、張耳、陳餘的趙國之外，魏國的後裔魏咎，在陳勝派去的周市軍隊的支持下，立國稱魏王；趙王武臣派遣韓廣率軍攻略燕地，韓廣卻在燕人的支持之下，自立為燕王。

齊國的宗室田儋，趁著天下大亂的機會，在狄縣自立為齊王；從會稽郡起兵的項梁，千辛萬苦尋訪楚國宗室後裔，找到了楚懷王的孫子，在民間牧羊，便迎接來將他立為楚王。

聲勢最弱的韓國，則在張良的百般勸說下，得到項梁的支持，立韓公子韓成為王，帶了一支為數不多的部隊，在韓國故地潁川附近打游擊戰。

如此一來，相隔秦始皇結束戰國紛爭僅僅十三四年，華夏的大地上，再度出現了一個更爲紛亂的，新的戰國時代。

秦帝國在趙高亂政與胡亥昏庸之下，已經沒有能力結束這樣的亂世，「楚雖三戶，亡秦必楚」的說法，在「楚王」陳勝衰敗之後，似乎已經開始遭到人們的質疑，新的亂世，必須要有新的英雄來結束它，於是，就有兩位新的英雄應運而生。

一位是項梁的姪子項羽，身長八尺，力能扛鼎，才氣過人，少年之時便絲毫不掩英雄氣概。

另一位是泗水亭長劉邦，整天遊手好閒，不事生產，卻爲人豪爽豁達，喜歡交朋友。

是什麼原因使得這兩個性格完全不同的人，得以在秦末的亂世出頭，並且建立了一個完全不同的新時代？又是什麼原因，使得一度成爲天下霸主的項羽，最後竟然敗給了個人才能遠不如他的劉邦？

第四章：楚漢相爭

秦末大亂，六國旗幟重新揚起，最後演變成兩雄相爭的局面。

兩位亂世豪傑，一個是力能扛鼎的英雄項羽，另一個則是出身自布衣平民的劉邦，兩人在不同的境遇當中崛起，爭戰廝殺，鬥智鬥力，將中國大地的版圖當作他們的棋盤。

楚漢相爭，造就了中國歷史上第一個平民皇帝，與一個長達四百年的大一統帝國，卻也塑造了一個不以成敗論英雄的結局，一個悲劇性的霸主。

亂世出豪傑

陳勝、吳廣起兵的兩個月後，公元前二〇九年，秦二世元年九月，東南各地，如野火燎原一般，相繼爆發了反抗秦帝國的動亂。

到處都有秦朝的官員遭到殺害，沛縣的縣令害怕了，打算響應陳勝吳廣，因此找來屬下蕭何、曹參商量。

兩人勸說縣令道：「您以朝廷官吏之身，想在現今局面之下，統領沛縣子弟，只怕心有餘力不足，不如把劉邦他們找回來，讓他來協助您，哪怕沛縣子弟不從？」

縣令覺得有理，便讓蕭何去安排。

蕭曹兩人口中的劉邦，原本是泗水亭長，爲人不拘小節，慷慨大方，喜歡交朋友，因此雖然長年不事生產，遊手好閒，卻仍然在沛縣一帶很有聲望。

秦始皇死去的時候，劉邦奉命押解一批囚犯前往驪山修築陵寢，由於生性隨便，管理不嚴，走到一半，囚犯便逃了好幾個，劉邦尋思：「照這麼下去，還不到驪山，囚犯便要跑光光了！到時候，我也要倒楣。」索性對囚徒們說：「你們各自逃命去吧！我也要去尋活路了。」囚徒們跪下答謝，四散逃逸，其中有十幾個壯漢願意追隨劉邦，劉邦就帶著他們一路逃亡到芒山、碭山一帶躲藏。

一路之上，發生了不少怪事，據說一行人途經大澤之時，遇見一條巨蟒橫臥在路中央，壯漢們被那巨大的蟒蛇嚇住了，動彈不得，劉邦卻毫無懼色，說道：「怕什麼？只管走！」語罷揮劍一砍，就把巨蟒斬成兩段。

這種勇者無懼的形象，被人們加以渲染，傳進沛縣子弟耳中的時候，已經變了一番模樣，他們口耳相傳著這樣一個故事：巨蟒是白帝之子，劉邦是赤帝之子，劉邦斬巨蟒，就是赤帝子斬白帝子，誰能證明？有人親眼看見了！一個老太婆在劉邦一行的必經之路上哭泣，哀怨地說道：「我的兒子是白帝之子，幻化成巨蟒，橫臥在道路之上，如今，卻被赤帝之子攔腰斬斷，我該怎麼辦？我該怎麼辦啊！」說完，竟忽然間不知所蹤。

沛縣子弟對於劉邦的事績很感興趣，關於劉邦的傳說也越見誇大，有人說他母親懷孕之時，曾經夢見天神與之求歡，因此劉邦是天神轉世；也有人說劉邦左臂之上的七十二顆黑痣，那是生有異相，而且是大富大貴之相云云。越來越多人投靠劉邦旗下，劉邦的聲望如日中天，連沛縣縣令也不敢小覷他的實力，才會答應蕭何與曹參的建議，迎接劉邦一行人入縣城。

蕭曹二人立刻請劉邦的好友樊噲上山聯絡，這對劉邦而言，是個難得的機會，於是欣然同意，帶了人馬來到沛縣縣城。

只不過這時候沛縣縣令又開始反悔了，他越想越覺得不對勁，認爲劉邦這一入城，豈不是將他的權力都給搶走了？於是把城門緊緊鎖上，不讓劉邦等人進入城內。

「蕭何、曹參這兩個傢伙根本不安好心！」他生氣地說道：「我看他們根本是和劉邦串通好的！」面露兇光，語帶殺機。

有人把這個消息傳給蕭曹二人得知，兩人商議一番，便趁夜偷溜出城，投靠劉邦去了。

「你們來投靠我，那是瞧得起我！」劉邦說道：「可是現在城門不開，我能怎麼辦？」

蕭何道：「不用擔心！沛縣子弟對您的事蹟都很嚮往，他們早就盼著您來啦！只要我們稍加煽動，大事必成。」

「怎麼煽動？」

蕭何起草了一封文書，大意是說：天下百姓受秦朝荼毒已久，到處有人揭竿而起，沛令是秦朝官員，你們替他賣命，就是替秦朝賣命，到時候義軍殺來，沛城必定遭到血洗。爲了你們的身家性命著想，你們還是快快殺了縣令，另外推舉一個可靠的人，一同響應起義吧！爲了沛縣縣令而犧牲，那是多麼不値得的事。

「把這封文書送入城中，百姓看了，定來幫忙。」

曹參交劉邦將文書綁在箭上，射入城裡，城中的百姓看了這篇文告，都覺得很有道理，立即響應劉邦的號召，衝進了縣衙，殺掉沛令，將城門打開，迎接劉邦，擁戴劉邦爲沛令，蕭何爲縣丞，城中青壯百姓，皆聽奉其號令。

這一年，劉邦已經是個年近半百之人，他第一次有了一批像樣的部下，幫助他朝向抗秦之路邁進。

另一方面，年僅二十四歲的項羽，也在同一個月裡，跟隨著叔父項梁，在會稽郡襲殺郡守，造反起家。

項羽出身自楚國的名門望族，祖父項燕，是楚國最後一名大將，當初曾經大敗李信蒙恬所率領的秦軍，立下無與倫比的功勞，後來卻難敵秦將王翦的六十萬大軍，以身殉國。

臨死之前，項燕囑咐小兒子項梁帶著年紀幼小的項羽外出避難，以免楚國滅亡以後，項家的血脈斷絕，於是，項梁就照料著姪兒，四處遊蕩，到處躲藏，一路之上，倒也結交了不少有名望的人物。

多年以後，項羽日漸成長，十分有主見，他背負著名將之後的稱謂與項梁的深切期望，項梁很想將他教導成一個知書達禮的有爲青年，奈何項羽志不在此，舞文弄墨的東西他看了就討厭，耍刀用劍的伎倆他也學不會。

項梁十分懊惱，責備項羽道：「你這個不爭氣的孩子！學文的不行就算了，怎麼看你長得孔武有力的樣子，學個劍都學不會，這樣怎麼對得起我項家的祖先呢？」

項羽回答得十分有氣魄，他道：「讀書識字有什麼用？只要記記姓名就夠了，學劍能幹嘛？不過抵擋一兩個敵人，我要學，就得學習抵擋千軍萬馬的眞本事，叔父，有這種本事嗎？教教我吧。」

「你想學萬人敵？」

「沒錯。」

「那好，我教你兵法。」

「眞有這種本事？」項羽大喜：「叔父，您快教我。」

項梁便開始教導項羽用兵之道，這次，項羽終於展現出濃厚的興趣，很快地掌握了要領，然而，不知是項梁教得不好還是項羽的個性使然，幾天之後，項羽便覺得意興闌珊，他說：「兵法是死的，人是活的，這兵法之中的道理，我只消了解一二，便能融會貫通啦！」

項梁無奈，只好不再強求。

後來，陳勝吳廣的事情傳遍天下，也傳到了項氏叔姪藏身的會稽郡，會稽郡守殷通也想起兵，打算任命項梁擔任他的將軍。這算是一個兩全之策，一方面他不得不與民眾站在一起反抗秦朝的暴政，另一方面他又不願意承擔亂臣賊子的罪名，於是請了當地十分有名望的項梁來當他的擋箭牌。

項梁何嘗不知道這一點？只不過他有別的打算，他根本不準備屈居在這個狡猾的郡守殷通之下，他想要自己出來當首領。

他想好了計策，與項羽商量妥當，便去見殷通，對殷通說道：「郡守大人願意反抗暴秦，實乃順天應人之舉，可是我項梁只是一個鄉野匹夫，只怕難堪重任，如果大人眞有此意，我可以向大人推薦一名壯士。」

殷通喜道：「快說快說！」

項梁道：「我會稽地區最有名望的俠士，就是桓楚，不過，他曾經觸犯王法，正在四處躲藏，眼下只有一人知他下落。」

「誰？」

「便是我的姪兒項羽。」

「那快去請他來見！」

項梁走出門外，項羽早已經全副武裝地等在那裡，兩人對望一眼，沒有多說什麼，又走回殷通堂內。

殷通打量著項羽，嘆道：「好一個英武魁偉的青年啊！」忽然又覺得奇怪：「咦？又沒什麼事，賢姪爲何全身披掛？」

項梁使了一個眼色，項羽火速欺身上前，拔出腰際配劍，用力一揮，那殷通還在猶豫懷疑之間，腦袋就已分家，項梁提著殷通的人頭，身上掛起郡守的印信，走出大堂，立刻引來一片騷亂，郡府裡的衙役奴僕紛紛擁上來想要捉拿二人，結果卻敵不過項梁的劍法與項羽的孔武有力，郡府之中，伏屍遍地，再也沒有人膽敢反抗。

於是，項梁召集了會稽郡的地方豪強官吏，宣布這項變故，他義正辭嚴地說道：「我今天之所以這麼做，完全是爲了反抗秦國暴政，殷通是秦國官吏，我殺他，不是叛逆，是爲了舉大事！」

眾人心知肚明，殷通本來就打算起兵了，項氏叔姪此舉，無異於政變，可是，如今郡守印信掛在項梁身上，一旁又站了一個人高馬大威風凜凜的項羽，兩人的聲望正隆，又有誰敢跳出來指責他們的不是？於是兩人順理成章地成了當地實際上的領導者。

項梁封自己爲會稽郡守，命項羽爲偏將，打出復興楚國的旗號，號召附近各縣的平民子弟，他們募集了八千精兵，並且攻打附近不肯歸順的縣城。

這一年起兵的勢力眞是不少，六國的旗號紛紛出現，不過誰也比不上最早起兵的陳勝，項梁與項羽很想和陳勝接頭，因爲當初陳勝起兵之時，便曾經以楚國大將項燕的名義打響聲勢。可是，項梁卻又擔心如果就此投靠陳勝，自己的兵力將完全被陳勝所吸收，一時之間舉棋不定。觀望了幾個月後，戰情急轉直下，原本有著破竹之勢的陳勝義軍，在秦將章邯的率軍鎮壓之下，接二連三吃下敗仗，連假王吳廣都因部下叛變而死，秦二世二年，公元前二〇八年的三月前後，會稽郡府來了一名使者，自稱是陳王帳下大將召平所派，前來傳達陳王旨意，說陳王願意封項梁爲上柱國將軍，請項梁率軍北上抵禦秦軍。

原來那召平原本奉了陳勝之命，南下攻打廣陵（今江蘇省江都縣），久攻不下之餘，又聽說陳郡遭到秦軍圍攻，陳勝生死未卜，於是假託陳王之命，傳令項梁，想用項梁的兵力替自己保住一條生路。

項梁項羽尙未聞聽陳勝兵敗的消息，認爲應當聽從自稱楚王的陳勝號令，於是統帥著八千子弟兵北渡長江。

大軍渡過長江不久，就聽見了一個令人驚訝的消息，江北有個名叫陳嬰的，已經攻下了東陽（今安徽省天長縣西北），並且擁有一萬兩千名大軍，竟然主動向項梁表示願意率眾來歸，奉項梁的號令。

這個陳嬰，是個沒有野心的人，原本就在東陽縣當個小官，爲人正直，有長者之風，東陽縣的青年們爲了響應陳勝吳廣的起義，殺了縣令，一時之間找不到合適的首領人選，便推舉陳嬰出來領導他們，很快地聲勢大張，有人勸他稱王，他卻推辭說道：「家母有交代，我陳家向來沒有富貴之命，如今我暴得大名，已經不是件好事，還是等到一個眞正的大人物出現，再去投靠，才不會落得萬世唾罵！」又向那些勸他稱王的人們說道：「我看項家是楚國最有威望的名門大族，現在我們想要推翻秦國，就只有依靠他們的號召力，要成就大事，非靠他們不行啊！」

很顯然的，項燕之子項梁，正是他眼中的大人物。

項梁與項羽不費吹灰之力就得到這樣一批生力軍，自然喜出望外，他們大力嘉獎陳嬰，並以此爲宣傳，作爲他們的政治資本，鼓舞士氣，繼續揮軍前進，渡過了淮河之時，又收編了英布和蒲將軍的兵力，勢力一下子擴張到六、七萬人，成爲僅次於陳勝吳廣的第二大勢力。

那位蒲將軍的眞實姓名如今已經失傳，只知他是一位驍勇善戰的將領，後來替項梁項羽立下不少功勞。至於英布，則出身於貧苦人家，因爲違反了秦朝嚴苛的法令，被處以黥刑，臉上身上都被刻了字，並且發配到驪山去做苦工。英布爲人豪邁，很快在囚徒之中結交了不少朋友，後來與他們一同逃到長江流域，成了盜匪，當地有個番陽縣的縣令吳芮，對英布十分賞識，把自己的女兒嫁給了他，並且支持他率領徒眾，與秦軍對抗。

對於英布與蒲將軍而言，屈居人下的抉擇似乎較爲明智，在這楚國的舊地上，誰能比得過「項燕後裔」這樣的名譽與地位？

實力大增之後，便有人開始勸進，希望項梁稱王，項梁卻在猶豫，他認爲，如今他打著復興楚國的旗號，如果逕自稱王，豈不是名不正，言不順？

項羽卻不這麼認爲，他覺得，只要有實力的人，就可以稱王。「天無二君」的想法，在當時還沒有來得及建立起來，項羽又是名門之後，這種背負著祖先光榮之人，想法多半都會停留在過去那段輝煌的歲月，戰國時代，已經是一個過去的時代，當時，諸侯各自爲政，謀士合縱連橫，猛將出生入死，在項羽眼中，卻比秦始皇建立的大一統帝國自然得多。

正當項氏叔姪由於躊躇之際，楚王陳勝兵敗身死的消息傳來，項梁將大軍帶往下邳（今江蘇省邳縣）屯駐，又聽說原本陳勝帳下大將秦嘉，聽見陳勝吃了敗仗之後，竟然另外立了楚王室後裔景駒爲楚王，目前正在彭城以東駐紮，佈置防線，準備抵禦項梁北進。

項梁十分惱怒，他遣人發布一篇檄文，說道：「陳王首先發難，揭竿而起，如今生死未卜，秦嘉卻另立景駒爲王，這是大逆不道，公然背叛！」隨即下令攻打秦嘉。

秦嘉見項梁勢盛，不敢與之相抗，主動退守，項梁卻一路追擊，追到胡陵（今山東省魚臺縣東南），終於追上，抓住秦嘉的中軍本陣猛打，秦嘉在開戰當天便戰死，部眾投降，景駒逃走，後來死在魏地。

收編了秦嘉的部隊之後，項梁的勢力更加引人注目，他繼續西進，遇上了秦軍大將章邯，項梁派遣朱雞石、餘樊君進擊，結果餘樊君戰死，朱雞石敗逃而回，被項梁以「臨陣脫逃」的罪名斬殺。

這場敗仗似乎並沒有帶給項梁多大的損傷，他重整旗鼓，開始招兵買馬，擴張實力和聲望，命令項羽攻打襄城，並且在薛縣（今山東省騰州市）召集各方人士共商大計。

這算是陳勝死後，抗秦各路兵馬的大會師，也是項梁確立自己領導地位最重要的一次會議，稍早起兵，自稱沛公的劉邦，也在各方豪傑之列。

這段時間裡，劉邦並沒有太大的作爲，擊敗了泗水監，卻又被自己的部下叛變，丟掉了好不容易攻下來的豐縣，想要再攻回來，卻又心有餘力不足。

比較值得稱道的收獲是韓人張良的前來投奔。

自從當年僱了大力士在博浪沙狙擊秦始皇不中之後，張良就一直過著隱姓埋名的生活，居住在下邳。據說他在那裡遇見了一個老人，傳了他一部《黃石公兵法》，他詳加研讀，胸中有萬千韜略，等到十年之後，陳勝吳廣起義，張良也不甘寂寞，聚集了下邳城中少年百餘人，聽說秦嘉立了景駒爲楚王，想要投奔，卻在半路上遇見劉邦。

大概兩個人都是豪邁性格，因此一見如故，秦嘉那兒也不用去了，從此張良成爲劉邦身邊最重要的謀士之一。後來秦嘉被項梁擊潰，項梁召集群豪，會於薛縣，張良跟著劉邦一同來到薛縣。

劉邦前來薛縣參與會議之時，正被盤據豐縣的舊部雍齒搞得焦頭爛額，此番前來，正是希望兵多將廣的項梁能夠提供一點幫助。不過，項梁此時正爲另外一件事煩心。

居鄛縣（今安徽桐城縣南）有個七十多歲的老先生名叫范增，素來足智多謀，受到許多人的尊敬，只因爲懷才不遇，始終隱居在鄉間，未曾出仕。項梁在薛縣舉行的會議，范增主動參加，並且獻上一計：「陳勝之所以失敗，那並不奇怪，因爲他不顧自己的出身，自稱楚王，所以無法得到人們的支持。」

項梁對范增的話並不表示同意，這種說法根本與事實不符，如今豪傑並起，不就是受了陳勝吳廣的感召麼?不過因爲范增是長者，項梁不好意思打斷他的話，所以才禮貌地說道：「請老先生明言。」

范增接著說道：「當年楚國遭到滅亡，實在冤枉，自從楚懷王被騙入武關，國人對他都很懷念，所以才說『楚雖三戶，亡秦必楚』，陳勝發難，不去找一位楚國宗室後裔，卻自立爲王，違背天意，因此不能長久。」范增稍作停頓，看著項梁道：「將軍如今名聲遠播，四方歸順，你道是何故?」

項梁知道，但他不想說，只搖了搖頭。

「那正是因爲將軍祖上世代皆爲楚國效命，如今人們都希望您能匡復楚國啊！」范增朗聲說著，看上去完全不像個七十歲的老人，「將軍，欲成大事，非立楚國宗室後裔不可。」

項梁陷入長考，很顯然，這番意見與他原本的計劃完全不同，他其實還沒有考慮到這些政治層面的東西，就算考慮到了，只怕也會順著項羽的意見逕自稱王，然而今日范增當著眾路豪傑的面前提出這樣的問題，各路豪傑紛紛點頭稱是，令他有種騎虎難下之感。

「嗯……」他支唔著說道：「這樣，也許很有道理，可是，要到哪裡去找楚國後裔？」

范增一笑：「以將軍之力，還怕找不到嗎？」

果然立刻就有人接口道：「我聽說過楚懷王的孫子熊心的下落，楚亡以後，他流落民間，替人家牧羊維生。」

項梁只好派人請來熊心，扶立他當王，仍然以「楚懷王」作為號召。

這位楚懷王，雖然流落民間已久，卻對政治有著一定的了解，他定都盱眙（今安徽省盱眙縣），不任命項梁，而任命陳嬰為上柱國將軍，項梁只好自封為「武信君」，掌握著實質上的軍權，卻得聽奉楚懷王的號令。

劉邦晉見了項梁，得到了五千兵馬，終於順利攻陷了豐縣，雍齒敗逃，奔赴當初支持他叛變的魏咎處。

張良卻對項梁說道：「如今齊趙魏楚燕各國名號皆復，惟獨韓國沒有，韓國的橫陽君韓成，為人賢德，請將軍支持他繼承王位，一則以為韓國復國，二則以為楚國樹援。」

張良始終念念不忘他是韓國人這件事。

項梁撥給張良一千人，讓他去收復韓國領土，可是韓國領土位於戰略要衝，秦國有重兵把守，張良頂多只能打打游擊，毫無成就，自己也差一點喪命，最後只好回到劉邦帳下。

薛縣的會師，奠定了項梁成爲起義各路群豪領導人的基礎，卻也埋下了不合的因素。秦朝的大將章邯，也在此時作出反擊。

自從他大破陳勝之後，士氣高昂，又將大軍矛頭轉向臨濟（今河南省陳留縣西北），那裡是新成立不久的魏國國都，魏王魏咎派遣周市去向自立爲王的齊國宗室田儋與項梁求救，項梁派遣將領項它率軍，與親自領軍的田儋會合，前往臨濟馳援，卻被章邯以迅雷不及掩耳之勢擊潰，齊王田儋與魏將周市陣亡，魏王與章邯約定了投降日期，卻自焚而死，他的弟弟魏豹逃出臨濟，來到盱眙，向楚懷王求救，楚懷王給了他幾千人軍力，讓他奪取故土。

齊王田儋的弟弟田榮，收拾了殘兵敗將，退守東阿（今山東省陽穀縣），章邯繼續追擊，把田榮包圍了起來，這時，齊國的官員得知田儋戰死，擁立從前齊王田建的弟弟田假爲新任齊王，田角爲宰相，田間爲大將，繼續抵抗。

「這種節骨眼，還要來奪權！」困守東阿的田榮憤怒異常，當下便想發兵攻打田假，奈何自身難保，只好派人向最具實力的項梁求救。

此時項梁正率領著項羽、劉邦冒著連綿大雨進攻亢父（今山東省寧濟縣），聽說田榮被圍，再加上亢父的攻略實在不夠順利，索性放棄了亢父，揮軍救援東阿，一戰之下，章邯難敵驍勇的項梁，全軍敗走撤退，東阿之圍方才解除。

田榮的危機一解，立即帶了兵回攻田假，田假那臨時組成的政府根本是個空殼子，無法與田榮相抗，只好投奔楚懷王，田榮重新掌握了權力，擁立田儋的兒子田福當齊王。

章邯在東阿一戰雖然失利，可是並未受到太大創傷，咸陽方面不斷的增援，使他的力量又恢復了，於是又開始對各路人馬加強進攻，項梁獨立對抗，十分吃力，多次請求齊、趙共同發兵消滅章邯，然而，田榮卻不肯從命。

田榮說道：「除非楚懷王願意殺了田假，趙王願意殺掉他們所庇護的田角田閒，否則，我是不會出兵的。」

楚國與趙國基於道義，當然不能把尋求庇護的田假等人誅殺，而田榮竟然眞的按兵不動，不肯協助項梁，完全不顧念東阿解圍的救命之恩。

「這個渾蛋！」項梁大怒，將傳遞軍令的書簡重重貫在地上，「暴秦還沒滅亡呢！怎麼？自己就先內鬨起來了嗎？」

「叔父別生氣。」項羽傲然說道：「咱們叔姪這一路下來，只有打人，沒有挨打的份，有沒有田榮那不堪一擊的軍隊幫助，根本無所謂！」

「哈哈哈！你說得沒錯！」項梁轉怒爲笑：「我要讓天下各路兵馬看看，我項家的後人，根本不需要別人幫助！」他忽然正色道：「項羽聽令！」

「是。」

「命你率精兵萬人，攻打城陽。」

項羽這陣子跟隨叔父在大雨滂沱之中追擊章邯，早就覺得氣悶，此時突然有個表現機會，自是喜不自勝，立刻拱手道：「得令！」

項梁眼睛往帳內諸將一掃：「劉邦，你跟著一同去，從旁協助。」

劉邦楞了楞：「啊？是！」

項羽不願意被劉邦搶了功勞，帶著大軍疾行，劉邦率著他的五千部眾遙遙跟隨在後，到了城陽，項羽立即發動猛烈攻擊，沒過多久，便將城陽攻陷。

項羽似乎想將多日以來的悶氣全部發洩在這次戰役之上，可是勝利來得太快，他覺得不過癮，於是下令將城陽縣軍民全部屠殺，一時之間，殺得哀鴻遍地，血流成河。

劉邦遠遠在一旁瞇著眼看著，沒說什麼話，張良悄悄在他耳邊說道：「這可不是一個帝王應該做的事啊！」

劉邦點著頭：「嗯，我知道，我知道！」

蕭何也說道：「項羽這個年輕小夥子，恐怕難以成就大事，他根本不了解所過不得擄掠的重要！沛公日後作戰，一定得留意。」

「好了啦！」劉邦笑道：「一座城而已嘛！你們瞧，我自沛縣起兵以來，可曾做過屠城之事？那項羽雖然年輕，我到覺得他很有魄力啊！嗯，所過不得擄掠嘛，也要看時機才行。」

不料這次攻打城陽，還是算了劉邦一筆，雖然建立了戰功，卻壞了名聲，後來劉邦獨立作戰之時，所到之處都必須經過一番苦戰方能克復，到那時他才眞正了解到紀律的重要性。城陽之後的戰爭，多半以大獲全勝收場，項梁得意萬分，不自覺地驕傲了起來，「我看以前的強秦早就不復存在啦！」他說道：「官軍全都是一群酒囊飯袋，不堪一擊，眞搞不懂陳勝吳廣怎麼會敗在章邯的手裡？」

也難怪他會驕傲，自從他起兵以來，從來沒有受到什麼挫折，冥冥之中，父親項燕的在天之靈似乎無時無刻不眷顧著他，秦廷爲了對付他，派出丞相李斯的兒子李由前來督戰，也被項羽劉邦在雍丘所擊潰斬殺，如今項梁駐守在東方各郡之中極爲重要的戰略要地定陶（今山東省定陶縣），只要穩住定陶，時間一久，固守濮陽的章邯必定不戰自潰，攻下濮陽，東方各郡便能完全落入項梁控制。

宋義是楚國宰相，此時隨軍出陣，眼見項梁越發輕敵，忍不住勸說道：「武信君還是謹慎行事爲妙，自古以來，出兵打仗最忌諱驕傲輕敵，以武信君出兵以來的氣勢，戰無不勝，攻無不克，形勢一片大好，總有一天能夠西入關中，消滅暴秦。奈何最近營中有股驕傲的情緒，士兵也都懶懶散散的，這樣不是好事啊！」

「怎麼不是好事？」項梁笑道：「從前各國軍馬一聽見秦國大軍，就嚇得屁滾尿流，如今只有我的軍隊不但不怕秦軍，而且還瞧不起秦軍，這不是勝利的預兆嗎？」

「可是我看最近章邯那裡不斷有朝廷方面的增援，很可能他會在最近有所行動，我們不得不小心防範才是。」

項梁嗤之以鼻，冷笑道：「你就別窮緊張了，章邯還有能力與我鬥嗎，他能把濮陽守住，就算他的萬幸啦！還敢來對我採取什麼行動？」

宋義自覺深謀遠慮的見解，卻在項梁那裡碰了一鼻子灰，還想說些什麼，卻被項梁揮了揮手趕出帳外，爲了不想聽他囉唆，項梁索性派他出使齊國，宋義只好摸摸鼻子，離開定陶，前往齊國。

半路上，遇見了齊國派往楚國的使臣高陵君顯，宋義見了他，問道：「先生是否要去拜會項梁？」

「是啊！」

宋義搖頭道：「項梁那傢伙剛愎自用，成不了氣候，我料定他不久就要失敗，先生如果就此前去拜見，只怕一起遭殃。」

「可我聽說項梁將軍作戰起來十分勇猛啊，你卻說他會失敗……」高陵君顯猶豫著：「何以見得呢？」

「你若是不信，不妨與我在此盤桓數日，便可以知分曉，要不，乾脆與我一同回去齊國算了。」

高陵君顯見宋義說得如此斬釘截鐵，相信了他的話，陪同宋義在半途之中盤桓。

果然沒過幾天，整頓好兵力的章邯，趁著一個下著雨的夜晚，出動全部兵力，從濮陽出發，疾行七十里，襲擊定陶項梁屯駐之處。

項梁聽見騷動，連忙披上戰甲，慌忙指揮作戰，可是大多楚兵仍在酣睡之中，才從睡夢中醒來，秦軍已經攻入城門，衝進軍營，手起刀落，將楚軍殺得血肉橫飛，天還沒亮，勝負便已分曉，楚軍一敗塗地，主將項梁也不明不白地戰死。

這是抗秦諸豪傑的一次極大挫敗，楚國的實質領導人陣亡了，他們必須面對敵人的乘勝追擊與內部勢力的重新安排。

鉅鹿之戰

「不！」項羽嘶吼一聲，虎目含淚，立時便要衝出帳外，率軍去與章邯決一死戰，以報項梁之仇，卻被劉邦阻攔下來。

當時，他們兩支軍隊正在百里之外，先攻外黃，久攻不下，進而轉攻陳留（今河南省陳留縣），也遭遇到挫折，原因正是這些城池之中的居民聽說了項羽劉邦在城陽幹下的好事，深怕城破之時，也遭到屠城，因此奮死抵抗。

「將軍不要衝動。」劉邦以一個長者身分，教訓有之，勸說亦有之，對項羽道：「如今武信君主力已損，我們現在孤軍深入，本已不利，再加上敵人士氣正旺，假如今天你就這麼衝上去和敵人拚了，這些人心惶惶的隊伍，哪裡是章邯的對手？只有死路一條。要報仇，也得先保住自己的命，才有機會呀！」

項羽擦乾淚水，點點頭：「你說的不錯！」

兩人分別率領部眾，向東撤退。

位於盱眙的楚懷王，接獲了項梁陣亡的報告，心中五味雜陳，與群臣商議的結果，決定將都城從盱眙遷移到彭城（今江蘇省徐州市），以便就近指揮所有兵力。

從盱眙移到彭城，楚懷王將當初項梁所佔領的土地納爲己有，這可以看作一種宣示，楚國的實際領導核心，從項梁轉移到楚懷王的朝廷。

他在彭城召見各路領袖，同時對戰力重新分配。原本是陳勝麾下，後來投效楚懷王的大將呂臣，與項羽的軍隊合併，由楚懷王親自統帥。劉邦受命爲碭郡（今江蘇省碭山縣）郡長，封「武安侯」，統帥碭郡兵力。

項羽則受封「長安侯」，不久之後進位「魯公」，名義上地位很高，實際上原本應該由他繼承的項梁事業，都被楚懷王給奪了去。

這個牧羊少年的政治能力，似乎是與生俱來的。

楚國方面逐漸由項梁失敗的創傷之中恢復起來，秦國大將章邯卻也犯了項梁的毛病，他認爲楚國一敗塗地，已經沒有機會東山再起，剩下的殘兵敗將不會對他構成多大威脅，因而不將楚懷王遷都一事放在眼裡，轉而北渡黃河，攻打位於北方的趙國。

這個趙國本為陳勝部將武臣所建，定都於舊趙國都城邯鄲，張耳、陳餘是最主要的謀臣，後來因為遭逢部下叛變，武臣被殺，張耳、陳餘僥倖逃出，找到從前趙國王室後裔趙歇，另立為趙王，以信都（今河北省刑臺市）為首府，後來又遷回邯鄲。

遭遇了一次大變故，趙國實力頗為虛弱，一遇上章邯所率領的官軍，便四下潰散，章邯的軍隊幾乎沒有遇到什麼阻礙，趾高氣昂地開進邯鄲城。他強迫當地居民全部遷移，並將那高大的城垣徹底搗毀，一座數百年的歷史名城，當年秦始皇出生的地方，就此成為廢墟。

張耳保著趙王，在章邯破城以前逃出邯鄲，逃到百餘里之外的鉅鹿（今河北省平鄉縣西南）固守避難，陳餘在不久之後也率領著他新近收編的數萬名將士到來，集結在鉅鹿城以北，牽制著秦將王離所率領的鉅鹿包圍軍。

如此一來，趙王等於同時遭到了王離與章邯兩股人馬的圍攻，章邯在鉅鹿城南面紮營，加緊修築甬道，提供王離所需要的物資與軍糧。

有著近乎源源不斷的補給，王離的攻勢自然猛烈，鉅鹿城內，危如累卵，趙王與張耳不斷派人去催城北的陳餘前來營救，陳餘卻懼怕秦軍兵勢，不敢與之交鋒。

「你說，這該如何是好啊？」趙王趙歇焦急萬分，追著張耳問道：「唯一的一股兵力，按兵不動，城裡這點老弱殘兵，撐得了幾天啊？我看不如投降算了。」

「大王休出此言！」張耳道：「眼下之計，只有向各國求助。」

「算了吧！」趙歇道：「齊、燕他們自身難保，向他們求助，一點用處也沒有；楚國才死了一個項梁，元氣大傷，只怕也不會來救。」

「不然！」張耳道：「楚國雖遭新敗，然而實力仍然雄厚。不久前，臣聽說他們已經遷都彭城，重整兵力，準備伺機而動，與秦軍決一死戰。那楚王我看並非易與之輩，如果沒有把握，不應做出如此大膽的決定。」

張耳沒有料錯，楚懷王熊心分撥調度完成之後，以他楚懷王之孫的名號，號召了不少新的生力軍，並在彭城召見各路將領，與他們約定：「將來誰能夠先行攻下咸陽所在的關中，誰就可以受封爲關中王。」

當時的關中是天下最爲富庶之地，在關中當王，無異於實力最強的王，項羽當然第一個請戰，他以那嘶啞但渾厚的嗓音高聲道：「暴秦與我不共戴天，我一定要挖掉秦國的老巢！請大王允許我出戰。」

劉邦這時也跳出來道：「眼下秦軍主力在北，我大軍應以主力防禦北面秦軍來犯，西面直到關中的地區，較爲空虛，正應該派出一股兵力，趁虛而入，至於這股兵力的統帥嘛，自然是我比較合適。」

楚懷王一時不知如何抉擇，安撫二將道：「兩位將軍都是我軍股肱重臣，能夠勇往直前，一心爲國，寡人甚感安慰，待寡人仔細思量，再給二位將軍答覆。」退朝後，找來身邊謀士商議。幾位老將都認爲項羽並不適合作爲討伐關中的領袖，他們甚至認爲，項羽根本不是一個將才。其中一人道：「項羽這人，殘暴無比，攻下一城，就屠殺一城，所到之處，血流成河，如果派他去攻關中，以暴易暴，難得人心，只怕終將失敗，不如派遣一位德高望重的將領，向西收買人心，宣揚仁義，如此一來，長年水深火熱的秦地百姓，遇見這樣一位將領，必定望風而降，如此豈不甚好？」

楚懷王點了點頭。

就在此時，趙國請求援助的使者來到，楚王接見後，又與眾人討論。定陶之戰前，齊國派往楚國的使者高陵君顯，正好還在彭城，對楚懷王說起前幾天途中遇見宋義的情景道：「貴國帳下有宋義，眞乃蓋世齊才，當初他預料項梁必定失敗，果然應驗，像這樣洞燭先機的人物，並定是一位了不起的軍事家。」

楚懷王心裡有了底，再一次點了點頭道：「我明白了。」

隔日上朝，楚懷王對眾將領說道：「如今趙王被困於鉅鹿，秦將章邯、王離攻勢甚猛，危在旦夕，我欲一股作氣，攻滅章邯，救援趙國，誰願爲將？」

項羽一聽見章邯的名字，氣得怒目圓睜，當下顧不得什麼朝廷禮儀，高聲吼道：「我去！哼！我一定要砍下章邯這廝的狗頭，爲叔父報仇！」

對項羽的無禮，楚懷王不以爲忤，項羽的反應，正中下懷。他微微一笑，道：「好啊，項將軍，這次救援趙國，就期待你能建功立業了。」

項羽喜怒交集，說不出什麼滋味，滿以爲楚懷王將要命他爲主帥，不料楚懷王卻道：「眾將聽令，寡人命宋義爲上將軍，加封『卿子冠軍』銜，統帥三軍，魯公項羽爲副將，范增爲末將，隨軍襄助，北上救趙。武安侯……」楚懷王不顧項羽驚訝且憤怒的目光，對劉邦說道：「寡人命你率領所部人馬，徐圖西進，奪得一地，便是一地，宣揚我大楚聲威。」

他給劉邦的命令不清不楚，卻無異將攻取關中的權力給了劉邦。

然而劉邦並不高興，退朝以後，他拉著一張長臉，對部屬們的道賀不願理采，蕭何問道：「沛公得到大王允諾，應當高興才是，怎麼愁眉苦臉？」

「有什麼好高興？」劉邦冷哼道：「大王也眞不夠意思，半點兵力不給我，要我用我自己那碭郡的一點點兵力，去打關中，關什麼中啊？老子乾脆把自己關起來算了。」

張良笑著勸說道：「沛公這麼想可就短了，大王不給沛公兵力，就是讓沛公自己去發展兵力啊！到時候，沛公的軍隊有多少，楚王都不能要回去啦！」

「喔？」劉邦轉怒爲喜：「說的也是啊！哈哈！」

後來，劉邦一行沿路招兵買馬，到了接近關中之時，已經發展出極爲驚人的實力。

而宋義這裡，平白無故得到了上將軍的頭銜，還有那與貴族相近的「卿子冠軍」頭銜，自然志得意滿，信心大增。「你項梁瞧不起我不是？現在落得什麼下場？」宋義身披戰袍，點兵擇將，意氣風發，「大王命我爲將，足見大王見識，勝過項梁百倍！」當下率領數萬大軍，浩浩蕩蕩自彭城出發，奔往鉅鹿。

大軍途中經過安陽（今山東省曹縣東南），宋義命令全軍紮營，等待時機，按兵不動，聽候更進一步命令。

這一等，便等了四十六天，等到了秦二世二年，公元前二〇八年的十月下旬。依照秦曆，十月是一年的歲首，大軍等於在安陽過了年。急於復仇的項羽終於耐不住性子，前來晉見宋義，道：「秦軍重重包圍，趙國危急萬分，我們應當早日引兵渡過黃河，與趙國內外夾擊，必能大破秦軍，爲何始終在此苦等？」

宋義當初就不大瞧得起項梁，如今又怎會把項羽放在眼裡？他冷冷說道：「你懂什麼啊？大王此次命我出征，難道眞是爲了救趙？消滅秦國才是主要目的。秦國可不只章邯一個大將，如果我們就這麼與秦軍硬拚，就算獲勝，將來也難以滅秦。如今秦軍攻趙，即便勝利，兵力也已疲憊，我軍正好乘虛而入；如果不勝，我軍直接轉向西進，也能一舉攻下關中，此乃一舉兩得之計！」

項羽沒有接話。

「用手去拍牛背，打得死牛身上的蝨，卻打不死蝨卵，如今我們要做的，就是連蝨卵一起殺死，你懂不懂啊？」宋義得意起來：「項將軍啊！要說衝鋒陷陣，與敵人蠻幹，我比不上你；要說運籌帷幄，你就比不上我了！」

項羽被那話中帶刺的言語激得拂袖而去。

宋義針對項羽頒布了一道軍令：「此後有妄言好勇，桀傲不馴者，一律格殺勿論！」

項羽就算再粗獷，也不會不知道這番話的涵義，他恨恨說道：「這老小子，膽敢如此戲弄我！」

此時正值天寒地凍，兵士們忍著飢寒交迫，在郊外駐紮，宋義滿心以爲自己自己將成爲滅秦頭號功臣，與齊國使者高陵君顯交好，得到高陵君顯允諾，派了自己的兒子宋襄前去齊國擔任宰相，送行時，還大張旗鼓地擺起筵席。

項羽一向和兵士們同甘共苦，因此雖然平時非常凶惡，卻仍舊很得人心。他慫恿親信們道：「你們看看，兵士們吃什麼？宋義吃什麼？今年已經欠收，宋義還不知檢點，只知道飲酒作樂，不把王命放在心上，還搬出那一套大道理來唬人。秦軍如果把趙國滅了，只會更強，哪會疲憊？如果我們不趁現在行動，到時候更對付不了秦軍了！國家安危，在此一舉，宋義那種只知營私的小人，不配當各位的統帥！我看，我必須做點什麼事了。」

眾將無言以對。

十一月初，送走了兒子以後，宋義召集將士會議，項羽全副武裝，首先晉見，一入虎帳，直奔宋義身前，宋義嚇了一跳，喝問：「你做什麼？」

項羽二話不說，掄起長劍用力一揮，斬下了宋義的項上人頭，提著宋義的首級，殺氣騰騰地步出營帳，當眾喝令道：「宋義勾結齊國謀反，此舉已被大王所知曉，如今我奉王命，斬殺叛臣，將宋義就地正法！」

這是政變！大家都知道，這根本是項氏叔姪起兵造反時的故技重施，項羽的個性，誰不曉得？可是說也奇怪，平日顯得粗豪凶暴的項羽，此時手中拎著一顆血淋淋的人頭，卻是說不出的英武豪邁，彷彿這亂世之間的眞命天子，就該當是這般模樣。

各級將領無人表示異議，身爲全軍第三號人物的老將范增，帶頭對項羽輸誠，其餘將領見狀，紛紛推舉項羽爲代理上將軍，統帥全軍。

爲了斬草除根，項羽命人追殺剛剛出發不久的宋襄，一路追到齊國境內方才得手，並且派人將所有經過報告給彭城的楚懷王知曉。

楚懷王聽得臉上一陣青一陣白，又悲又憤，說不出話來，此時，當陽君英布忽然從眾將之中跳了出來，對楚懷王道：「大王，認清時勢，才不會招致滅亡啊！」

英布的話，威脅意味十分明顯，如今軍權又轉移到項羽之手，你一個楚懷王的空殼子朝廷，能有多大作爲？

事已至此，楚懷王只好順水推舟，任命項羽繼任爲上將軍，並且把原本就臣屬於項羽的英布和蒲將軍兩員悍將，重行劃歸項羽管轄。

此番政變，項羽奪回了當初項梁在楚軍之中所有的地位，甚至比項梁的地位更高。

項羽派遣英布和蒲將軍率領兩萬人馬先行渡河，試探性地攻擊秦軍，結果十分順利，不但在漳河對岸建立了據點，同時截斷了章邯對王離運輸物資的路線，使得圍攻鉅鹿的王離斷絕了糧秣。

駐在城北遲遲不願進兵的陳餘，見楚軍聲勢浩大，終於看見一絲希望，因此派了使者與楚軍相約，與他們聯合包圍秦軍。

「回去告訴陳餘，也告訴鉅鹿城裡的人，」項羽說道：「我楚國大軍即刻便要拔營渡河，等我們的好消息吧！」

夜裡，項羽親率大軍渡河，舟船往返，很快地數萬人馬全都抵達漳河北岸，這時，項羽忽然對左右說道：「傳我軍令，將渡河所乘船隻全數鑿沉，一艘也不准留！做飯用的鍋碗爐灶，統統給我砸毀，每個人只准帶三天份的乾糧！」

左右不明其義，問道：「這是……」

項羽道：「要是這場仗打不贏，誰也別想活著回去！」語罷，率先將主帥帳中的爐具全數砸毀。

楚軍抱著必死的決心，全力攻向王離的部隊，短兵相接，經過多次會戰，師老兵疲的秦軍前鋒不敵而潰敗，王離大怒，命令副將涉閒繼續圍攻鉅鹿，自己親率部份兵馬與項羽對決。雙方展開生死激戰，楚國軍隊，沒有什麼陣法，一個個卻像不要命似的，見了秦軍就殺，王離慘敗，狼狽不堪地逃回軍營。

章邯聞訊，才知道事態嚴重，派了一隊人馬來救王離，又被項羽殺得潰不成軍。

齊、燕等國也都派有援軍，可是他們的將領都抱著先前宋義一般的想法，不願眞心相救，看著楚軍在項羽的帶領下與秦軍一決生死，起初還抱著看戲的心情作壁上觀，眼見楚軍以一當十，銳不可當，將平時在他們眼中如同無敵之師的秦軍殺得血肉橫飛，自愧不如，於是趁勢進擊，與楚軍一同斬殺了秦將蘇角，俘虜王離。

負責攻城的秦將涉閒，不願意投降，引火自焚而死。

項羽贏得他有生以來最輝煌，也是最重要的一場戰役，解了鉅鹿城長達三個月之久的圍困，救了趙王的命，保住了趙國，從此這個二十多歲的青年猛漢，名冠諸侯，氣蓋群雄。

秦軍崩潰以後，項羽召見各國將領。那些將領們接到通知，個個心懷畏懼，他們知道自己先前的做法惹得項羽十分不高興，卻又不敢不去晉見，經過軍營大門之時，不由得渾身發抖，跪在地上匍匐而前，大氣都不敢喘一口。

項羽見狀，縱聲長笑道：「眾位將軍不必如此，此次勝利，諸位都有功勞！眼下各國應當團結一致，共同聯合起來抵抗暴秦。」

各國將領同聲附和，推舉項羽擔任各國軍隊的最高統帥，此後，各路諸侯紛紛歸順，以項羽為中心，凝聚成一股強大的力量。

先入關中者王之

王離吃了一場大敗仗，遭到俘虜，身為同僚的章邯，內心五味雜陳，感受十分複雜。

原本他與王離之間，便不是百分之百的信任，因為章邯所率領的二十萬大軍，雖說囊括了秦末大亂以來，官軍所獲得的全部勝利，然而，卻是一批臨時組成的雜牌軍，王離涉閒等人率領的是正規邊防軍，對章邯不大瞧得起。

所以當王離受到來自項羽的猛攻之時，章邯只派了一部份援軍，目的是希望王離他們吃點苦頭，自己再去救援，誰知王離兵敗如山倒，敗得實在太快，章邯根本來不及親自去救。如今，項羽氣焰正盛，把矛頭指向了他，他只好向北撤退，固守在棘原（今河北省平鄉縣南），與項羽對峙，同時派了長史司馬欣回咸陽請示。

然而當時咸陽政局已是一場糊塗，趙高把持著政局，昏庸的二世皇帝沉浸在花天酒地之中，對於事態的危急毫不了解。司馬欣想要把狀況報告給皇帝知悉，卻被趙高刻意攔阻，甚至，趙高為了隱瞞事實眞相，還想要殺了司馬欣。

司馬欣察覺趙高的意圖，急忙逃出咸陽，輾轉返回章邯大營，向章邯報告事情的經過。

「朝廷一片昏暗！」司馬欣道：「現下我們與楚軍交戰，不論是輸是贏，恐怕都會遭到趙高所陷害，依末將看，將軍您可能需要深思了。」

陳餘也在此時修書勸降，信中寫道：「當年白起替秦國建立多大的功勞？結果被強迫自殺；蒙恬爲秦國開拓了多廣的疆土？最後竟被處死，可見秦國如何對待功勳卓著的將領！將軍替秦國南征北討了將近三年，雖說比不上白起蒙恬的功績，倒也維持了一番局面，只可惜，這三年之間，將軍折損了不少兵將，而且各路反秦勢力越來越多。趙高專權，爲了替自己掩飾罪過，必定會看準這一點，把大禍轉嫁到將軍您的頭上，想想看您會有什麼結果！您何不順應潮流，加入抗秦的行列，將來還可以瓜分秦國領土，南面稱王，這不是比後來遭人陷害，全家大小滿門抄斬的結局好得多嗎？」

章邯讀著信，輾轉反側，一夜沒有闔眼，第二天一早，就派了軍侯始成，前往楚軍陣營，晉見項羽，探探虛實。

項羽並非省油的燈，他知道章邯有意投降，只是心意未決，因而派了蒲將軍，對秦軍發動攻擊，逼章邯作出決定。蒲將軍日夜行軍，猛烈突襲，秦軍措手不及，慌忙之間交鋒，被殺得大敗撤退，蒲將軍繼續猛攻，前後三度大敗秦軍，章邯勉力維持著大軍不至完全潰散，卻再也支持不下去，終於決定投降。

項羽這邊也已是強弩之末。先前的破釜沉舟，雖然激發了大軍的必勝決心，卻斷了糧草的運輸，如果章邯不肯投降，只怕項羽也難以與之長期對抗，是以雖有仇恨，項羽仍然接受了章邯的投降，雙方約定在商秋的殷墟（河南省安陽市西鄉小屯村）舉行盟誓。

約定的日子一到，章邯與幾名隨從早早抵達殷墟，如喪家之犬一般候在那裡，良久，項羽方才意氣風發地騎著愛駒烏錐昂然到來。

雙方代表，依循禮法，舉行盟誓，正式將章邯的二十萬秦軍編入項羽麾下。盟誓之後，章邯趨身上前，晉見項羽，眼見項羽仍以那睥睨的眼光掃視自己，心中知道項羽仍不願原諒自己，不由得跪了下來，涕淚縱橫地訴說起自己是如何遭受趙高所迫害，並且道：「老將拿的是秦朝俸祿，替秦王效力，奈何爲奸臣趙高所蒙蔽，豬油蒙心，多次冒犯將軍，罪孽深重！如今棄暗投明，跟隨將軍，願爲將軍馬前卒，請將軍發落！」

項羽的臉色和緩下來，他親自扶起章邯，好言相勸道：「將軍不必多慮，如今你既已棄暗投明，從前之事，我不會怪罪，只願你將來與我共同抗秦，事成之後，還有封賞！」

當下項羽許諾冊封章邯爲「雍王」，待將來攻下關中雍州之地，那裡便是章邯的封國。

項羽對待章邯，出人意表地寬大，卻替楚軍帶來了不小的隱憂。章邯暫時被冷凍了起來，二十萬秦軍的指揮權轉交給長史司馬欣，乍看之下，楚軍一夜之間增加了一倍以上的兵力，實力彷彿大增，然而，各路諸侯的聯軍，包括楚軍在內，都難與秦軍相容。從前各國兵將都曾經受過秦朝政府官員的欺負，現在，隊伍之中一下子多了二十萬的秦國降卒，各國將士怎會不趁機報復？他們把秦卒當作奴隸一般驅使，恣意凌辱，不把他們當人看。

秦軍的降卒之間，則是怨聲載道，一片怨恨，竊竊私語道：「那章邯投降時把話說得那麼好聽，說什麼到時候大軍攻進了函谷關，我們就能一輩子不愁吃穿，只怕到時候，打不進咸陽城，逼得我們非撤不可，不但我們自己沒好日子過，連我們遠在秦地的妻小，都得遭殃。」

人心惶惶，成為大軍之中不安定的因素，甚至有人揚言要與楚軍決裂。幾名將領聽見這些耳語，稟告項羽知悉，項羽聞言，心下不安了起來，起先他並沒有想到這麼多，現在才覺得事態嚴重，於是火速找來了英布與蒲將軍兩員心腹，與他們商討對策。

項羽道：「我看這批投降的秦軍，是個大麻煩！現在離關中還那麼遠，就已經人心浮動，一旦大軍抵達關中，進了函谷關，這批秦軍一鬨而散，與關中守備部隊裡應外合，我們就要遭到兩面夾擊了。」

英布和蒲將軍是兩員勇將，可是對於政治上的是務實在沒什麼經驗，聽了項羽的話，除了附和，也不能提出什麼建議了。

「依將軍意見，該當如何？」英布問道。

項羽一沉聲，森然說道：「把他們全都殺光！」

蒲將軍驚道：「這樣行嗎？他們畢竟是降卒，殺了的話對我們名聲不利，而且，二十萬人哪！怎麼殺？」

項羽臉上露出殘酷的微笑：「趁著半夜，讓他們睡個安穩，我軍火速偷襲秦軍營帳，一刀一個，那簡直比切菜瓜還簡單。」

英布臉上沒有透露任何心思，只淡淡地說道：「將軍這也是爲了顧全大局啊。」

就這麼一句簡單的「顧全大局」，使得二十萬秦軍成了不明不白的冤死鬼。

行軍至新安（今河南省新安縣）縣城時，項羽已將一切佈置妥當，夜裡，二十萬秦軍，除了章邯、司馬欣、董翳等幾名重要將領之外，全數遭到坑殺。

這樁慘案，沒過幾天就傳遍了天下，項羽殘忍與恐怖的形象，深深烙印在當時每一個人的心中。

極端的恐怖感，倒是替項羽清除了眼前的阻礙，進軍關中的路上，敵軍不是望風而逃，便是率眾投降，大軍就這麼浩浩蕩蕩開抵函谷關，卻不料遭到了前所未有的抵抗。

把守關口的將士，與先前遇見的官軍全然不同，項羽倒也不以爲意，還覺得就要進入秦國的大本營，不打幾場硬仗，似乎不夠意思。他調兵遣將，滿心以爲函谷關垂手可得，哪知這股守軍竟然異常善戰，攻了好幾回，城門依舊屹立不搖，項羽大怒，連連責罵敗戰而回的將領。

此時有一名將領囁嚅著說道：「稟……稟報將軍，把守關隘的，彷彿不是秦軍……」

項羽厲聲喝斥道：「不是秦軍，難道是鬼嗎？」

另一名將領也說道：「好像是眞的……」

「眞的什麼？」

「不是秦軍……」

項羽心生疑竇，命令左右道：「你們去給我查探清楚！」

詳細的報告很快的傳達回來，卻也令項羽怒火中燒，原來，固守函谷關的軍隊，眞的不是秦軍，而是已經入關的劉邦麾下。

「劉邦的動作比我還快？」項羽怒道：「我就不相信，他能夠與我相爭！」

項羽當下命令全軍，擺開陣勢，準備大舉進攻函谷關。兩造皆屬於楚軍的人馬，在這戰略要地對峙，劍拔弩張。

當初，劉邦從楚懷王那裡接獲了一個不甚明確的指示，率軍西進。他的目標明確，不打無謂的仗，不攻無關緊要的城，直奔關中。他不像項羽那般意氣用事，爲了報復私仇，去與秦軍硬拚，而是率軍穿山越嶺，專走小道，務求最快抵達關中。

因爲，他牢牢記著楚懷王與各路將領「先入關中者爲王」的約定。

在昌邑縣（今山東省巨野縣東南），他與能征善戰的將領彭越相識；在高陽（今河南省下邑縣），他收編了謀士酈食其以及他弟弟酈商的數千部隊。

實力增加不少，劉邦決定攻打潁陽（今河南省許昌市西南），城破之後，他忘了先前攻打城陽時的教訓，只想仿效項羽的霸氣，因此他不顧蕭何等人的勸阻，下令屠城。

「我要讓人們知道我劉邦的厲害！膽敢與我相抗，就是這種下場。」同樣的話，出自項羽這樣的威武青年口中，令人由衷敬畏；出自劉邦這糟老頭的嘴裡，只讓人覺得不倫不類，過不多久，劉邦果然嚐到苦果。攻洛陽，久攻不下，轉往南陽郡，又遭到強烈的抵抗。

「怎麼會這樣啊？」劉邦搔著腦袋：「本以爲潁陽屠城，就可以讓我們從此順順利利，怎麼反而變得更麻煩啦？」

蕭何冷冷說道：「你想學項羽那套，學不來的！」

「怎麼學不來？」

「人家項羽是名將之後，家學淵源，眞的能打硬仗，您嗎？嘿嘿……恐怕有點那個……」

「哪個？哪個？」劉邦受到部下奚落，也不生氣，只問道：「你就直說吧！該怎麼辦？」

「從前不是告訴過你嗎？所過不得擄掠啊！實力不如人，就要懂得收買人心，標榜仁政，這樣，所到之處，百姓自動開城迎接，你不是就不必打這些硬仗了嗎？」蕭何道：「從前子房也告訴過你同樣的話，怎麼你又忘了？」

「是啊是啊！如果子房在的話，就會像你一樣取笑我了。」

子房是張良的字，由於張良在韓國故地一帶很有聲望，劉邦派他領了一股部隊去經營當地，所以現在並沒有在劉邦身邊。

劉邦之後照著蕭何的話，訓令三軍，所到之處，嚴禁燒殺擄掠、姦淫婦女，接下來攻佔幾座城池，劉邦再也不屠城，反而善待百姓，嘉勉投降的守將，從此，「仁義之師」的名聲不脛而走，所過城市，再不抵抗，甚至夾道歡迎劉邦軍隊的到來，將他視之爲解救苦難的大英雄。

「這下我終於了解啦！」劉邦滿面春風，得意萬分，對蕭何道：「你說的很對，以後，就該這麼辦！」

劉邦軍隊的紀律嚴明，傳播的好名聲連他自己都感到訝異，關中人民，在秦二世嬴胡亥與趙高的荼毒下，難以生存，早就盼望著劉邦大軍到來，當劉邦走南路攻陷武關，揮軍直指關中之時，當地的百姓，有的甚至送上糧食飲水，犒勞將士。

此時，秦二世已被趙高所殺，不久之後，趙高扶立的子嬰又將趙高等一干奸臣處死。子嬰不敢稱帝，甚至連秦王的地位，都令他覺得僭越。

公元前二〇六年十月，又是新的一年開始，劉邦的大軍，已經挺進霸上（今陝西省藍田縣北境），咸陽城無險可守，子嬰知道大勢已去，帶著玉璽、符節等物，坐著白馬拉的喪車，脖子套上繩索，親自與朝中大臣出城迎接，到了郊外，下車跪在路旁請求投降。

「嘿嘿！皇帝也會投降呢！」

「是啊是啊！看看這陣仗，眞是漂亮啊！」

眾將領大開眼界，對著子嬰等人指指點點，有人建議劉邦應該立即殺掉子嬰，滅亡秦朝，劉邦卻搖頭道：「我能順利進入關中，不就靠著以德服人嗎？現在秦王已經投降，殺了他只會壞了我的名聲。」

語罷，他將子嬰等人交給部下看管，自己則率著將領們進入咸陽城。

包括劉邦在內，這群征服者多半出身自貧苦人家，從來未曾見過如同咸陽城這般的金碧輝煌。他們迫不及待地衝進秦始皇當初耗費鉅資修建的瓊樓玉宇，裡面數不清的雕樑畫棟、金銀珠寶令他們看傻了眼，劉邦更是長驅直入地奔赴後宮，笑咪咪地迎向那群令他遐想已久的、傳說中的後宮三千佳麗。

大家都忙著搜尋財寶，享受著征服者的快感，亂成一片，只有少數頭腦清醒的人，知道此時應當關切的並非金銀美女。

蕭何帶著幾名隨從，問明咸陽當地居民，找到了丞相府和御史府，隨從以爲蕭何別有用心，笑著道：「蕭大人果然腦筋動得快！別人只想得到皇宮，蕭大人卻想得到丞相府，誰不知道當初趙高刮了多少錢財！」

不料蕭何卻道：「金銀財寶一個也不准動，快快去將所有的律法文書、山川地圖、編戶檔案全部找出來，搬回我軍大營！」

「不動金銀財寶？」

「你們懂什麼？」蕭何道：「將來沛公要奪天下，就得靠這些啦！」

大將樊噲也是比較清醒的一員，他眼見態勢不對，急忙晉見劉邦，責問道：「你不會只想當個富翁就滿足了吧？如果是這樣，那我眞是跟錯了人！」

劉邦有種被澆一頭冷水的感覺，幽幽道：「怎麼啦？怎麼啦？」

「這些奇珍異寶，還有你懷裡抱著的兩個美女……」樊噲冷哼一聲，接著道：「你以爲是好東西嗎？都是秦朝滅亡的禍根哪！」

劉邦學著樊噲冷哼一聲，不發一語。

此時張良也已返回陣中，在一旁勸說道：「樊將軍說得很對啊！沛公興兵西進，四處爭戰，爲的是推翻暴秦，收服人心，結果你才剛進入關中，就安享其樂，恐怕只會讓沛公遭人嘲笑而已。」

劉邦沉默片刻，對身旁兩名美女道：「你們先回去吧！」說完揮了揮手，很不情願地對張良與樊噲說道：「眞是的，老子不過想休息兩天，你們也不讓，好吧好吧！回霸上軍營！對了子房，你去替我傳一聲，宮殿裡的財寶統統不准動，誰要敢亂動，格殺勿論！哼！老子享受不到，老子底下的人也別妄想……」

張良笑道：「如此甚好！」

劉邦認定先入關中者爲王，便與部下討論治理關中之道，謀士們都認爲治國首在人心，於是過了幾天，劉邦又回到咸陽，召集了附近有名望有勢力的父老豪強，對他們說道：「各位的苦日子過得久了！現在，我只與各位約法三章：第一，殺人者償命；第二，傷人者判刑；第三，偷竊搶劫者治罪。從前秦朝那些亂七八糟的法律，一概廢除，請各位轉告鄉親父老，我劉邦只是來替你們剷除暴政，不是來搶劫的，儘管放心。」

地方人士歡欣鼓舞，爭相準備了魚肉酒菜前來勞軍，劉邦禁止將士接受百姓餽贈，並對百姓們說道：「我軍糧草充足，不敢讓各位破費！鄉親們平時捨不得吃點酒肉，這些東西還是拿回去給老人孩子們吃吧！」

這一招果然奏效，百姓們感激涕零，歌功頌德之聲不斷，也有人含著淚水，央求劉邦來關中當他們的王。

劉邦被捧得飄飄然，覺得自己就應該是關中王，心下有些覺得蕭何張良他們實在太囉唆，剛巧這時有個秦地儒生跑來慫恿劉邦道：「關中之地，比東方富饒十倍，沛公大可以據地稱王。不久之前，項羽把投降的章邯冊封爲『雍王』，擺明了要把關中王的位置送給章邯，如此，沛公的心血豈不白費？」

劉邦一聽也覺有理，便派兵把守通往關中的各個要衝，包括函谷關、武關等處，奈何兵力有限，留了主力守衛咸陽，只能讓少數兵力去守關隘。

這就是爲什麼項羽大軍會在函谷關遭遇劉邦軍，並且受到頑強抵抗的原因。不過，抵抗雖強，項羽更強，奮力一擊之下，函谷關還是讓項羽給拿了下來。楚軍挺進關中，屯兵驪邑（今陝西省臨潼縣東北）鴻門坂，蓄勢待發。

項羽接獲密報，說劉邦準備據地爲王，氣得火冒三丈，一旁的范增也進言道：「劉邦這廝，本來貪財好色，進了關中，居然分文未取，我看絕對另有所圖，將軍應該趁早攻擊，不可延誤。」

「好！」項羽虎吼一聲：「今天晚上，全軍大宴！吃飽了肚子，明日向劉邦發動全面攻擊！」

楚軍左尹項伯，是項羽的另一個叔父，此時他臉色凝重，焦急萬分，劉邦軍中的張良，與他是生死之交，他不能眼睜睜地看著張良死在項羽的大軍進擊之下，一咬牙，打定主意，就算豁出性命，他也要知會張良一聲。當晚，他便騎著馬，奔往霸上，將楚軍的動向告知張良，勸他趕緊逃命。

張良道：「我受沛公大恩，怎能行此不義之事？我得把事情告訴沛公才行。」

「可別告訴他我來過！」

張良笑了笑，進入帳中，將楚軍準備大舉攻擊的事，告訴劉邦。

劉邦大驚失色，連問張良應該怎麼辦，張良答道：「我有一舊友項伯，在楚軍之中任職，他是項羽的伯父。」

「能聯絡得上他嗎？」

「他就在帳外，事實上，這件事正是他所通知。」

劉邦轉憂爲喜，連忙道：「快請他進來！」

張良三請四請，才將項伯請進帳中。

劉邦對項伯禮遇萬分，請他上座，同時誠懇地說道：「上將軍冤枉我啦！我自從攻進武關以後，一點錢財都不敢碰，只知道將倉庫封存妥當，等上將軍發落！」

項伯不肯相信，問道：「那你又爲何派兵把守函谷關，阻止我軍前進？」

劉邦嘆了一口氣：「派兵把守，是爲了防備盜匪，絕不是阻擋上將軍前進！自從入關以來，我日夜期盼將軍駕到，絕對沒有非分之想，這點還望兄臺與上將軍明言！」

劉邦的態度和言語，頗得項伯好感，因此項伯承諾劉邦道：「上將軍那兒，我替你說去，可是，明天一早，你就得來晉見！」

「當然。」

項伯離開霸上，返回鴻門坂，此時項羽大營之中，已經因爲項伯的突然離去而鬧得滿城風雨，一見項伯歸來，項羽森然質問道：「叔父怎可前往敵營？難道去把我軍動向告訴敵人嗎？」

項伯坦然道：「不錯！我這番前去，是爲了搭救我當年的救命恩人張子房！」

「只爲了一己恩怨，就不顧大局了嗎？」項羽的語氣益發嚴厲，他沒注意到，這種脾氣似乎是他們項家人的天性。

「開始時，我是沒想這麼多，不過，見到了劉邦，倒是替我軍得來不少好處！」

「你見到了劉邦？」

「劉邦已經允諾投降！」

「眞的嗎？」項羽一掃臉上的陰沉，展顏道：「他來了嗎？」

「還沒，不過明日一早，他便會正式登門拜見。」

「是嗎……」項羽沉吟不語，一時之間並無決定。

項伯勸道：「其實，倘若不是劉邦打進咸陽，我軍也不會如此順利。如今，劉邦在關中秋毫無犯，又建立大功，也沒有反叛之意，我軍如若貿然攻打，只怕除了兩敗俱傷之外，還會落個不仁不義的罵名。」

「那依叔父之見，應該如何？」

「且看他明日來降之時，表現如何，如果眞心歸順，便可收服，如有意外，再作打算不遲。」

咸陽城的大火

次日，劉邦只帶了一百多騎的護衛，來到號稱百萬，實際上也有四十萬的楚軍陣營之中。

項羽端坐營帳中央，范增、項伯分立兩側，劉邦帶著張良，入營叩拜。

「免禮，坐！」項羽高傲地說道。

劉邦心裡七上八下地入了座，說道：「從入關那天起，我就盼望著這一天啦！」

項羽的表情依舊冷冷地，說道：「是嗎？我怎麼聽說你想在關中稱王啊？」

劉邦有些緊張地說道：「沒……沒有的事！從前我與將軍並肩作戰，後來雖然分道揚鑣，我心裡卻還是惦記著將軍能先入關中的，只不過，將軍在河北戰果輝煌，我卻是運氣比較好，想不到能先入關中……呃……入了關以後，我所做的每一件事，都是爲了等待將軍的到來呀！」

「聽說你收買了不少人心？」

「那一定是有人中傷！」

項羽見劉邦態度誠懇，不像是說假話，臉色方始和緩下來，溫言道：「唉！你別誤會，我哪會如此呢？這些都是你軍中的左司馬曹無傷說的，看來使壞的人是他啊！」

劉邦微微一笑，笑得有些尷尬。

項羽的笑容倒是很坦然，他完全相信劉邦所言，毫無懷疑。「來人！備酒宴！」他高聲說著，同時把手搭在劉邦肩上，以示親密：「今天，我要與我的大功臣好好喝上一頓。」

劉邦被那粗壯的手臂勒得有些喘不過氣，乾笑兩聲，沒說什麼話。

酒菜齊備，帳中數人依照項羽的意思，按著尊卑入座，項羽項伯坐西向東爲尊位；范增坐北朝南次之；劉邦已被項羽視爲部屬，坐南向北；張良坐東向西，位置最卑。

席間，各人皆舉杯祝賀，項羽尤其高興。對他來說，劉邦的歸順，象徵著他邁向霸業的道路已經走到頂點，此後的天下，將以他項羽，一個二十八歲的青年，作爲天下的共主。

謀臣范增顯然沒有這麼樂觀，劉邦那副表面上乖順，實際上只是藏住狐狸尾巴的做法，他一眼就能看得出來。他不停地使眼色，要項羽當機立斷，趁勢動手殺了劉邦，可是項羽彷彿視若無睹，只顧著開懷暢飲，高談闊論。

張良眼尖，看出范增不懷好意，始終注視著范增的一舉一動。

酒過三巡，范增忽然一陣苦笑道：「年紀大了，不勝酒力，容我出帳小解一番，恕罪恕罪！」語罷起身而出。

片刻之後，范增再度回到帳中，身旁還帶了一名身形粗壯的勇士，那是項羽的堂兄項莊。范增拱手對席間之人道：「今日我軍能有此宴，實乃一大盛事，只可惜沒有歌舞雅樂助興，老臣忽發奇想，請我軍中劍術高手項莊，在席間舞劍，爲將軍與沛公助興。」

項羽鼓掌而笑：「那好得很，你舞吧！」

項莊行了一禮，拔劍出鞘，盤旋而舞，在席間遊走轉動，可是那銳利的劍刃，總指著劉邦，態勢咄咄逼人。

張良一見情形，便知范增做何打算，這場劍舞，分明是爲了刺殺劉邦，只因爲沒有項羽的允許，這才遲遲未下殺著。他輕輕推了推項伯，使了個眼色，道：「一個人舞劍，總沒有兩個人好看，在下久聞項伯劍法高超，願能一睹風采。」

項伯對於劉邦的誠懇，心生好感，在加上他在項羽軍中，始終沒有受到重用，此時內心已偏向劉邦那一邊，於是起身拱手，得到項羽同意後，與項莊共同舞劍。

兩個項家的劍術高手，在狹小的營帳裡，越舞越興起，漸漸成了比武，越打越激烈，項莊一劍刺向劉邦，項伯立時揮劍隔擋開來，或是索性用身體擋在劉邦前面，使項莊沒有下手的機會。

劉邦性命交關，覺得口乾舌燥，方才灌進肚裡的酒，這時全都成了冷汗冒出來，他看看項羽，看看張良，不時乾吼一聲：「好啊！」

項羽專注地看著那場較勁，沒發現劉邦臉色。

張良知道主君危在旦夕，藉故起身離席，到營帳之外去向大將樊噲求救。

樊噲是個粗豪漢子，等在帳外心急如焚，見張良神色不佳，忙問：「事情如何？怎麼這麼久？」

「范增項莊不安好心，想要刺殺沛公！」

「什麼？」樊噲怒眼圓睜，吼道：「誰敢謀害沛公，老子和他拚了！死也要死在一起。」說完大步走向軍營門口，舉起盾牌將企圖阻攔的衛士撞倒，衝進帳內，眼中冒著怒火，瞪視著項羽。

項羽吃了一驚，手按長劍，厲聲問道：「來者何人？」

張良回答道：「這位是沛公的隨從衛士樊噲。」

項羽心情好，而且樊噲的豪勇令他頗爲欣賞，「眞是一條好漢！」他吩咐道：「賞他好酒一罈！」

樊噲接過酒罈，也不道謝，站著就將整罈酒灌進肚裡。

項羽頻頻點頭，又道：「再賞一塊豬肘子！」

不知是否屬下有意刁難，送到樊噲面前的，竟是一條生豬肉。樊噲毫不在乎，拔劍切肉，如餓狼般生呑大嚼。

「好樣的！」項羽最欣賞這種粗獷豪邁的人物，連聲讚嘆，並問道：「還能再喝嗎？」

樊噲道：「區區幾罈酒算什麼？只不過有些不中聽的話我要是不說，實在憋得難受！」

「哈哈哈！你儘管說吧。」

「秦朝那些殺人不償命的東西，讓天下人受苦，當初懷王與眾路將士約定，先入關爲王，如今沛公推翻了秦朝，打進咸陽，卻什麼東西都不敢碰，只敢乖乖地恭候將軍架到。可是將軍非但沒有賞賜沛公，反而想要聽信小人之言，誅殺功臣，這樣是不會有好下場的！」

項羽被指責得莫名其妙，也許喝得醉了，竟不生氣，還請樊噲入座。

眼看范增項莊就要按耐不住發難，劉邦忽然起身，搖搖晃晃地道：「嘿嘿！今日眞是有趣，老子要去如廁了……」

樊噲連忙起身攙扶，張良拱手對項羽道：「將軍恕罪，沛公實在喝得多了。」

「快……快去快回！」項羽也已有六、七分酒意，沒意識到劉邦逃跑的意圖。

樊噲道：「沛公快找匹馬，先逃再說。」

劉邦道：「還沒告辭，不大好吧？」

「人如刀俎，我為魚肉，沛公等著被宰嗎？告辭個屁！」樊噲找來一匹馬，讓劉邦騎乘，自己則與夏侯嬰、靳彊、紀信等勇士，手持刀劍盾牌，步行保護，逃出鴻門，沿著小路返回霸上，張良則留下善後。

張良等在帳外，估算著劉邦沿小路返回軍營的時間，時間一到，方才慢吞吞地回到項羽營帳，躬身拜別。

項羽覺得奇怪，問道：「怎麼要回去了？劉邦呢？」

張良恭謹地說道：「沛公不勝酒力，已經醉倒了，不能親自告別，託付微臣奉上白璧一雙給上將軍，玉斗一雙給范將軍。」

項羽接過白璧，手裡把玩著，十分喜歡，嘴上問道：「沛公現在何處？」

「他聽說上將軍有責備之意，大約是害怕，已經先行返回霸上了。」

范增氣得把玉斗重重摔碎，責備項羽道：「這種樣子，怎能和你共謀大事？將來奪取你天下的，一定是劉邦！我們都會成為階下囚的。」

項羽聽不進去，欣悅地對張良說道：「就請先生回去轉告沛公，多謝餽贈，並且希望以後也能多多幫助。」

張良出帳後，范增、項莊等人還在責備項羽，尤其是范增，他的年紀，足可以當項羽的祖父，對項羽而言，他既是謀臣，也是師父，有著亞父的尊稱，很顯然，他也以一個長輩自居，才會不顧地位的責備項羽。

項羽心煩意亂，虎吼一聲：「閉嘴！我是上將軍，誰來多嘴，我定不饒他！」

范增氣得轉身就走，項莊、項伯兩人愣了一會兒，覺得氣氛不對，勸了幾句，轉身離去。

項羽原本心情不錯，這時又高興不起來，獨自喝了幾罈悶酒，倒下來呼呼大睡。

幾天之後，項羽大軍進入咸陽，有人問起項羽，那投降的秦王子嬰應該如何處置，項羽心中想起了亡國之恨，以及祖父、叔父的血海深仇，雖然這些事都不是子嬰所爲，然而子嬰卻必須爲這件事負責。

「砍了！」項羽冷冷說。

被殺的除了子嬰，連同秦國宗室貴族以及大小官員，甚至咸陽城中的居民，也全部遭到殺害。

幾天前劉邦未取分文的那些金銀財寶，全都被楚軍一掃而空，能搬的就搬，不能搬的就燒，搶掠了幾日，咸陽城幾乎被搶得一乾二淨，只留下連綿不絕的巍峨宮殿，項羽一聲令下，火苗在宮殿的四處竄起，迅速吞噬了一座又一座的亭台樓閣，當初秦始皇仿造六國都城興建的宮殿群，以及那美輪美奐，至今尚未全部完工的巨大宮殿阿房宮，全部在大火之中化爲灰燼。

關中人民，看著項羽如此作爲，心中大失所望。

一車車的財寶和美女，讓項羽心中無比滿足，眼前直達天際的烈焰，是他身爲征服者的最高獻禮。

「這些珠寶，可以讓關東各路諸侯開開眼界了！」

項羽心滿意足地準備班師，此時，有一個韓先生跑來晉見項羽，說道：「關中地勢險要，土地肥沃，易守難攻，將軍爲何急於歸還？應當在此建都，雄視天下才是啊！」

咸陽城此時已是一片焦土，項羽看了就覺得心煩，況且，這個韓先生，是他素來就不大瞧得起的儒生，這樣的建議，他哪聽得下？

「富貴不歸故鄉，就好像是穿著漂亮衣裳在夜裡行走，根本沒人看得到啊！」項羽道：「我的家鄉在東方，當然要回家鄉去，才能顯得榮耀！」

這種膚淺的意見，韓先生覺得頗不痛快，起身告辭。不過，他的儒生個性，卻使他遭來殺身之禍，離去之前，他咕噥著：「哼！怪不得大家都說楚國人膚淺，今日一見，果然是沐猴而冠。」

項羽聽見了，氣得暴跳如雷，「你說什麼？」他大吼道：「來人！把他給我抓起來！」

韓先生被項羽處以烹刑，活活煮死。

這一年，是公元前二〇六年，史書上記載的這一年，有兩個年號，一是漢高祖元年，一是西楚霸王元年，從這時候起，爲期四年的楚漢之爭，正式展開。

國士無雙

劉邦回到霸上之後的第一件事，便是處死了通風報信的叛徒曹無傷，這個舉動，無疑象徵著曹無傷所言不虛，也同時代表著劉邦即將有所行動。

不過，項羽似乎並沒有將劉邦放在心上，他最關心的，是將來天下應當如何分配的事。他自己不願意在關中爲王，卻也不願意讓劉邦在關中稱王，爲此，他在關中多耽擱了幾天，派人請示楚懷王，探探口風，數日之後，得到的答案竟然是：「我會信守承諾，先入關中者爲王。」

項羽屏退了傳遞消息的使者，找來了親信的將領，對他們說道：「看看這個楚懷王！他以爲他眞的是大王哩，想想這幾年，是誰在外頭東征西討？是我項氏叔姪還有眾位愛將啊！如今，大勢已定，該是分封天下的時候了，哪裡輪得到他來分封呢？」

諸將領點頭附和。

「不過，那楚懷王畢竟也是當年楚國宗室後裔，雖然他沒有半點功勞，我們卻也不能忽略了他，嗯！一定要給他一個很高的地位，還有一塊封地。」

不久之後，由項羽所主持的分封天下，名單出爐，懷王被尊稱爲「義帝」，遷到江南地區；

劉邦被封到巴蜀漢中之地，稱為漢王。三名秦軍降將之中，章邯如約成為雍王，統領咸陽以西之地；董翳為翟王，領上郡之地；司馬欣為塞王，封咸陽以東，這三人稱為「三秦」。另外，原本即已恢復六國稱號的諸侯王，被項羽以個人之意，或遷都，或另行分封，如趙王歇被封為代王，燕王韓廣被封為遼東王，魏王豹受封為西魏王，諸如此類。

至於項羽自己，則以彭城為國都，自稱為西楚霸王，為天下諸侯的霸主。零零總總的王，包括項羽自己，一共有十九個。

除了項羽的親信之外，沒有任何人對這次分封感到滿意，尤其對於關中的處置，更是惹人非議。原本最先入關的劉邦，理當受封關中王，卻被封在過去專門流放囚犯的巴蜀漢中之地，而將秦地人人厭惡的章邯等人封於關中稱王，這已非長久之計。至於項羽自己，明明擁有著宰割天下的力量，卻只把自己封為一個諸侯之間的共主，名義上是領袖，實際上地位並不比其他諸侯高，足見這個能征善戰的青年，政治方面的能力實在不怎麼樣。

劉邦聽著分封情況的回報，越聽越怒，捏緊了拳頭，罵道：「該死的項羽，把我封到那什麼鬼地方去？哼！與其承受這種羞辱，不如發動大軍，和他拚了算了。」

「萬萬不可啊！」蕭何勸道：「沛公欲成大事，就得要忍耐這些才行。」

「誰說的？」劉邦道：「以前那些王侯大將，何人曾經受過這種侮辱？」

蕭何悠悠道：「沛公……不，應該稱呼您漢王才是！漢王別忘了，當初成湯、周文王等人，都是先屈居人下，飽經磨難，最後成就大業的啊！」

劉邦問道：「這些人後來成就什麼大業？」

蕭何嘆了一口氣：「我知道漢王不大喜歡儒生，可是還是應該多讀點書才好……呃……成湯後來革命，建立了六百年商朝，周文王勵精圖治，奠定了大周朝八百年的基業，這都是留名千古的成就！」

劉邦沉吟半晌，笑道：「我知道啦！你是說，只要我現在忍一忍，將來就可以被寫進那些書裡是吧？」

「嗯……算是吧。」

「嘿嘿，那也挺不錯的。好吧，我就先屈就一下項羽給我的這什麼漢王吧！漢王，漢王……嗯，其實，『漢』這個字聽起來還滿威武的，比什麼沛公好點。」

「大王英明。」

劉邦率領大軍，從杜縣（今陝西省藍田縣西南）入子午谷，那裡的棧道，是入蜀的必經之路。所謂棧道，是當地居民因應險要地形所修築的快速通道，沿著絕壁鑿出一排石洞，插入木棍，在成排的木棍上鋪接木板，上面只容許一匹馬通過，隔一段距離才會有一處較寬之地，供對向交會，十分險峻。

臨行之前，張良建議劉邦道：「大軍通過之後，就將棧道全部焚燒，一方面可以阻止三秦侵襲，一方面表示誠意，絕不東返，讓項羽失去戒心。」

劉邦接受了張良的建議，大軍抵達漢中之時，棧道已被焚燒個乾淨。

底下的將士們，大部份都是東方各郡人士，他們不知道焚燒棧道是張良的計策，只知道他們返回故鄉的道路以被破壞，心情極爲苦悶。巴蜀之地，氣候濕熱，令人難以適應，夜闌人靜之時，野獸的嗥叫聲與兵士們的涕泣聲此起彼落，甚爲悽涼。

有些士兵偷偷地逃跑，劉邦並未太過阻攔，連他自己都想逃了，又怎能責怪士兵呢？

在這荒山野嶺之間，他們幾乎斷絕了對外界的一切消息，只從往來商旅口中，輾轉聽說東方各國，由於不願意接受項羽的分封，已經打成一團，局面十分混亂。

「哎！只恨我不能加入，和他們一起作亂啊！」劉邦憤然道：「霸王的分封，最不公平的就是老子，老子沒動，那些小嘍囉卻動起來了……」

「大王……」夏侯嬰對劉邦說道：「我今日想爲大王引薦一人，此人才智出眾，有大將之才。」

劉邦正覺得心煩意亂，夏侯嬰推薦的人，他連看都懶得看一眼，順口說道：「嗯，既然是你推薦的人才，那一定錯不了，相國……」劉邦叫的是蕭何，此時他已受劉邦之命爲相：「底下還缺些什麼官？」

「昨日剛跑走一個治粟都尉……」

「是啊，那就讓他去當那個官吧！」

眾人退去，夏侯嬰自討沒趣地準備回到崗位，這時蕭何從後面追了上來，笑道：「夏侯老兄今日難得向大王推薦人才啊！」

夏侯嬰嘆了一聲道：「人才難得嘛！可惜大王不看重……」

「能讓夏侯老兄如此看重，想必是個高人，不知是否有緣一見？」

「行啊，他就在我府裡。」夏侯嬰道：「唉！治粟都尉……眞不知道該怎麼向他交代。」

夏侯嬰口中的這名人才，正是日後大名鼎鼎的一代大將韓信，蕭何一見韓信，果然相貌堂堂，儀表非凡，與他談論軍國大事，他也能分析事理，有獨到的見解，蕭何十分欽佩。

韓信任治粟都尉後曾向劉邦進言，勸他順應潮流，向東奪取天下，劉邦只是聽著，並沒有認眞地放在心上。韓信暗忖：「相國曾經向我擔保他會在大王面前舉薦我，算算時間，這時也舉薦不只一次了，唉！看來漢王也不是我可以投效之人。」

他回想起過去種種，過去在故鄉之時，曾經淪爲乞食之人，也曾經忍受胯下之辱，這些苦他都熬過來了，就是爲了有朝一日能夠飛黃騰達。他曾經投靠過項梁、項羽，沒有受到重用，於是他逃往漢中，投奔劉邦，也不受重用。韓信覺得心灰意冷，一橫心一咬牙，掛冠求去。

「天下之大，難道沒有我韓信容身之處？」他心裡這麼想著。

蕭何畢竟慧眼識英雄，當他聽說韓信逃走的消息，來不及向劉邦報告，翻身上馬，趁著星夜沿路追趕。

此時劉邦還在府中飲酒，士卒有事稟報，劉邦不耐煩地說道：「又有人逃走了是吧？我不是說過，想逃的人我不多追究嗎？怎麼還來煩我？」

士卒低聲道：「可是這回逃走的是……是蕭相國……」

劉邦「噗」的一聲，把剛喝下去的酒全噴了出來，覺得五雷轟頂，腦袋嗡嗡作響，「連蕭何也要棄我而去？我還混什麼！」劉邦萬念俱灰，左右勸他趕緊派人去追，他才顫聲說道：「對……快去追……」

過了兩天，蕭何突然又出現了，並且前來晉見劉邦，劉邦難掩內心喜悅，臉上裝出一副生氣的樣子，責問道：「老子待你不薄啊，你怎麼說也不說一聲，就私下潛逃？」

蕭何拱手道：「我並不是逃走，而是去追趕一個逃走的人。」

「誰？」

「韓信。」

劉邦嗤之以鼻，罵道：「天天都有人逃走，連大將都逃了十幾個，你不追，卻去追韓信這樣一個無名小卒，他媽的別跟我鬼扯！」

蕭何又一次鄭重推薦韓信：「大王所說的那十幾個將領，很容易物色得到，可是韓信這人不一樣，韓信……天下奇才，國士無雙啊！」

「有你說的這麼神嗎？」

「當然！大王如果打算一輩子窩在這個鬼地方當你的漢中王，可以讓韓信逃走，如果想要奪取天下，就一定得重用韓信。」

「好好好，我知道了，看你的面子，我封他爲將軍，行了吧？」

蕭何搖搖頭：「韓信這種人才，不是用一個普通將軍的地位，就能留得住的。」

「那就拜他爲大將軍吧！」

大將軍是所有將領當中最高的稱號，執掌全軍兵符，這是劉邦第一次授予將領這樣高的職位。

不料蕭何仍然搖頭：「這樣恐怕還不夠。」

「還不夠？」

「大王平常輕慢無禮，拜大將的時候，如果還是這樣，韓信能來嗎？既然要拜將，就必須齋戒沐浴，選定良辰吉日，把該有的禮儀都做到才行。」

劉邦同意。

消息傳開，將領們個個喜形於色，他們都以爲大將軍的地位非自己莫屬，誰知到了儀式當天，執掌兵符的大將軍，竟然是那個小小的治粟都尉韓信，人人都看傻了眼。

拜將儀式結束之後，劉邦在府中設宴款待韓信，賓主落座，劉邦道：「相國多次推薦將軍，不知道將軍有什麼高論可以教導我？」

韓信謙遜一番：「我並不如相國所說那般賢能！」隨即將話轉入正題：「如今大王欲奪天下，最大的敵人，不就是項羽？」

「當然。」

「大王自己估算，以勇猛剽悍，您與項羽比起來如何？」

在場有不少將領看著劉邦，劉邦卻直言不諱：「我比不上他！」

韓信欣然微笑：「大王能有自知之明，實乃大幸也！我也如此認爲，不過，項羽的爲人，有著極大的缺點。」

劉邦對這個話題甚感興趣，追問道：「快說快說！」

「末將曾在項羽軍中任職，知道項羽的脾氣，這個人性烈如火，憤怒起來誰也抵擋不了，可是他剛愎自用，不知選賢任能，所以只是匹夫之勇。」韓信道：「他對待部下慈祥親切，與士卒共飲食，也會照顧生病之人，可是當人建立大功之時，他卻不知道論功行賞。」

劉邦頻頻點頭，他就是最大的受害者。

韓信接著道：「他稱霸天下，統御各國，把都城建立在無險可守的彭城，任用自己的親信擔任各國國王，驅逐原來的君主，還把義帝遠遷江南，我估計以項羽個性，再過不久必定會對義帝不利！如此大失人心的結果，使項羽變得像隻紙老虎，不堪一擊。」

劉邦連聲稱是。

「相比之下，大王如能截長補短，任用天下豪傑，並且論功行賞，何愁不能橫掃天下？」

劉邦有些遲疑：「真的能夠這麼順利嗎？看看現在的情況……」

「大王不必掛心！當初大王入關之時，秋毫無犯，關中人心皆向大王，如今盤據關中的，卻是秦地人民恨得咬牙切齒的章邯等人。大王只消發兵東進，一紙文告，秦地之民就會揭竿而起。」

劉邦大喜過望，握著韓信的雙手道：「唉！我與將軍真是相見恨晚啊！」

一生窮途潦倒的韓信，終於有了揮灑自己才能的空間。

暗渡陳倉

次日，新任大將軍韓信升帳點兵，頒布嚴格的軍令，準備誓師關中。底下的將領原本不大瞧得起韓信，此時看他威風凜凜，一絲不苟，也都收起了輕視之意，依令行事。士卒們聽說要大舉進軍，覺得終於可以回家，鬥志高昂，士氣大振。

劉邦偷偷問道：「將軍，大軍入蜀之時，棧道已經被焚燒殆盡，如今要入關中，該從何處行軍？」

「故道可行！」韓信回答。故道在今陝西省鳳縣西北，出故道，便是章邯老巢。

劉邦點點頭：「嗯！也只剩這一條遠路了。」又問：「可是，難道章邯不會派兵把守故道？」

「明修棧道，暗渡陳倉。」

簡簡單單八個字，將當初張良獻計之時所規劃的戰略一語道盡。劉邦佩服不已，嘆道：「可惜子房不在，否則他一定可與將軍結為好友！」

張良獻完燒棧道的計策以後，便投奔項羽所冊封的韓王韓成去了，他始終惦記著復興韓國之事，只不過，劉邦等人並不知道，此時韓王韓成已被項羽以未曾建立功勞而殺，張良則努力地想要逃回劉邦之處。

所謂明修棧道，自然是為了聲東擊西，掩人耳目，轉移雍王章邯的注意力，因此，劉邦派了兵士數百人，前往被燒毀的棧道遺址，忙忙碌碌地動工修復，這件事自然被章邯知悉，他輕蔑地笑著道：「當初劉邦演戲演得太入神！向楚霸王表示誠意，也不必眞的把棧道燒掉啊！誰不知道那老小子有意回馬關中？現在等著看吧！只派了幾百人修棧道，看他修到何年何月！」

幾天之後，又有新的消息從漢中傳來，說劉邦最近新任一員大將，名叫韓信，當初為了求流氓饒命，竟然鑽過流氓的褲襠。章邯哈哈大笑：「劉邦大概在漢中熱昏頭了！他底下難道沒人了嗎？居然找個膽小鬼來當大將，笑死人！」

孰料漢軍主力部隊，已在劉邦韓信的率領之下，取北方故道開赴陳倉，章邯聞訊大感震驚，將信將疑問道：「棧道不是還沒修好嗎？大軍從哪裡冒出來的？」一面派人再探虛實，一面調兵遣將，前往陳倉禦敵，遭到漢軍猛烈攻擊，章邯重整兵力再戰，又敗，只好退守到都城廢丘固守。

劉邦輕易佔領了雍地，返回咸陽，得到當地居民的熱烈支持。蕭何一旁看著，嘆道：「大王今日當知民心向背之重要！章邯並非輸在不會打仗，而是輸在不得人心哪！」

廢丘圍城一年之後，韓信樊噲發動水攻，掘河灌城，城破，漢軍的來勢比洪水更凶猛，章邯無路可逃，拔劍自刎。

劉邦勢如破竹，士氣大振，號令大軍繼續東進，塞王司馬欣、翟王董翳以及河南王申陽都不敢抵抗，先後投降，如此一來，整個關中地區，都成了劉邦的領土。但他並不片刻停歇，立刻又派遣了將軍薛歐與王吸率領一對人馬，越過武關，在南陽郡王陵的引導下，前往他的發跡地沛縣。

劉邦這麼做，是爲了迎接他的父親太公與妻子呂雉。項羽此時正在征討北方的叛亂，聞聽此事，分不開身，只派了部份兵力封鎖陽夏（今河南省太康縣），截斷王陵的去路，並把吳縣縣令鄭昌冊封爲韓王，希望藉由收買人心來尋求鄭昌的幫助。

項羽之所以不能全力對付劉邦，又是張良的功勞，張良聽說劉邦準備入關了，立即以韓相的身分，寫了一封信給項羽，信中寫著：「劉邦之所以返回關中，只不過是爲了實現當初對楚懷王的諾言，絕對沒有繼續東進的非分之想，北方的齊王田榮聯合趙國謀反，他們才是您眞正的敵人。」

這封信的內容連張良自己都不大相信，想不到項羽卻相信了，大概是張良文采斐然，分析事理井井有條，才讓項羽相信了他的話。

不過，項羽並非對劉邦全無提防，當他知道王陵歸順漢軍，立刻派人將王陵的母親逮捕，並且請她勸說王陵改變心意。王陵的母親是個十分有想法的人，她流淚對使者道：「轉告我兒，他的決定很對，劉邦是個敦厚的長者，不要因爲我的緣故三心二意。」說完，抽劍自刎而死。

項羽聞訊大怒：「一個死老太婆，爲什麼也不肯向我屈服？」暴怒之下，他高聲喝令：「把死老太婆的屍體拿去烹了！」

也許他實在太過憤怒，使他失去了冷靜思考的能力，再加上接二連三的叛亂，讓他這個西楚霸王的位置一天沒坐安穩，憂心與憤怒之間，他下了一個錯誤的決定，他秘密傳令九江王英布等人，趁著義帝南下之時，截殺義帝於半途之中。

他認爲，沒有必要在他之上還有一個傀儡了，他必須有絕對的權力與絕對的號召力，才可以平定眼前的諸多紛亂。

此舉給了劉邦一個很好的機會，他可以更名正言順地發動攻擊。這時漢軍已經集結了關中數十萬大軍，東出函谷關，抵達洛陽，預備大舉進攻，張良聽說此事，從項羽冊封的韓王鄭昌那裡逃出來，一路上為了躲避追殺，男扮女裝，專走小路，投奔漢軍。

劉邦與故友重逢，感動莫名，眼見原已瘦弱的張良，此時更是憔悴，心有不忍，對張良道：「子房，以後你也別去帶兵了，跟在我身邊，替我出主意吧！」

除了張良重回劉邦旗下之外，還有一位足智多謀的人才，此時也從楚軍歸附漢軍，這個人就是陳平。不久之前鴻門宴的時候，劉邦即與陳平有一面之緣，此時陳平來歸，劉邦自然欣喜萬分，命人擺下酒宴請他共餐，席間陳平暢所欲言，劉邦對自己又多得一名人才非常高興，問道：「閣下在楚軍擔任什麼職位？」

陳平回答：「項王讓我當個都尉。」

「好！我也讓你當都尉。」劉邦說道：「另外兼任參乘、典護軍。」

消息在軍中傳開，全體譁然，紛紛耳語道：「大王不過遇到一個從西楚來的降將，沒弄清他的來歷，就封他當大官，還讓他當典護軍監視我們，實在太沒道理了！」

劉邦對這些耳語一點也不在乎，繼續重用陳平。

漢軍進了洛陽城，當地有個鄉紳建議劉邦說道：「得民心者昌，失民心者亡，大王發動軍隊，如果師出無名，必不會成功。如今項羽犯下大逆不道行為，殺死義帝，大王廣施仁義，最好能夠親率三軍，公開為義帝舉喪，以此號令全國，必能完成不朽的偉業！」

劉邦聽了很高興，點頭說道：「理當如此。」

他立刻下令，舉行盛大的儀式，替義帝發喪，典禮上，劉邦放聲大哭，人人都被他唱作俱佳的演技唬住，爲之動容。

「天下共同擁戴的義帝，竟被項羽奸賊所殺！」劉邦眼角噙淚，對著全體將士說道：「如今，我漢王劉邦將動員關中民眾，徵召中原壯士，沿江而下，誅殺逆臣！派往各國的使者即日啓程，務必爭取支持！」

他所發布的檄文傳遍各國，也許是因爲各國都對項羽分封不滿的緣故，立刻有許多勢力表示願意配合劉邦一起行動。

加入劉邦麾下的，有常山王張耳、河南王申陽、魏王魏豹、韓王鄭昌、殷王司馬卬等人，這些人的軍隊加起來合計約有五十六萬之多。劉邦命令韓信帶領部分兵力鎮守河南，自己則率領大軍火速攻向項羽的老巢彭城。

趁著項羽在北邊忙得焦頭爛額，無力抗拒之時，劉邦決定要在最短的時間裡，給予項羽最爲致命的打擊。

大軍浩浩蕩蕩向東進發，撲天蓋地，聲勢銳不可當，途經外黃（今河南省杞縣東北），又收編了彭越的三萬兵士。彭越在劉邦入關之前就與劉邦相識，各路諸侯開始反叛項羽之後，彭越便在劉邦的說服之下，於魏國舊地一帶四處攻城掠地，佔據外黃。劉邦爲了表彰他的功績，將他封爲魏國丞相，繼續領兵作戰。

漢軍毫無窒礙地抵達了彭城，劉邦原以爲會有一場惡戰，卻不料這座霸主之城，守備竟然出奇地少，稍稍試探，立即潰敗，劉邦拍掌大笑：「哈哈！項羽這個小子，再怎麼能打，也不該把老家放空啊！哼哼，看老子讓你變得有家歸不得。」立即下令全力攻城。

沒有兵力把守的城，不論是座什麼城，都將輕易陷落。霸王之城亦復如此，漢軍不消片刻，便衝破城門，湧入城中。

劉邦笑嘻嘻地跟在大軍之後縱馬進入城內，帶了幾個親信走進西楚霸王府，「美人們！老子……不對，寡人又來看你們啦！」他歡天喜地的把王府中的美女、財寶全部俱爲己有。「弄了半天，項羽那小子從關中擄來的好東西，還不是回到我手裡？」

他再也聽不進蕭何等人的勸，除了沒有下令屠城之外，終日酒席宴會，歡慶自己得來如此容易的勝利。

楚河漢界

劉邦堅信，項羽得知都城陷落，必將大受打擊，總有自我敗亡的一日。

他的估計完全錯誤。

項羽這個天才型的將領，並不是那麼容易就被擊潰的。當他從彭城逃出的士卒口中，聽說劉邦攻陷彭城一事之時，他並未如同往常一般氣得暴跳如雷，而是冷靜地交代身旁少數幾位將領，讓他們帶領大軍繼續在齊國進行牽制，自己則點播了三萬名精銳騎兵，火速飛奔南下，從魯城（今山東省曲阜縣）穿越胡陵（山東省魚台縣），抵達蕭縣（今江蘇省蕭縣）。

蕭縣緊鄰著彭城，那裡是漢軍主要的駐紮地，項羽發動拂曉攻擊，沉浸在勝利之中的漢軍，竟然毫無防範，被鋼鐵一般的騎兵衝殺得七零八落，抱頭鼠竄，四散逃命，楚軍追擊殺戮，將漢軍殺得屍橫遍野。

接近中午時分，三萬騎兵已經抵達彭城。這裡是項羽的根據地，他對此處地形瞭如指掌，指揮著他的子弟兵發動最猛烈的攻擊。

劉邦才剛從溫柔鄉中甦醒，聽見情況如此惡劣，自忖難以堅守，下令出城迎擊，又親眼看見楚軍在項羽指揮下，如天神降臨一般勢不可擋，嘆道：「罷了罷了！打不過，先撤退再說。」

漢軍開始撤退，楚軍卻不放過機會追殺，走投無路的漢軍，為了避免被無情斬殺的命運，不是躲進山區，就是逃向河邊，結果，在靈壁（今安徽省靈壁縣）附近，十幾萬的漢軍，被逼進睢水，項羽高聲喝令：「一個也別放過！」縱馬踐踏無力抵抗的敗軍，據說，遭到踐踏以及溺水而死的漢軍屍體，堵塞了睢水的河道，河水都難以流通。

僅僅三萬人，就把劉邦的六十萬大軍殺得瓦解冰消，劉邦內心的驚恐難以言諭，他再也顧不得什麼尊嚴，丟下部隊，只待幾名隨從，乘亂逃生，楚軍緊追在後，經過沛縣時，劉邦連家人都來不及接，繼續向西逃亡，途中遇上了他的一雙兒女，隨侍在側的夏侯嬰很高興地將他們拉上了車。

這時，楚軍的追殺聲似乎越來越近，驚惶萬狀的劉邦，嫌馬跑不快，把兒女推下車減輕重量，夏侯嬰看不過去，跳下車把孩子抱回車上。過了不久，劉邦又把他們推下車，夏侯嬰再次抱回孩子，如此來來回回好幾次，劉邦憤怒得大罵：「車子那麼重，馬都跑不動啦！」

夏侯嬰心頭的怒火也竄起，回嘴道：「馬跑不動是因為牠累了，不是車子太重！」遂命令車伕：「放慢點，別把馬累壞了。」

劉邦繼續大罵：「項羽就要追上來啦！如果你害老子被逮，老子絕不饒你！」

夏侯嬰不管劉邦說什麼，堅持己見，終於保全劉邦及那對兒女的性命。

劉邦的父親劉太公、妻子呂雉，都在這場混亂之中，遭到楚軍逮捕，押回彭城。項羽下令將他們收押，以後可以當做人質。

「這下我該怎麼辦？」劉邦萬念俱灰，幾乎想放棄，「六十萬大軍，打不過項羽的三萬人，我還要和他爭什麼天下啊？」

幾個屬下正忙著召集殘部，沒人有時間理會他的自怨自艾。張良說道：「想要與他硬拚，確實很難。」

「那該怎麼辦？」劉邦哭喪著臉：「董翳、司馬欣還有當初加入咱們的那些傢伙，一看勢頭不對，全靠回項羽那邊去了，你說我是不是該放棄關東地方？或者，把這些地方交給別人去打？」

張良並不反對。他沉吟道：「九江王英布，魏相彭越，這兩人可用。」

「這些都是外人哪！我漢軍之中，就沒有別人可以用了嗎？」

「大王應該曉得，我軍之中還有一人。」

「韓信？」

「不錯。」

劉邦臉上表情有些複雜，自他潰敗之後，漢軍之中，就剩下韓信一股兵力較有組織，劉邦本來的意思，是想把韓信的軍隊收爲己有，現在部下反對如此，劉邦只好放棄。

五月，劉邦繼續向西撤退，抵達滎陽，在那裡整頓兵力，蕭何在關中，徵調剩餘的老弱殘兵，約有好幾萬人，此時也抵達滎陽。漢軍在此重新訓練，實力稍有恢復，勉強可以抵擋來自東方的攻擊。

八月間，劉邦派遣韓信攻擊魏國。他的目的，是爲了開闢黃河以北的戰場，同時懲罰魏王魏豹見風轉舵、叛服無常。

魏豹的根據地位於安邑，主要的範圍約在今日山西省西部，黃河南北縱貫，兩岸均有渡口，東爲蒲阪（今山西省水濟縣西），西爲臨晉。此二渡口乃戰略要地，渡河必經之地，魏豹想當然耳認爲韓信大軍會從此地渡過，因此將大軍屯駐蒲阪，準備迎戰。

韓信得報，微微一笑，道：「他以爲我只有一條路走嗎？很好，我就來給他個將計就計。」

他下令徵調附近的船隻，集中在臨晉渡口，擺出一副即將由此地渡河的架勢，讓對岸的魏軍嚴陣以待，然後暗中帶領大軍從上游的夏陽（今陝西韓城）悄悄渡河，對安邑發動奇襲。魏豹倉皇失措，匆匆調兵迎擊，結果全軍覆沒，自己也遭到生擒。

韓信乘勝追擊，平定河東之後，又佔領了代國，並在當地與常山王張耳會合，率軍從井徑口通過，穿越太行山，進逼趙國。

這是一步險棋，韓信也不禁擔心。

井徑口是個狹窄的通道，萬一趙軍在此偷襲截擊，漢軍絕無生還餘地。韓信事前派往趙國的間諜此時也回報，說趙國的廣武君李左車曾向趙相陳餘如此建議，然而陳餘一向以「仁義之師」自居，不願使用這種詭計，並且說道：「韓信軍隊數量不多，又十分疲憊，如果不能迎頭痛擊，誰還瞧得起我們？」

韓信聞聽，喜形於色，放膽穿越井徑口，並且訓示將領：「我與趙軍接戰之時，可先佯裝敗退，待趙軍傾巢而出，大營空虛，我軍便可趁機衝入敵營，到時拔去趙國旗幟，插上我漢軍旗幟，如此趙軍必敗！」

他說得自信十足，將領們卻沒那麼有信心，只能敷衍地答應。

韓信又對張耳道：「趙軍已經把守在各個戰略要地，如果沒有看見我軍將旗，恐怕不會發動攻擊。」於是親自率領一萬士卒，渡過桃河，面向敵軍，背水列陣。

趙軍遠遠瞧見漢軍的陣勢，笑得前仰後合。

陳餘嗤笑道：「看來這個漢軍大將是個大草包！兵法有云：背水乃絕地，大軍背水，前有強敵，後無退路，即為廢軍，必敗無疑。這麼淺顯的道理都不懂，還想與我一戰？真是癡人說夢。」

輕敵之意一起，以往的謹慎全被他拋到九霄雲外。

天色微亮，漢軍擂鼓進發，果不出韓信所料，趙軍全面迎擊。兩軍交戰許久，韓信與張耳假裝難以支持，拋下戰鼓將旗，狼狽撤退，回到河邊的營壘。趙軍全面出動，搶到了漢軍將旗，同時大舉攻向漢軍營壘。

漢軍背後就是桃河，全無退路，面對趙軍的猛攻，只有拚死一戰。韓信另外派出兩千名精銳騎兵，繞過戰場，奔向趙軍陣地，見陣中空無一人，長驅直入，把趙國軍旗全部拔下，換上漢軍的紅色旗幟。

趙軍發現，漢軍並非真的潰敗，在桃河邊，他們比誰都勇猛，一時之間，勝負難分，陳餘決定先退回營壘休息，卻看見自己的陣營之中，全部插滿了漢軍旗幟。

「完了！」陳餘眼前一黑，差點墜馬，嘆道：「萬萬料不到，漢軍還有伏兵！如今旗幟已換，都城難保啦！」

他的想法和大部分趙軍相同，他們都以為，還有另一批部隊從別處進襲，捉住趙王，佔領都城，全軍頓時士氣全消，不能再戰，甚至連隊伍都難以維持。韓信趁機下令發動反攻，趙軍狂奔潰散，四處逃命，陳餘以下的將領如何也阻攔不住。最後，在泜水之濱，斬殺了陳餘，同時活捉趙王趙歇。

這場置之死地而後生的背水一戰，奠定了韓信做為大將的聲威，部下對他佩服得五體投地，再也不敢瞧不起這個當年曾受胯下之辱的青年。

韓信發布命令，懸賞黃金千金，生擒李左車。不久，李左車被押進大營，韓信親自替他鬆綁，並且以禮相待，向他請益攻取燕國的方略。

李左車拗不過韓信的盛情，終於答應獻計。他明白指出此次獲勝，韓信建立的功勳與威名，「不過，」他說道：「經此一戰，漢軍已經疲憊萬分，倒不如暫時按兵不動，安撫趙國人民，穩定人心，建立更高的名聲，隨後再派遣能言善道之士，前往燕國，分析利害，必定可使之屈服。」

韓信依計行事，果然說服了燕國國君臧荼，未費一兵一卒，便收復燕地。他派使者向劉邦報告好消息，並且請求冊封張耳為趙王。

固守滎陽的劉邦，接到這樣的好消息，似乎並沒有太多的喜悅。

他承受著來自楚軍的巨大壓力，楚軍包圍了滎陽，劉邦完全無法扭轉戰局。

「趙王？」劉邦嘆道：「如果眞的能幫我打勝仗，就算把我這個漢王的地位讓給他，那也行啊！」他批准韓信的請求，期望他能再建功業，自己卻只能派出使者，情願放棄滎陽以西的土地，與項羽求和。

項羽哪裡肯聽？如今的他，想要擊潰劉邦，直如探囊取物。他趕走了使者，繼續加緊包圍滎陽。

劉邦憂心忡忡，對陳平道：「這麼多亂七八糟的事情，到底什麼時候才能平定啊？」

沒頭沒腦的這麼一句話，陳平倒也立刻聽出來了，「大王，」他道：「項羽兵勢雖盛，卻有個致命弱點，不知大王可曾察覺？」

「弱點？」劉邦眼睛一亮：「快說！」

「項羽自己，能征善戰，可是他的身邊，能替他出主意的，不過就是范增、龍且、鍾離昧、周殷幾個，只要大王願意多出幾個錢，雇用細作在項羽身邊咬咬耳朵，以項羽的個性，必定會猜忌，到時候不必我們進攻，他們就要瓦解啦！」

「何以見得？」

「大王想想，九江王英布，不正是因爲受到項羽猜忌，才投靠我方的嗎？」

「有理，有理！」劉邦道：「這件事交給你去辦，要多少錢，儘管開口。」

陳平從劉邦那裡整整要了四萬兩黃金，從事他的離間之計，劉邦對他完全信任，從不過問他爲什麼要了那麼多錢。

成效可說立竿見影，陳平的智謀以事實證明：楚軍之中，謠言四起，人人都說鍾離昧當初立了大功，卻沒有封王，心有不滿，準備反叛，又說亞父范增與劉邦互通有無云云。

項羽眞的大起疑心，派使者至漢軍查探。

楚使到來，陳平負責接待，先端上了滿桌豐盛的菜餚，賓主落座，陳平問道：「亞父近來可好？」

「很好。」

「亞父與我家大王商議之事，是否妥當了？」

「什麼事？」使者道：「我根本不懂你在說什麼，我是項王派來的，你跟我亞父長亞父短的幹嘛？」語罷便要落箸挾菜。

「且慢！」陳平故作驚訝：「你是項王派來的，不是亞父派來的？」

「是啊。」

「來人！」陳平板起臉孔：「把這些酒菜撤了！」

後來項羽的使者，只有喝西北風的份。

使者回到楚營，將事情經過，報告項羽知悉，項羽對范增也猜忌了起來，有許多次，范增進言全軍大舉進攻滎陽，項羽都不肯採納，還冷冷的對范增說道：「你出的點子我能聽嗎？我這才想起，當年要不是你建議我叔父，立那什麼鬼楚懷王，我如今也不會落人口實！」

范增知道這是項羽對他不信任的表示，又悲又氣，說道：「你既然這麼說，我也沒什麼可以幫你的了。如今大勢已定，大王好自爲之，容老臣告老還鄉，往日諸多冒犯，還請大王恕罪。」

項羽一句慰留的話也沒有說。

范增當天便輕車簡從，返回彭城，數日之後，背上惡瘡復發，還沒來得及回到故鄉，就撒手人寰。

項羽輾轉得知范增的死訊，漸漸省悟過來，冷靜的思考之下，使他開始懷疑這到底是不是劉邦的奸計，後悔之餘，他決定完成亞父的遺願，全力攻城。

當時正值秦曆五月，天氣炎熱，長久遭受圍困的漢軍全無士氣，在項羽晝夜強攻之下，節節敗退，滎陽城壘指日將破，劉邦焦急萬狀，張良、陳平兩個足智多謀之士竟然也拿不出一點辦法。

就在這時，負責守城的將軍紀信來到營帳，拱手對劉邦道：「大王，滎陽城實在守不住，我看大王得早早尋覓脫身之計。」

「這我當然知道，可是楚軍把咱們包圍得水洩不通，要我怎麼逃？」

「我倒有一計。」紀信道：「容我僭越……末將身高體態與大王相彷，就由末將扮作大王，出城投降，楚軍必定圍攏過來，到時大王即可從後城趁虛而逃。」

劉邦喜上眉梢：「如此甚好……」忽然又作憂鬱狀道：「如此……將軍豈不是太委屈了？」

紀信淡淡一笑：「大王身繫天下，萬金之軀，只要大王有朝一日建立千古不朽的功業，我紀信就算粉身碎骨，也在所不辭！」

「那就……」劉邦把手放在紀信肩上拍了拍：「拜託你了。」

陳平與張良，沒有多說什麼，他們與紀信對望一眼，交換了一個訣別的眼神。

當晚，陳平召集了滎陽城中兩千多名婦女，讓她們身披鎧甲，頭戴青巾，僞裝成一支部隊，開城而出。楚軍看不清這支部隊虛實，圍攻上來，此時城門之中出來一輛車，車上黃綾迎風飄揚，一旁的人們高喊：「城中糧絕，漢王請降！」

項羽聽見士兵報告，立刻前往東門受降，靠近一看，才知車中之人並非劉邦，心下一驚，厲聲喝問：「劉邦哪裡去了？」

紀信從容回答：「漢王此時已經走得遠了！」

項羽頓足搥胸，下令把紀信綑綁起來，活活燒死，滎陽城雖沒了主將，僵持不下之際，卻難以陷落。

劉邦逃出滎陽，回到關中，從蕭何那裡接過另一批老弱殘兵，準備回滎陽再戰，有人建議道：「楚漢兩軍在滎陽一帶你來我往，漢軍多處於被動，也實在沒什麼結果，不如大王這次先從武關出兵，一則可讓滎陽前線稍事休息，一則可讓韓信穩固燕趙齊各地，待我軍充分休息，您再回師滎陽。」

劉邦採納了這個建議，從武關出發，上次他從這裡出兵時，一路打進彭城，項羽深怕他重施故計，立刻調兵抵擋，攻陷了城皋，把劉邦趕到宛城。劉邦固守城池，不肯出戰，一時之間，項羽也無可奈何。

這時候東部戰局又起變化，歸順漢軍的彭越，趁項羽全力攻打劉邦時，南渡睢水，偷襲楚軍，與楚軍大將項聲、薛公會戰，大破楚軍，斬殺薛公。

項羽眼見後方告急，留下大將終公把守城皋，親自率軍迎戰彭越，輕而易舉地擊潰了彭越，可是劉邦又抓住項羽不在的空檔，重新佔據城皋。

項羽不顧行軍勞頓，戰勝彭越之後，又回軍攻陷滎陽，殺掉了當初劉邦逃命之時，下令留守的大將周苛、樅公，同時俘虜了劉邦的盟友韓王信，迅速包圍城皋。

劉邦這回眞的嚇到了，他顫聲道：「項羽是什麼妖魔鬼怪啊？他明明就只有一支部隊而已啊！爲什麼我前前後後幾十萬大軍，再加上彭越的、英布的，全都栽在這麼一支部隊手上？我還和他比什麼啊？」

「現在不是害怕的時候！」夏侯嬰道：「滎陽陷落，城皋難守，大王還是棄城逃命要緊！」

「逃去哪裡？」劉邦頹然道：「關中嗎？關中已經只剩下女人啦！難道要我向蕭何開口，要他發派娘子軍給我嗎？」

「大王切莫忘記北方。」

「韓信與張耳？」劉邦怒道：「難道要我去投靠自己的部下？萬一他們一發狠，把我給殺了呢？」

「那就要看大王的本事了。」

夏侯嬰意有所指，劉邦也立刻開竅：「我明白了！」

又一次，夏侯嬰保護著劉邦，駕車逃命。這回沒有兒女拖慢駕車速度，可是劉邦心裡卻更不好受，「別說孩子了，我這個漢王，成了個光桿子，底下一兵一卒也沒有！」

他們渡過黃河，來到韓信與張耳大軍屯駐的修武（今河南省獲嘉縣小修武），兩人絲毫不敢聲張，隨便找了一間客棧居住，第二天凌晨，劉邦自稱是漢王所派來的使者，逕自走入中軍大營，斥退了守衛士卒，闖入韓信臥室。

此時韓信還在高臥，劉邦窸窸窣窣地翻出了韓信的元帥印信，握在手上，才覺得安全有了保障，他輕咳一聲，吵醒韓信，韓信正要開罵，一見帳中之人竟然是頂頭上司，連忙下跪請罪。

「免禮免禮。」劉邦乾笑兩聲，扶起韓信，「將軍這些日子以來眞是勞苦功高，老……本王必有重賞！嗯，現在前線吃緊，兵力……不足，所以我特地前來調撥部份兵馬，對付項羽小賊，將軍別見怪！」

韓信必恭必敬，恭謹地說道：「大王有命，末將豈能不從？」

於是劉邦以元帥印信，召集諸將會議，命張耳以趙王身分，就地徵兵，向北守護趙國領地，原本趙國之兵則由韓信統帥，自己則接收了當初撥給韓信的所有兵馬。

這下子讓劉邦的實力恢復不少，卻使得韓信遭受了被褫奪軍權的羞辱。劉邦在這一點上設想得十分周到，立即擢升韓信爲相國，地位與蕭何同等，對張耳則一再表示封他爲趙王的決心和誠意，使張耳心甘情願北伐趙地，使韓信死心塌地爲劉邦效忠拚命。

劉邦心情轉好，大宴官兵，準備與西楚決一死戰，部將鄭忠建議道：「大王還是別將這最後一批部隊拿去和項羽拚吧！我軍全無優勢可言，還是避其鋒銳，攻其不備，比較妥當。」

劉邦點了點頭。他派遣將軍劉賈、盧綰率領兩萬人馬，渡河南下，深入楚國腹地，與彭越相呼應，以游擊戰的方式，焚燒楚軍的糧草，避免正面衝突，趁機奪取魏國故地十幾座城池。

項羽對這種戰法不勝其煩，對部下曹咎說道：「彭越不過是個山賊，我十五天之內就能消滅他，這幾天裡，千萬記住，只許堅守，不許出戰，務必要等我回來！」

曹咎領命，項羽發兵東進，很快便收服了那十幾座城池，彭越根本不敢與項羽正面衝突，帶著他的游擊部隊，逃到穀城（今山東陰平縣）避難。

然而，部下曹咎卻未能奉命固守，以致城皋要地，再度落於劉邦之手。

原來劉邦本已打算放棄城皋，打算退守鞏縣，以防備洛陽等等富饒之地，謀士酈食其說道：「大王，眼下正是攻取城皋，奪回滎陽的好機會！項羽那個大草包，佔了滎陽，卻不知道派兵把守滎陽西北的敖倉，那裡存糧如此豐盛，如果奪取，並定使我軍士氣大振，敵軍則將陷入缺糧之苦。」

劉邦聽從建議，派了一批人馬，秘密奪取敖倉，自己親率大軍，奪取城皋。

曹咎起先對劉邦的挑戰相應不理，然而劉邦讓士兵在城外高聲叫罵，自己也跟著罵開來，他本為市井出身，罵起人來特別有一套，把曹咎以下的一干西楚官員祖宗十八代外加滿堂子孫全部問候一遍。曹咎氣得渾身發抖，忍了五、六天，再也忍不住，出城迎戰。

只要不是項羽親自指揮，劉邦就一點也不害怕，漢軍發動猛烈攻勢，在曹咎渡河之時攻其不備，曹咎大軍亂成一團，城皋隨即陷落。曹咎與司馬欣後悔不已，雙雙自刎而死。劉邦重兵屯駐廣武（今河南省廣武縣），就近獲得敖倉補給，並且包圍鍾離昧，準備一舉進攻滎陽。

然而項羽這時候已經乘勝而來，劉邦聽見項羽的名字，便嚇得驚慌失措，連忙固守各處險要，不敢迎戰。

楚漢兩軍，就在廣武開始了長達十個月的對峙，一東一西，各築城寨。

這段時間，是楚漢雙方強弱逆轉的關鍵，由於敖倉失守，項羽逐漸嚐到軍中缺糧的危機，另一方面，北方的韓信，也勢如破竹地進軍齊國，佔領了廣大的土地。

情勢對於項羽來說，越來越不利了，唯一的軍糧來源，便是彭城，這條路上卻有個討人厭的彭越，屢屢游擊，搶奪楚軍糧草。可是偏偏對峙態勢劍拔弩張，項羽無暇回擊，只能眼看著糧草一天天耗盡。

又氣又急的項羽，打算效法劉邦，想出了一個無賴辦法，他把當初俘虜的劉邦之父劉太公抓到陣營前面，隔著山澗向對岸的劉邦叫陣：「劉邦，如果你再不投降，我們就把你老爹剁來煮了！」

想不到劉邦更無賴，他的回答竟是：「當初我們同事楚懷王，約為兄弟，我的老爹就是你的老爹，如果你非把自己的老爹煮了，記得分我一碗！」

項羽為之氣結，看著那手無縛雞之力的老頭，他實在下不了手，於是親自騎著他的烏錐馬，來到陣前高聲喊道：「劉邦！天下紛擾，生靈塗炭，就是因為我們兩人的緣故，不如今日我們兩人單獨決一勝負，不要再連累百姓啦！」

劉邦在城牆上嘻嘻笑著：「這不像個動不動就屠城的人說的話啊！告訴你吧，我這個人只鬥智，不鬥力，所以你省省吧，別費口舌了。」他偷偷命令，如果再有人來叫陣，就用弓箭射死。項羽陣中就這麼被劉邦射死了三名壯士，於是他親自披上鎧甲，來到陣前。劉邦預先埋伏的弓弩手正在瞄準，項羽大吼一聲，弓弩手嚇得心驚膽戰，手腳發痲，再也射不出一箭。

劉邦只好與項羽單獨對話。

「怎麼樣？劉邦，你到底肯不肯單挑？」

「單挑？笑話！我為什麼要跟你這種人單挑？」劉邦滔滔不絕地說將開來：「你有十大罪

狀，第一，違背義帝，貶我爲漢王；第二，犯上作亂，謀刺宋義；第三，救趙之後，不回國覆命，反而直指關中；第四，焚燒咸陽，將城中財寶收爲己有；第五，處決投降的秦王；第六，坑殺二十萬秦國降卒；第七，擅自分封，搞得天下不寧；第八，驅逐義帝，佔據彭城；第九，謀害義帝；第十，滅絕人性，大逆不道，天理不容！」

項羽氣得說不出話。

劉邦又道：「想我堂堂正義之師，率領大軍誅殺暴徒，爲民除害，討伐巨奸，這是替天行道，怎說是我們兩人的私仇？你還有臉向我叫陣？滾你的蛋吧！」

「你這個混帳！」項羽狂怒之下，輪起長弓，相劉邦射了一箭，劉邦閃避不及，正中劉邦胸口。

幸好這一箭距離遠，沒把劉邦射死，劉邦吃痛，倒了下來，反應還是很快，喊道：「這賊廝鳥，射中老子的腳了！」

這麼喊是爲了安定軍心，不讓別人知道他傷在要害。

然而他的傷勢畢竟沉重，倒在床上，難以起身，軍中人心惶惶，以爲劉邦身死，士氣受挫。

張良建議劉邦，爲了穩定軍心，還是忍著傷痛巡視軍營比較好。

「好啦，老子今天就算豁出去了！」

巡視軍營之後，劉邦傷勢更爲沉重，只好回到城皋，繼續養傷。

幸好漢軍的士氣並未動搖得太利害，韓信的捷報頻傳，更是激勵人心。

韓信進攻齊國，佔領了臨淄，繼續向東追擊齊王田廣，田廣向楚軍求救，項羽派遣心腹大將龍且，率領二十萬大軍救援。

龍且向來瞧不起韓信，認爲韓信先前的勝利，不過僥倖而已，他傲然對部下們說道：「韓信算哪棵蔥？不過是個鑽褲襠的小鬼，還要靠著洗衣服的老太婆養活！這種懦夫，還怕打不垮嗎？要是我滅了韓信，大王必定會把一半的國土封給我。」

十一月，龍且與韓信遭遇，兩軍隔著濰水佈陣。

韓信命令當地百姓，連夜趕製一萬多條麻布袋，裝滿砂土，堆在濰水上游，命令灌嬰率領一半人馬渡河擊楚，交戰片刻，灌嬰假裝潰敗，順原路逃跑，龍且大喜：「這小子，不堪一擊！」指揮部隊渡河追擊。

此時，韓信命人移開砂包，滾滾洪水鋪天蓋地而來，吞沒了大部份的楚軍，龍且狂喊，想要挽回頹勢，爲時已晚，被漢軍逮捕斬殺。

韓信繼續追擊，在城陽（今山東省莒縣）生擒齊王田廣，佔領了齊國所有的國土。

如此一來，楚軍彭城北方，無險可守，韓信建立了蓋世的功業。他寫了一封信，派人送給劉邦，信中寫道：「齊地人民，反覆無常，難以掌控，末將權輕，難以服眾，請大王允許末將，立爲假王，以平定齊國。」

這封信送到劉邦手上時，劉邦的箭傷才剛剛養好，他看了信以後，當著使者的面便開罵起來：「這個小子趁火打劫！只顧著自己想當王，不想想老子在這裡被困了多久……」

張良、陳平隨侍在側，頻頻向劉邦使眼色，陳平還踩了劉邦一腳，劉邦頓時領悟，順著方才的話頭繼續罵：「他媽的，平定了齊國，就是齊王，當什麼假王？這小子，大丈夫敢作敢當嘛！」對使者道：「你回去告訴韓信，從今天起，他就是齊王！好生治理齊地，也別忘了派兵前來協防。」

韓信這才開始調兵南下，對楚軍構成極大的威脅。

項羽心情沉重，眼睛瞪得老大：「龍且死了？」

他向來天不怕地不怕，直到這時，他才真正認識到情況的危急，一股陌生的恐懼襲上心頭，孤單的感覺更令他全身顫抖。「亞父……」他喃喃自語：「當初不該不聽您的……」

恰巧這時，劉邦使者侯公前來晉見，說道：「大王一直扣押著我家大王的老父妻子，這不是長久之計，我家大王說了，只要放了太公還有王妃，一切都好商量。」

「人非草木，我能體諒他的心情。」項羽道：「你回去告訴他，只要他肯投降，一切都好商量。」

侯公笑了笑：「如今局面，要我家大王投降，只怕不可能，繼續僵下去，對大王恐怕不利，依小人之見，兩邊不如和了吧！」

「和？」

若在一年前，項羽聽見這話，只怕會暴跳如雷，可是如今他知道自己的籌碼所剩無幾，「你有多大權力？」

「權力不大，談和還行。」

於是，楚漢雙方訂立盟約，以鴻溝（今賈魯河）爲界，中分天下，鴻溝以西屬於漢王，鴻溝以東屬於楚國。

霸王別姬

公元前二〇三年九月，和約成立，項羽送還了劉太公與呂雉，拔營而歸，預備依約返回彭城。

劉邦也準備高高興興地收起刀槍，回他的關中去當個半壁國王，張良、陳平卻同聲勸阻，陳平道：「我漢王國如今已三分天下有其二，各國歸附，北有韓信，南有英布，實力雄厚，形勢大好，反觀西楚，眾叛親離，人馬疲憊，糧秣又已耗盡，正是上天要滅亡他的時候！如果不趁此時機消滅項羽，那簡直是縱虎歸山！」

「你要我背棄盟約？」劉邦本想擺出帝王架勢，一股浩然正氣油然而生，然而陳平的主意實在很對胃口，於是他向張良確認：「子房覺得如何？」

「我也認爲不要拘泥一紙盟約，成者爲王！」

張良的話，給了劉邦一劑強心針，使他斷然決定，不顧盟約的簽訂，發兵追擊楚軍，並且調遣韓信與彭越的軍隊前來支援。

孰料漢軍追擊至固陵，仍沒有見到韓信彭越一兵一卒，憤怒的項羽趁勢回擊，漢軍大敗，只好退縮營寨之中堅守不出。

「都是你們這兩個……這兩個……」劉邦氣得要命：「我自己打不過，韓信彭越又不肯出兵，假如項羽發起狠來，我不是就慘了嗎？」

張良道：「大王可知爲何韓信彭越不肯出兵？」

「爲什麼？」

「容小臣說句公道話。」張良清清喉嚨：「憑良心說，如果沒有韓信彭越，大王絕不會有今日。可是，大王從來沒有主動給他們封地，所以他們不願出兵，並不奇怪。」

「哼！彭越打游擊倒是好手一把，給他固定的封地，他能守得住嗎？韓信……我想到就氣！竟然要脅我，可我還不是聽你們的，讓他當齊王了嗎？」

「彭越是大王親封的魏國相國，如今魏王魏豹已死，彭越當然希望能夠封王。至於韓信封齊王，只怕大王有點不情願，這我沒說錯吧？」

「哼！」

「爲今之計，只有大王主動展現誠意，允諾滅楚之後，把韓信的故鄉封給他，彭越也給予適當的冊封，如此，二軍必定前來援助。」

劉邦同意，立即宣佈，把陳縣（今河南省淮陽縣）以東至海的土地全部封給韓信，把睢陽（今河南省商丘縣南）以北到穀城（今山東省阿縣南）之間的地區，全部封給彭越。這招果然奏效，韓信彭越迅速出兵與劉邦會師，對項羽發動全面進攻。

項羽三面受敵，陷入了前所未有的困境。劉邦又派出堂兄劉賈帶領部分兵力渡過淮河，深入西楚境內，與英布會合，攻取壽春，截斷了項羽的退路。

漢軍節節進逼，項羽兵微將寡，前無去路，後有追兵，糧草斷絕，只能步步退讓，倉皇之間，退守至垓下。

此處是一個高地，地形不利於防守，項羽等於被逼入了絕境，漢軍一再進攻，卻一再遭到楚軍擊退。即使只剩下一支孤軍，項羽指揮之下的楚軍，依然英勇無敵，激戰了三天三夜，漢軍傷亡人數，遠遠超過楚軍。

奈何兵力實在太過懸殊，經過一番惡戰，楚軍本身也遭到嚴重創傷，而且這種創傷，永遠無法回復，大將項莊，也在這場激戰當中陣亡。

韓信也是個百戰百勝的將軍，但這一次終於讓他領教到項羽的英雄本色。「對付項羽，只能智取，不能力拚！」韓信找來張良，商討對策，下令全軍暫時退後三里，稍作休息。

「如何智取，軍師可有妙計？」韓信問道。

「楚軍長年跟隨項羽，在外征戰，此際最希望的，無非是返回故鄉。」張良道：「欲智取項羽，無非是挑起他們思鄉的情懷。」

「我明白了。」

漢軍攻勢稍緩，楚軍得到短暫且難得的喘息機會，項羽命令將士就地休息，極度疲乏的他，身上披著盔甲，就地坐著，與將士們分食著僅存的一點點乾糧。

夜色漸漸深了，項羽很睏，卻睡不著，瞪著漆黑的夜空，怔怔地出神，他與部下們的心思都一樣，這回，大概是熬不過去了……。

忽然間，遠方的漢軍營地裡，悠悠地傳來如泣如訴、低沉婉轉的歌聲，那聲音晃晃幽幽，越飄越近，越唱越淒涼，漸漸四面八方都有這樣的歌聲傳來。官兵們聽得清楚，那是他們家鄉的歌聲，有人悄悄跟著唱和，有人低頭啜泣，也有的人面面相覷，低聲耳語道：「怎麼？漢軍難道把楚國都征服了嗎？爲什麼漢軍之中，竟然有那麼多楚人？」

有些士卒，聽著這歌聲，越聽越難受，索性大膽逃跑，說也奇怪，竟然沒有遭到太多阻礙，順利逃亡。後來陸陸續續又有許多楚軍士卒逃跑，項羽視若無睹，絕不捉拿，自顧著與愛妾虞姬喝酒，這名愛妾，不久之前才從敵營當中擄來，由於通曉事理，很得項羽歡心，而虞姬也眞心爲項羽的英雄氣概所傾心。

「大王，有兵卒跑了。」

「讓他們去吧！再跟著我，只是受苦而已。」項羽愛憐地撫摸著虞姬的臉龐：「你也是，我這次一敗，只怕再也難以恢復，你還是去找一個眞正的英雄吧！」

「不。」虞姬替項羽和自己各斟上一杯酒，語調溫柔但語氣堅定地道：「大王就是臣妾心中永遠的英雄，是臣妾今生最後一個男人。」

「好！」項羽一口將酒飲乾，用那嘶啞渾雄的嗓音慷慨悲歌：

力拔山兮氣蓋世，時不利兮騅不逝。
騅不逝兮可奈何，虞兮虞兮奈若何！

虞姬也跟著唱和：

漢兵已略地，四面楚歌聲，
大王意氣盡，賤妾何聊生！

一旁的隨從聽了，不禁潸然淚下。

虞姬的淚水奪眶而出，她知道，項羽不願自己逃命，就是因爲她的緣故，因此，趁著項羽不注意，虞姬轉過身去，拔出項羽的寶劍，自刎而死。

很奇怪，平日至情至性，從不隱藏情緒的項羽，遭逢如此悲哀，臉色卻很平靜。他面無表情，語調平穩地對左右說道：「葬了她吧！」

哀莫大於心死，也許就是如今西楚霸王的最佳寫照。

安葬虞姬之後，神情麻木的項羽，突然振奮精神，跳上烏騅馬，虎吼一聲：「弟兄們，各自逃命去吧！我要單騎突圍了！」

結果還有八百名死心塌地的騎兵，願意跟隨霸王一同突圍。

漢軍派遣灌嬰率領五千騎兵追趕，項羽等人一路血戰，到了淮水邊上，將士排開陣勢迎擊漢軍，掩護項羽渡河，等到渡過淮河以後，項羽身邊，只剩下了一百多人。

抵達陰陵（今安徽省定遠縣西北），不幸迷失道路，項羽隨便找了一個農村老頭，問道：「我要往彭城去，該向左走還是向右走？」

老頭故意騙他：「向左。」

結果項羽一行人全部走進了沼澤絕路，再折返回原路之時，漢軍已經追了上來。百餘名騎兵且戰且走，逃到東城（今安徽省定遠縣西南）之時，項羽身邊只剩下二十八人。

「大王，」一名騎兵面帶憂色：「我們只有這寥寥數人，敵人還有四千多人，恐怕不妙⋯

……」

項羽勒住烏騅馬，神情自若，對著眼前心甘情願爲他效死，情義比兄弟更深的部下們朗聲說道：「八年了，自我跟隨叔父起兵以來，大大小小七十多場戰鬥，從來沒有輸過，所以才能稱霸天下！如今，落到這步田地，那是天要亡我，非戰之罪！如今，我拚著這最後一股勇氣，證明給各位看看，我項羽絕對不是個懦夫！」

他將二十八人分成四隊，分向四方衝殺，漢軍將他們重重包圍，他們仍舊毫無懼色。項羽喝道：「我去斬殺一員敵將，你們分別突圍，越過小山丘，分爲三處會合！」

他一面吼著，一面衝入敵陣，那股萬夫莫敵的氣概，嚇得漢軍魂不附體，紛紛走避，其中一員漢軍都尉閃避不及，被項羽掄起鐵戟當頭砸下，頓時腦漿迸裂而死。

二十八人分成三處會合，漢軍分不清項羽到底在哪裡，只好分別包圍三處集合點，結果項羽又一次衝入敵陣，殺了一名漢將與許多名漢軍，重新與部下會合，清點之下，只少了兩人，而漢軍起碼損傷數百人。

項羽豪氣干雲：「如何？」

眾將士佩服得五體投地，「大王果然蓋世英雄啊！」

他以行動證明自己的勇猛，然而一人之力，終究無法扭轉乾坤。

歷經千辛萬苦，一行人來到烏江。

「渡了江，便回到江東啦！」其中一名部下道。

可是，英勇無敵的西楚霸王，看著滾滾的江水，心中的豪氣與鬥志卻完全喪失。「江東？回到江東又能如何？」

「大王別這麼說啊！江東雖然地方不大，百姓也不多，但是徐圖發展，總有東山再起之日，大王，那裡就有民船，您快上船吧！」

當地的地方官員烏江亭長也勸他登船東歸。

項羽仰頭長笑，輕鬆自若：「想當初，我與叔父，帶著八千子弟兵渡江，如今返回之時，沒有一人生還，你們說，我有何面目去見江東父老？就算他們同情我，奉我爲王，我還有臉見他們嗎？」牽著愛駒，對烏江亭長道：「我這匹烏騅，跟著我轉戰各地，是匹千里良駒，如今用不著牠了，把牠送給你吧！」

烏江亭長接過韁繩，不知該如何開口。

不久之後，漢軍來到，項羽與部下們下馬步行，與漢軍決鬥，混亂之中，項羽斬殺了數百人，自己身上也留下無數傷口。他定神一看，發現眼前衝殺上來的漢將是從前舊識，高聲喊著那人名字：「呂馬童，你勇敢得很啊！」

呂馬童大吃一驚，「你……你就是項羽！」

「不錯！」項羽昂然道：「劉邦出了多少錢買我人頭？」

「黃金……黃金千金……」

「那可眞不少。」項羽澹然笑道：「既然我們是舊識，就讓你撿這個便宜吧！」說罷，揮劍自刎而死，結束他氣呑山河的三十一年性命。

漢軍們一湧而上，將軍王翳割下項羽人頭，其他的人爲了爭奪項羽屍首，搶得頭功，因而大打出手，甚至自相殘殺，又死了數十人，最後，呂馬童、楊喜、呂勝、楊武各砍下項羽一截肢體，回營邀功，拼湊起來，證實是項羽，於是諸人平分懸賞，封爲侯爵。

爲期四年的楚漢之爭，終告結束。

平民皇帝

「大事已定，大事已定！」得知項羽終於敗亡的劉邦，高興得嘴都合不攏，擊敗了項羽，天下等於落入了他的掌握，如今擺在眼前的，只剩下一些收拾殘局的工作了。

除了張良，大概誰也沒有料道，劉邦勝利之後處理的第一件事，竟是收回韓信的兵權。班師凱旋之際，途經定陶（今山東省定陶縣），那裡是韓信的大營所在，劉邦突然故技重施，闖入營中，收回了韓信的帥印，接收了韓信的部隊。

韓信躬身不語，劉邦微笑說道：「將軍爲我立下無數汗馬功勞，如今天下已定，將軍應該好好休息了。嗯……寡人記得你是淮陰人，淮陰原屬楚國，依我看，你的齊王可以不用當了，直接當楚王吧！」

劉邦奪了他軍權，卻又封他更高的爵位，韓信心服口服，朗聲道：「謝大王恩情！大王建立萬世不朽基業，末將與有榮焉。」

韓信恭順服從，劉邦卻對他一百個不放心，他無法忍受一個才幹、智謀、勇略、領導統御甚至個人魅力皆在他之上的部下，尤其在他已經奪得天下之後，儘管韓信或許沒有這個意思，劉邦還是害怕，繼承了楚王名號的韓信，會與項羽一樣，與他爭天下。

公元前二〇二年，漢高祖五年二月，分封各地的諸侯王，一起上書劉邦，請他即位稱帝，劉邦故意謙讓一番，以韓信為首的諸侯，再度上書，稱頌劉邦的德澤，說他對天下統一居功厥偉，而且「德施四海」，實在沒道理只與一般諸侯同等地位。於是，二月初三，劉邦在定陶的汜水北岸，祭告天地，登基為帝，是為漢高祖。建國號漢，定都洛陽，後來在群臣建議之下，遷都關中，以咸陽城東的長安鄉作為新都城所在地。

這是中國歷史上第一個由平民所建立的朝代，包括劉邦在內的一班功臣，大多出身自社會底層，他們並不清楚，一個皇帝該有什麼尊嚴，每每上朝之時，往日的草莽個性仍舊表露無疑，不是在皇帝面前喝酒鬧事，就是當朝大聲吆喝，抖出皇帝當年的糗事，整座朝堂鬧哄哄的，不像皇宮，倒像軍營裡辦酒宴。

漢高祖很不是味道，他在很久以前，曾經親眼目睹過秦始皇的車隊，依稀記得皇帝的威儀，絕不是他現在這個樣子。

儒學大師叔孫通，當年曾在秦朝擔任博士官，趁機進言：「臣素來知曉陛下不喜我等儒生，但請陛下耐心聽臣一言：建功立業，開疆拓土，儒生確實不如人，然則，安定政權，穩定天下，則非儒生不可。臣願替陛下制定朝儀，使一干功臣不至踰越禮節。」

漢高祖這輩子第一次對儒生感興趣：「禮儀什麼的，會很難嗎？」

「每朝每代，均有不同禮節，臣可將古禮與秦禮參詳雜揉，制定一套新的禮儀。」

「你可以去試一試，不過記得，別太難，太難了連我也搞不懂。」

叔孫通領命，前往魯地號召當地儒生，進行朝儀制定的工作，一個月後，請漢高祖視察，在郊外搭起一座棚子演練一遍，漢高祖十分滿意：「很容易嘛！就這麼辦吧！」

他將朝廷禮節的規定告知所有大臣，並且如期演練，待正式舉行朝拜那天，各級官員依序入殿，兩排鐵甲衛士手執戈矛旗幟，威武肅穆。入朝官員文武分列，武官在西側，文官在東側。皇帝端坐朝堂之上，神色凜然，接受官員朝拜。整個過程之中，都有御史監視，稍有不按禮節者，立即予以懲處，因此官員們個個肅然起敬，不敢怠慢，口中高呼萬歲不絕。

退朝之後，漢高祖滿心喜悅，逢人便說道：「直到今天，老子才了解到當皇帝的好處啊！」

叔孫通在一旁輕聲糾正：「陛下，自稱之時，不宜用老……老子什麼的，皇帝應自稱曰朕！」

「是是是，朕……朕眞是太開心了！」

過足了皇帝癮的漢高祖，享樂了幾天，漸漸地，許多皇帝必須承擔的責任浮上檯面。大亂之後的國力貧乏、內部政治勢力的不穩定，還有北方遊牧民族匈奴的重新崛起，各種問題都將考驗著漢高祖，以及繼承他位置的每一個皇帝。

這個呱呱墜地的朝代，在它邁向一個大帝國之前，還有一段漫長而艱辛的路要走。

國家圖書館出版品預行編目 (CIP) 資料

被消失的中國史 2: 合縱連橫到楚漢相爭 / 白逸琦著 . -- 二版 . -- 臺中市 : 好讀出版有限公司 , 2022.02

面；　公分 . -- (中華文明大系 ; 2)

ISBN 978-986-178-585-1(平裝)

1. 中國史 2. 通俗史話

610　　111000027

好讀出版

中華文明大系 2

被消失的中國史 2：合縱連橫到楚漢相爭

作　　者／白逸琦
總 編 輯／鄧茵茵
文字編輯／莊銘桓
封面設計／鄭年亨
行銷企劃／劉恩綺
發行所／好讀出版有限公司
台中市 407 西屯區工業 30 路 1 號
台中市 407 西屯區大有街 13 號（編輯部）
TEL:04-23157795 FAX:04-23144188 http://howdo.morningstar.com.tw
（如對本書編輯或內容有意見，請來電或上網告訴我們）
法律顧問　陳思成律師

線上讀者回函
獲得好讀資訊

讀者服務專線／ TEL：02-23672044 / 04-23595819#230
讀者傳眞專線／ FAX：02-23635741 / 04-23595493
讀者專用信箱／ E-mail：service@morningstar.com.tw
網路書店／ http : //www.morningstar.com.tw
郵政劃撥／ 15060393（知己圖書股份有限公司）
印刷／上好印刷股份有限公司
如有破損或裝訂錯誤，請寄回知己圖書更換

二版／西元 2022 年 2 月 15 日
定價：280 元

Published by How Do Publishing Co. ,LTD.
2022 Printed in Taiwan

ISBN 978-986-178-585-1